2019—2020年度浙江省高校重大人文社科攻关计划项目"'双循环'发展背景下国家粮食安全的实现路径研究"（编号：2021QN089）

中国粮食市场与国际能源市场的价格关联机制研究

ZHONGGUO LIANGSHI SHICHANG YU GUOJI NENGYUAN
SHICHANG DE JIAGE GUANLIAN JIZHI YANJIU

王钢 著

中国农业出版社
北 京

在全球经济深度融合的背景下，粮食与能源作为人类生存与发展的两大核心资源，其市场价格的波动不仅深刻影响着各国经济的稳定，更直接关系到全球粮食安全与能源安全。中国作为世界最大的粮食生产国和消费国，同时也是全球能源需求大国，其粮食市场与国际能源市场之间的价格关联机制，已成为学术界和政策制定者关注的焦点。随着经济的快速发展，中国粮食生产的能源消耗增速明显，与此同时，原油市场进口规模不断攀升以及生物质能源行业也呈现出快速发展的态势。《中国粮食市场与国际能源市场的价格关联机制研究》这一专著在这样的时代背景下应运而生，其以严谨的学术态度、系统的研究方法以及全面的视角，深入剖析了中国粮食市场与国际能源市场之间错综复杂的价格关联机制，为相关领域的理论研究和实践决策提供了极具价值的参考。

《中国粮食市场与国际能源市场的价格关联机制研究》一书，以系统、科学的研究方法，深入探讨了中国粮食市场与国际能源市场之间的复杂动态关联关系。本书不仅从理论层面构建了粮食与能源市场价格传导的分析框架，还通过实证研究揭示了二者之间的动态关联机制，为理解粮食与能源市场的联动效应提供了新的视角。在研究方法上，本书综合运用了多元 BEKK-GARCH（1，1）模型、动态脉冲响应分析、价格弹性模拟等多种分析工具，系统地检验了粮食市场与能源市场之间的价格相关性、稳定性、溢出效应以及风险传导机制。在价格传导机理分析部分，专著从理论基础、现实依据以及相关性检验等多个维度展开深入探讨，既阐释了粮食市场和能源市场价格传导的理论路径，又通过多种依据论证了国际能源市场向中国粮食市场实现价格传导的现实可能性，并运用严谨的数据和模型进行相关性检验，全面且立体地揭示了两大市场间价格传导的内在机理，为准确把握两者间的关系提供了丰富且有力的实证依据。

在研究视角上，该专著跳出了传统单一市场研究的局限，将粮食市场与国际能源市场纳入统一的分析框架，拓展了新的研究视野；在研究对象上，进行了细化分析，对市场间价格关联的研究更为深入和精确；在研究方法上，综合运用多种前沿且适宜的计量模型和分析方法，体现了研究方法的创新性；在研究框架上，构建了从基础理论到现实分析、从核心机制到特殊情境影响的完整体系，实现了研究框架的有效延伸。基于一系列的多维度分析结果，专著从供给能力提升、多元化贸易合作、安全预警机制构建、储备体系完善等多个方面提出了有效的对策建议。这些建议具有很强的可操作性，为政府部门制定相关政策提供科学依据，也为粮食和能源企业在市场决策和风险管理等方面提供了重要的参考指南，有助于提升我国在粮食和能源领域应对复杂国际经济形势的能力，保障国家经济安全。

在全球粮食安全和能源安全面临多重挑战的背景下，本书的出版具有重要的现实意义。它不仅为学术界提供了新的研究视角，为政策制定者和实践者提供了宝贵的参考，也为相关领域的发展提供重要的理论支持和实践指导。

赵 霞

南京财经大学教授

2025 年 4 月 15 日

CONTENTS 目录

前言

第一章

绪　　论

一、研究背景

　　粮食安全，"国之大者"。粮食，是人类生存之本，是国家稳定之基，从古至今，粮食安全始终是关系国计民生的重大问题，关乎着国家的兴衰成败和民族的前途命运。在当今世界，随着人口的不断增长、城市化进程的加速以及资源环境的压力，粮食安全问题越加凸显。确保粮食安全，不仅是满足人们基本生活需求的必要条件，也是实现经济发展、社会稳定和国家长治久安的重要保障。对此，党中央始终高度关注国家粮食安全问题，尤其是党的十八大以来，以习近平同志为核心的党中央始终心系"大国粮仓"，心系十几亿人口的吃饭问题。习近平总书记在多个场合强调"中国人的饭碗任何时候都要牢牢端在自己手上""粮食安全是'国之大者'"。在党中央坚强领导和科学部署下，充分发挥了制度优势，不断完善国家粮食安全战略，构建以国内大循环为主体、国内国际双循环相互促进的新发展格局，用占世界 7% 的耕地和 6% 的淡水资源养活了世界近 20% 的人口，这对于拥有 14 亿人口的大国来说，成就举世瞩目。

　　以习近平同志为核心的党中央立足世情国情农情，把保障国家粮食安全作为治国理政的头等大事，提出了"确保谷物基本自给、口粮绝对安全"的新粮食安全观，并逐步确立了国家粮食安全战略，引领推动了粮食安全的理论创新、制度创新和实践创新，走出了一条中国特色粮食安全之路。新中国成立70 多年来，国家粮食产量连创新高，从曾经的"食不果腹"到如今的"仓廪殷实"，粮食安全治理成效极为显著。但我们也必须清醒地认识到，面对世界百年未有之大变局，中国的粮食安全形势依然严峻，尤其是在全球粮食生产能源化趋势背景下，国家粮食安全面临着越发复杂的外部环境。这种复杂的外部环境，一方面指的是随着国内市场对外的持续开放以及国内外市场的加速融合，国家粮食安全的外部风险来源正在由单一的国际粮食市场逐步扩大至国际粮食、国际能源和国际金融等多个市场。尤其是粮食的能源化趋势正在更加紧密粮食市场和能源市场的关系，国际能源市场价格波动对国内粮食市场的影响正在逐渐显化；另一方面指的是金融危机、地缘政治冲突以及全球疫情等重大风险事件的频发，使得国内外市场的关联性受到不同程度的影响，这就会对国内粮食市场和国际能源市场的价格关联稳定性产生不可忽视的冲击，进而影响到国内粮食市场的稳定性。

在全球化的今天，农业生产综合机械化水平的不断提升、原油的大规模进口以及生物质能源行业的快速发展，使得粮食与能源之间的关系日益紧密，这一现象不仅改变了传统粮食市场的供求格局，更使得粮食市场与能源市场之间的相互影响日益加深。在粮食能源化趋势越发明显的背景下，中国的粮食安全形势可能正在面临着来自能源市场的新风险，这就需要我们深化对国际粮食市场和能源市场的理解与研究，梳理两个市场的价格传导关系和机制，明晰市场间的价格波动传导风险，这对于我们把握市场动态、预测价格走势、制定合理政策具有重要意义。完善国家粮食安全战略始终是一个动态的过程，要想在粮食能源化趋势背景下进一步夯实国家粮食安全根基，就需要在全面了解粮食生产能源化的趋势及形成原因基础上，密切关注国际粮食市场和能源市场的最新动态，了解市场供需情况、价格波动等关键信息，进而深入探讨中国粮食市场与国际能源市场的价格关联机制，以及价格关联性变化动态可能为国家粮食安全带来的风险，以此更好地应对粮食能源化带来的市场变化，确保国家粮食安全。

（一）粮食生产的能源消耗增速明显

随着生活水平的不断提升，国民对高品质和多样化食品的需求持续增长，受水土资源的限制，粮食生产压力日益增大。粮食生产是一个复杂的过程，涉及农业种植、灌溉、施肥、收割、运输、加工等多个环节，每个环节都需要消耗一定的能源。因此，为了满足国内不断增长的粮食需求，农业生产正朝着更加集约化、高效化的方向发展，极大地提升了粮食产能，但同时也带来了化肥、农药、农用柴油等过量投入的问题。据统计，全球农业生产消耗的能源约占总能源消耗的 30％ 左右，且随着农业现代化的推进和粮食产量的不断增加，粮食生产的能源消耗也将呈持续增长态势。

首先，在农业种植环节，机械化作业的普及使得能源消耗大幅增加。现代农业中，拖拉机、播种机、收割机等大型农业机械的广泛使用，大大提高了农业生产效率，但同时也消耗了大量的柴油、汽油等化石能源。以我国为例，目前全国农业机械化水平已超过 70％，每公顷粮食种植消耗的柴油量约为 50 升。

而在一些发达国家，农业机械化程度更高，能源消耗也更为可观，例如美国的农业生产高度机械化，每公顷粮食种植消耗的能源相当于 80 升柴油。

其次，灌溉也是粮食生产中的一个高耗能环节。为了保证农作物的正常生长，需要大量的水资源进行灌溉。传统的灌溉方式如漫灌，水资源利用率低，能源消耗大。而现代的喷灌、滴灌等节水灌溉技术虽然提高了水资源利用率，但仍然需要消耗一定的电力或柴油来驱动灌溉设备。据统计，全球农业灌溉消耗的能源约占农业总能源消耗的 20%。在我国，由于水资源分布不均，许多地区需要进行大规模的灌溉，灌溉中的能源消耗占农业总能源消耗的比例甚至更高。

再次，施肥和农膜也是粮食生产中不可忽视的能源消耗环节，其使用在现代农业生产中也占据了越发重要的地位。目前，全球每年生产的化肥总量超过 2 亿吨，这就需要消耗数十亿桶石油生产出市场所需的化肥量。为了短期提升粮食产出，化肥不合理使用现象仍然较为普遍，这就会导致土壤质量下降，进一步增加粮食生产的能源消耗。例如，过度使用化肥会使土壤板结，影响农作物的生长，从而需要更多的能源投入来改善土壤条件。对于中国而言，化肥，特别是氮肥、磷肥和钾肥，能够显著提升粮食作物产量，有效提升了国家粮食的供应能力。随着粮食需求的增加，化肥和农膜的使用量也在逐年攀升，根据 2002—2023 年《全国农产品成本收益资料汇编》信息显示，粮食生产每亩化肥用量由 2001 年的 19.8 公斤*上升到了 2022 年的 25.61 公斤，每亩农膜用量由 2001 年的 0.2 公斤上升到了 2022 年的 0.22 公斤。基于 2001—2022 年期间我国三大粮食品种 88 165 千公顷的年均种植面积，以及 22.73 公斤/亩的化肥用量和 0.20 公斤/亩的农膜用量数据，我国三大粮食品种每年要消耗大约 3 005.99 万吨化肥和 26.45 万吨农膜。农药的使用也是农业生产中不可或缺的一环。农药虽然可以有效地控制病虫害，保护作物免受损失，但过度使用同样会带来一系列环境问题，如农药残留、生物多样性的破坏等。

最后，粮食供应链各个环节的机械化普及度也在不断提升。例如在生产端，要用到耕种机械、播种机械以及收割机械等；在运输端，要用到提升机、运输机以及散装粮运输车等工具；在加工端，需要用到吸粮机械、碾米机械以及抛光机械等；在储存端，则要用到鼓风机、输送机以及烘干机等机械。粮食生产能源消耗增速明显带来了一系列的影响，首当其冲的是导致了农业生产成本的上升，降低了农业生产的经济效益，增加了粮食市场的不稳定性。粮食产业供应链各环节能源投入和消耗的持续提升，强化了能源市场和粮食市场的价格关联性，也势必会进一步提升粮食市场价格对能源市场价格波动的敏感性。

---

* 1 公斤＝1 千克。

（二）原油市场进口规模不断攀升

国内粮食产业供应链各环节能源消耗的快速提升，增强了粮食市场和能源市场的关联性，同时原油市场进口规模不断攀升，历年对外较高的原油进口依存度进一步强化了国内粮食市场和国际能源市场的价格关联性。海关统计显示，国内的原油进口量由 2001 年的 6 062 万吨上升到了 2023 年的 56 399 万吨，年均增长达 37.74%，我国始终保持着原油进口第一大国的地位。相关研究表明，中国原油对外依存度在近年来虽有波动，但总体上始终处于上升趋势，2020—2022 年的对外依存度分别为 73.6%、72.38%、71.29%，2023 年原油对外依存度再次上升到了 72.99%。除了原油，我国进口的天然气、煤炭等能源产品规模也较为庞大，海关总署公布的数据显示 2023 年进口原油、天然气、煤炭等能源产品共计 11.58 亿吨，较 2022 年增长 27.2%。越来越高的对外能源依存度，更加畅通了国内外能源市场间的价格关联通道，而国内粮食市场对于能源消耗的不断增加，则进一步强化了国际能源市场和国内粮食市场的价格关联性。同时，中国近些年来每年超过 1 亿吨粮食进口规模，使得国内粮食市场会同时遭受来自国际粮食市场和国际能源市场的价格波动风险，多市场风险的叠加增加了维持国内粮食市场供需平衡和稳定市场价格的难度。

（三）生物质能源行业发展迅速

除了通过对粮食供应链环节的能源投入对粮食市场价格产生影响，随着全球生物质能源行业的快速发展，生物质能源市场价格波动也成为了影响粮食市场价格不可忽视的重要因素。为了实现能源转型和减少对传统化石能源的依赖，欧美地区国家加大了对生物质能源项目开发的政策支持力度，引领全球生物质能源行业迅速发展。例如，德国对生物质发电项目给予了高额补贴，使得德国的生物质能源在本国能源结构中的占比不断提高。截至 2023 年，德国拥有大量的生物质发电厂，生物质发电装机容量达到约 8 000 兆瓦。此外，德国还广泛推广生物质供热，通过生物质锅炉和热电联产系统为居民和工业提供热能；美国通过制定生物燃料强制掺混标准等政策，推动生物乙醇和生物柴油的生产和使用，通过加大对生物质能源技术创新投入，研发出了生物质气化、液化和生物发酵等高效的生物质转化技术，这些先进技术极大提高了生物质能源的生产效率和质量，加速了生物质能源行业的发展。美国通过提供补贴和税收优惠等措施大力支持支持本国生物质发电厂的建设和运营，目前美国生物质发电装机容量超过 10 000 兆瓦，且在生物质燃料领域取得了显著进展，生物乙醇和生物柴油的产量不断增加，有效降低了对传统能源的依赖；巴西利用本国拥有的丰富甘蔗资源，大力发展生物乙醇产业，当前巴西的生物乙醇产量已经占据全球总产量的较大比例，其生物乙醇在交通燃料中的占比也较高，不仅减少对石油进口的依赖，还降低了温室气体排放。

根据国际能源署（IEA）、国际可再生能源署（IRENA）披露的数据，全球生物燃料产量由 2001 年的约 25 百万立方米上升到了 2012 年的约 110 百万立方米以及 2023 年的约 135 百万立方米，2023 年的产量较 2001 年实现了约 4.4 倍的增长。而根据对美国可再生能源协会（RFA）官网披露数据的二次整理，全球乙醇产量变化在 2001—2023 年呈现出了三个阶段的趋势：第一阶段，2001—2010 年的快速增长阶段，尤其是在美国的《可再生燃料标准》（RFS）和巴西的乙醇混合政策的支持下，全球乙醇产量由 2001 年的约 30 亿升上升到了 2010 年的约 90 亿升，实现了 22.22% 的年均增长；第二阶段，2011—2020 年的增长减缓阶段，受制于油价波动、技术进步和政策调整等因素，尤其是 2014 年油价下跌和 2019 年全球经济增长放缓对市场产生了一定影响，延缓了全球乙醇产量的增长速度，全球乙醇产量由 2011 年的逾 90 亿升上升到了 2020 年的约 110 亿升；第三阶段，2021—2023 年的稳定和小幅增长阶段。由于气候政策和可再生能源目标的推动，乙醇生产在这一阶段趋于稳定，2021 年、2022 年和 2023 年的全球乙醇产量分别约为 115 亿升、120 亿升和 125 亿升。当前，燃料乙醇的主要原料是玉米，也包括少部分小麦。生产乙醇所需的玉米数量取决于玉米到乙醇的转换效率。德国统计分析机构 F.O.Licht 的研究数据显示，1 吨玉米大约能生产 0.4 吨（400 升）乙醇。对于生物柴油而言，同样呈现出了三个阶段的趋势：第一阶段，2001—2010 年的快速增长阶段，受到政策支持和市场需求的推动，产量由 2001 年的约 10 亿升上升到了 2010 年的约 50 亿升；第二阶段，2011—2020 年的稳定增长阶段，受原料成本上涨和市场竞争的影响，本阶段产量由 2011 年的约 52 亿升上升到了 2020 年的约 90 亿升；第三阶段，2021—2023 年的持续增长阶段，随着可再生能源的持续需求以及转化技术的不断进步，2021 年、2022 年和 2023 年的生物柴油产量分别约为 100 亿升、105 亿升和 110 亿升。大豆是生产生物柴油的主要原料，根据国际能源署（IEA）的测算，约 1 吨大豆能够生产 0.2 吨大豆油，而要想产出 2023 年 110 亿升的生物柴油就需要消耗掉超过 8 000 万吨大豆。

中国政府也高度重视生物质能源的发展，出台了一系列政策措施加以推动。国家制定了可再生能源发展规划，明确了生物质能源的发展目标和重点任务。政府对生物质发电、生物质供热等项目给予补贴和优惠政策，鼓励企业投资建设生物质能源项目，同时还加强了对生物质能源技术研发的支持，推动技术创新和产业升级。近年来，中国生物质能源产业规模迅速扩大。生物质发电装机容量持续增长，截至 2023 年底，全国生物质发电装机容量达到 20 000 兆瓦。玉米、小麦及大豆作为关乎各国粮食安全的重要农作物，在全球粮食市场中有着举足轻重的地位。全球生物质能源产能的持续提升，会导致作为原料的粮食作物市场需求的快速上升，在生物质能源产能变化时，会引起原油市场的价格波动，进而引发粮食价格的不稳定，这种价格波动传导性尤其是在粮食供需紧张时表现的尤为明显。

总体而言，在粮食能源化趋势背景下，受大规模粮食和能源进口的影响，国内粮食市场受国际能源市场影响日益加深。一方面，粮食能源化使得粮食与能源之间的联系更加紧密，国际能源市场的价格波动直接影响到粮食的生产成本，如能源价格上涨会推高化肥、农药等农资价格以及粮食运输成本，进而影响国内粮食市场价格；另一方面，大规模的粮食进口使得国内粮食市场对国际市场的依赖度增加，国际能源市场的变化通过影响国际粮食市场的供求关系，间接传导至国内粮食市场。当前，地缘政治冲突不断、国际贸易摩擦频繁、疫情及虫害等情况屡屡出现，导致全球能源市场剧烈波动，粮食市场供应不稳定。地缘政治冲突可能导致能源供应中断，引发能源价格大幅上涨；国际贸易摩擦则可能限制粮食和能源的进出口，影响市场供求平衡；疫情和虫害等因素会影响粮食生产，减少粮食供应。能源市场价格波动会显著影响国内粮食市场价格，当能源价格上涨时，粮食生产成本上升，同时可能引发粮食作为生物燃料的需求增加，从而推高粮食价格。反之，能源价格下跌可能缓解粮食生产成本压力，但也可能降低粮食作为生物燃料的需求，对粮食价格产生下行压力。对此，基于能源市场的视角深入探讨国际能源市场和国内粮食市场的价格关联机制和影响效应，有助于准确把握国内外粮食市场价格的变化趋势，为政府制定科学合理的粮食政策提供依据，这对维护国家粮食安全、促进农业可持续发展以及保障经济社会稳定而言极具理论和现实意义。国家粮食安全是经济社会稳定发展的重要基础，只有准确把握粮食市场与能源市场的关系，才能更好地应对各种风险挑战，确保国家粮食供应稳定，实现农业可持续发展，为经济社会的稳定运行提供坚实保障。要特别说明的是，为了不引起概念上的混淆，本研究涉及的粮食品种为四大主粮，包括大米、小麦、玉米及大豆，国际能源市场则以原油市场和生物质能源市场为代表。

二、研究目的、意义以及问题提出

（一）研究目的

总体上，对国内粮食市场和国际能源市场价格关联机制研究的目的在于明晰国内粮食市场和国际能源市场价格间的价格溢出关系，为粮食安全政策的完善提供基准参考。同时，基于对多元市场价格关联机制的全面且深入的剖析，有助于从政策、贸易、储备以及预警机制等多个维度强化国内粮食市场对国际能源市场价格波动的抗风险能力，从能源视角筑牢中国粮食市场的安全防御墙。具体的研究目的如下所述：

第一，从能源市场角度揭示粮食市场价格波动规律。通过对国内外粮食市场及国际能源市场的价格波动关联性的深入研究，一方面可以从能源视角观察粮食市场的价格波动情况，揭示国内粮食价格与国际能源价格之间的关联机制，洞悉粮食市场价格和能源市场价格的波动规律；另一方面，也可进一步厘清能源市场价格波动对国内粮食市场价格的溢出效应，尤其是在加入国际粮食市场、金融市场后多元市场间的价格溢出对国内粮食市场价格稳定性的影响，从而为政策制定者和市场参与者提供价格波动的预测依据。

第二，厘清多元市场价格联动机制下的国内粮食安全状况。目前大多数学者研究的是双元市场的价格联动机制，例如国内粮食市场和国际粮食市场、国内粮食市场和国际原油市场等，这就很难较好地反映出多元市场联动趋势下的粮食市场价格风险状况。通过将国际粮食市场、国际原油市场、国际生物质能源市场以及金融市场纳入到分析框架中，有助于进一步厘清多元市场价格联动机制下国内粮食市场价格的波动情况，明晰此背景下国内的粮食安全状况。

第三，增强国内粮食市场的风险防范能力。在粮食生产能源化趋势下，通过研究国内粮食市场和国际能源市场的价格关联机制，明晰国际能源市场对国内粮食市场价格的显著影响，一方面有助于提高社会及行业对国内外粮食市场受能源市场价格波动影响风险的认识，有助于建立健全风险预警体系，提前预防和应对市场波动带来的风险。另一方面也有助于粮食主管部门更好地把握国内外市场形势，为制定粮食政策和能源政策提供科学依据，从而保障国内粮食市场的稳定，促进国内粮食产业的可持续发展。

第四，稳定粮食市场预期。通过对价格关联机制的研究，构建局部平衡模型对这种价格关联效应的预测，有助于行业及管理部门对粮食市场价格的波动做好预期管理工作，从而稳定国内粮食市场受外部能源市场价格波动的影响预期。此外，通过对重大公共卫生事件冲击下国内粮食和能源跨市场风险传导效应的研究，更是有助于相关部门提前采取防范措施降低因外部市场冲击导致的粮食市场价格不稳定性，稳定粮食市场预期，帮助国内粮食市场参与主体更好地把握市场走势，降低市场交易的盲目性和不确定性，促进国内粮食市场的平稳运行。

（二）研究意义

粮食安全是"国之大者"，是国家安全的重要基础，是社会稳定的"压舱石"。全面考察国际能源市场和国内粮食市场的价格关联机制，对于保障国家粮食安全、稳定国内粮食市场价格、促进经济可持续发展而言极具理论和现实意义。

1. 理论意义

一是拓展了跨市场价格关联机制的研究视角。目前，多数学者往往将粮食市场和能源市场视为独立的领域进行分析，并由此分别向本领域的上下游市场进行延伸性分析；二是深化了价格传导理论。传统研究或聚焦于两个市场间的价格波动传导效应，或关注于正常市场环境下的跨市场价格溢出效应，而本书则聚焦于能源市场、粮食市场和金融市场的多市场价格传导机制的研究，且考虑到了重大风险事件爆发对市场价格关联机制的冲击影响，据此深入剖析价格在不同市场之间的传递路径、速度和影响因素，这也为价格传导理论提供了更多的经验性证据。

在粮食生产能源化趋势背景下，本书基于能源视角将原油市场、生物质能源市场和粮食市场纳入到了同一分析框架中，深入探讨中国粮食市场与国际能源市场的价格关联机制，为多市场价格关联机制的研究提供了新的视角和方法。在此基础上，本书还进一步增加了金融市场的价格影响，以此更为全面地考察在多市场价格联动机制下国内粮食市场价格的稳定性。鉴于近些年来外部频发的重大风险事件引起的市场价格波动，本书通过构建局部均衡模型考察国际能源市场价格非正常波动对国内粮食市场价格的影响。此外，本书进一步基于疫情事件深入探讨了重大风险事件下国际能源市场对国内粮食市场的跨市场价格波动传导风险，极大地完善了粮食市场的价格溢出效应分析框架。

2. 现实意义

一是通过全面梳理国际能源市场对国内粮食市场的价格波动传导路径，有助于进一步明晰国内粮食市场价格波动的风险源，有助于准确把握国内粮食市场价格走势，为相关政策制定提供科学依据，进而增强中国在国际粮食与能源市场中的话语权和影响力，提升国家粮食安全保障水平；二是通过对多元市场价格波动风险传导效应的深入分析，有助于进一步明确多元市场价格联动机制下国内粮食市场价格的稳定性状况，从而能更科学地设定合理波动区间，稳定市场预期；三是模拟国际能源市场价格非正常波动场景，以此更全面地关注来自国际能源市场的价格波动风险，为防范来自外部能源市场的非正常波动做好更为全面的准备；四是通过探讨重大风险事件冲击对价格关联机制及国内粮食市场安全造成的影响，发现外生事件冲击下的风险源和影响因素，为更好地完善粮食安全保障长效机制提供科学依据。因此，本研究有助于明晰多元市场价格联动机制下国内粮食市场价格的稳定性及其受外部市场价格波动的影响情况，进而提升政策出台的"靶向性"。

3. 问题提出

随着中国农业现代化发展的不断推进，能源在粮食供应链各环节的渗透度正在稳步提升。那么，在粮食生产能源化趋势大背景下，为了更为全面地保障国家粮食安全，围绕"中国粮食市场与国际能源市场的价格关联机制研究"这一主题，有必要厘清以下几个问题。

问题一：中国粮食市场和国际能源市场价格是否存在关联性？

在理论上，国际能源市场存在对国内粮食市场价格的多渠道影响。具体而言，一是粮食生产环节的成本推动效应。粮食生产环节的机械化操作存在对能源的直接消耗，化肥、农药等农资投入规模的扩大也会增加作为原料的能源投入，跨地区运输也会造成较高的能源消耗，这些均极大地强化了粮食供应链前端与国际能源市场价格的关联性。二是能源消费市场的需求拉动效应。随着环保意识增强和对可再生能源的需求增加，尤其是国际能源价格上涨会极大刺激生物燃料的生产，从而增加对玉米、小麦及大豆等作为原料的粮食需求，对粮食市场价格产生影响。三是资本市场的投机效应。能源和粮食都是重要的大宗商品，在金融市场高度发达的今天，投机资金在各类市场间频繁流动，而国际能源市场价格的波动趋势会直接影响市场参与者对未来经济走势和粮食市场供需状况的预期，通过资本市场的投机行为间接强化了能源市场和粮食市场的价格关联性。

但为了保障国内粮食市场的稳定性，中国政府对内对外均采取了相应的粮价稳定措施。对内不断完善国家粮食安全战略，加强耕地保护，强化科技支撑提升粮食综合产能，同时健全粮食支持保护政策体系，通过提高粮食储备调控能力和优化粮食市场调控机制平稳国内的粮食市场价格；对外则主要对粮食贸易和能源贸易实施了关税、配额以及调整周期等措施，并通过多元化对外合作贸易伙伴缓解外部市场价格波动对国内粮食市场产生的影响。对此，在理论分析国内粮食市场和国际能源市场价格关联机制基础上，有必要对两个市场做价格的关联性检验。

问题二：中国粮食市场和国际能源市场的价格关联稳定性如何？

市场间的持续融合、外部风险事件冲击等因素会对中国粮食市场和国际能源市场的价格传导产生重要影响，从而影响两个市场间的价格关联稳定性。尤其是在粮食能源化趋势背景下，粮食市场对能源市场的依赖性越发显著，这就会影响到能源市场向粮食市场价格波动信息传导的程度、速度和方向。同时，地缘政治冲突、国际贸易摩擦、金融危机以及疫情等引起的外部重大风险事件，会同时冲击能源市场和粮食市场，从而或加剧或缓解两个市场间的价格传导，影响到市场间的价格关联性。当然，多因素叠加会存在更高概率影响中国粮食市场和国际能源市场的价格传导路径、速度和方向，使得市场间的价格传导并非呈简单的线性关系。对此，在考察中国粮食市场和国际能源市场的价格关联性的基础上，有必要将时间、油价等因素设置为关键参数，通过观察两个市场间价格波动信息传导的速度、程度和方向判断价格关联是否存在变化趋势。明晰市场间的价格关联稳定性，能够更好地考察不同趋势阶段内中国粮食市场和国际能源市场的价格波动传导关系，从而为相关部门采取应对措施提供更为科学的依据。

问题三：中国粮食市场和国际能源市场的价格波动溢出关系如何？

随着国内外市场融合度的持续提升，21世纪以来，国内的粮食和能源进口规模始终保持在较高的水平，使得国内粮食市场、国际粮食市场以及国际能源市场三个市场存在相互交叉的影响，这种影响既存在能源市场对粮食市场的价格波动影响，也存在后者对前者的价格波动影响。对此，在检验中国粮食市场和国际能源市场的价格关联性及稳定性基础上，有必要分析两个市场的价格波动溢出程度和方向，特别是在将国际粮食市场纳入分析框架后，进一步探讨中国粮食市场在多市场价格波动溢出效应中所面临的市场风险。如果中国粮食市场和国际能源市场的价格波动溢出关系还存在区制变化特征，还需要分阶段探讨两个市场间价格波动传导效应的方向、速度和程度，实现对市场价格影响更为精准的判断。唯有明确中国粮食市场、国际粮食市场和国际能源市场间的价格波动信息传导路径和方向，才能更好地评估国内粮食市场在其中所面临的风险程度，为相关部门制定科学合理的风险防范策略提供有力参考。

问题四：国际能源市场价格如出现非正常波动，会对中国粮食市场产生怎样的影响？

地缘政治冲突、金融危机等事件引起的国际局势的不稳定，通常能够引起能源市场供需的极大波动，加剧能源市场的不确定性，从而导致能源市场价格的非正常波动。而风险事件冲击下国际能源市场价格的非正常波动对于国内粮食市场的冲击将超出常规的市场预期，从而弱化粮食安全保障措施的实施效果。对此，为了强化中国粮食市场的价格风险防范能力，有必要构建局部平衡模型，通过模拟不同程度的国际原油价格波动水平，观察中国粮食市场价格的变化方向和程度。通过观察国际能源市场价格非正常波动情景下中国粮食市场价格的变化情况，评估市场非正常价格波动情景下国内粮食市场的价格风险，从而为制定有针对性的风险防范策略提供决策依据,实现国家粮食安全战略的持续完善。

问题五:面对重大风险事件冲击,中国粮食市场在多市场价格波动传导过程中面临着怎样的市场风险?

近年来,地缘政治冲突、国际贸易摩擦以及疫情虫害等事件频发,对能源市场、粮食市场和金融市场均产生了极大的风险冲击,也对现有的粮食市场、能源市场及金融市场的价格联动机制产生了深刻而复杂的影响。例如,地缘政治冲突可能导致能源供应受阻,能源价格大幅波动,这会进一步影响粮食市场。能源价格上涨使得粮食生产成本增加,同时可能影响粮食的运输效率和成本,从而推动粮食价格上涨。在金融市场方面,地缘政治冲突引发的不确定性会导致投资者避险情绪上升,资金流向发生变化,可能使得能源和粮食相关的金融产品价格波动加剧,影响金融市场的稳定性,进而改变三个市场间的价格联动机制;国际贸易摩擦会影响能源和粮食的进出口贸易,贸易限制措施可能导致能源和粮食的供应减少或需求下降,从而影响市场价格。金融市场也会对贸易摩擦做出反应,汇率波动、贸易融资成本变化等都会影响能源和粮食市场的价格,同时金融市场的不稳定也可能反过来影响贸易,进一步影响价格联动机制。疫情和虫害会影响粮食的生产,导致粮食供应减少和价格上涨。另一方面,疫情对全球经济的冲击使得能源需求下降,但经济复苏下能源需求又会出现反弹现象。金融市场在疫情期间也经历了大幅波动,货币政策调整、市场流动性变化等都会影响能源和粮食市场的价格,从而改变三个市场的价格联动机制。

对此,在观察常态化环境下粮食市场和能源市场间价格传导效应的基础上,一方面要进一步将作为密切相关的金融市场纳入到分析框架,以此使研究框架更为接近现实情况,更好地观察中国粮食市场在多市场价格波动传导过程中所扮演的角色;另一方面,要借助全球疫情冲击事件,观察重大风险事件冲击下中国粮食市场受到的跨市场价格波动风险。这不仅能更为全面地考察中国粮食市场在多市场价格波动传导过程中面临的市场风险,而且也有助于检验外部重大风险事件冲击下国内粮食市场的稳定性。借助疫情事件考察多元市场价格联动机制在面临外部风险冲击时的反应,尤其是国内粮食市场遭受的风险源、风险程度的变化情况,基于可能存在的风险源更好地完善国家的粮食安全保障体系。

第二章

国内外研究现状及述评

在全球经济一体化的大背景下，粮食与能源作为关乎国计民生的重要资源，其市场动态备受瞩目。近年来，随着国际形势的不断变化、能源结构的调整以及粮食安全问题的日益凸显，粮食市场与能源市场之间的关系也愈发紧密。一方面，能源市场的波动对粮食生产、运输和加工等环节产生着深远影响。能源价格的上涨可能导致粮食生产成本增加，如化肥、农药等农资的生产和运输成本上升，以及农业机械的使用成本提高。同时，能源价格的变动也会影响粮食的运输成本，进而对粮食市场的价格形成机制产生冲击。另一方面，粮食市场的变化也会对能源市场产生一定的反馈作用。例如，生物燃料的发展使得粮食与能源之间的联系更加紧密。当粮食价格上涨时，可能会促使更多的粮食被用于生产生物燃料，从而影响能源市场的供给和价格。对此，越来越多国内外学者开始关注到粮食市场和能源市场间的价格关联性，并开展了相应的研究并取得了丰富的研究成果。

一、粮食价格波动影响因素研究

在粮食安全领域，针对粮食市场价格波动影响因素的研究始终是国内外学者关心的核心议题。截至目前，国内外众多学者已经从经济发展、生产成本以及进出口贸易等多个角度对粮价波动影响因素进行了探讨。

从经济发展的角度，Rosegrant（2008）、Hubbard（2013）以及胡冰川（2019）等学者以全球经济增长速度和国际农产品市场价格为研究对象，实证检验了经济发展对包括粮食产品在内的农产品价格波动的影响。其中，胡冰川（2019）观察了全球经济和国际农产品价格波动走势，通过相关性和因果关系检验，发现全球经济增长是引起国际农产品市场价格上涨的主要推动因素。相比之下，发展中国家的经济增长速度相对更快，货币发行增速较快，同时消费市场对农产品的需求增长更为强劲，由此可能会对发展中国家的粮食价格产生更为敏感的影响。对此，Oliver 和 Sushanta（2016）通过对不同发展水平国家的数据对比，发现发展中国家粮食价格受经济增长、货币发行及消费需求等因素的综合影响更为显著，导致市场粮价波动较为剧烈，这也为上述结论提供了更多的经验性证据。除了对初级农产品市场价格产生直接影响之外，地区经济的快速发展还会提升该地区民众的生活水平，对农产品的品质和种类提出了更高的要求，对于深加工农产品的需求越发旺盛，从而不断刺激包括粮食在内的农产品价格的上行（王一飞，2016）。此外，李修彪（2011）、李焜和王小华（2018）等学者从宏观层面的经济周期角度观察了粮食市场价格的影响因素，研究发现粮食市场价格普遍随着国家或全球经济周期的波动而变动，特别是当某个国家或全球经济持续向好发展时，粮食市场价格的上行势头较为明显。

从生产成本的角度，粮食市场价格波动最直接和最根本的原因之一即是粮食生产成本的变动，近些年来粮食生产成本的节节攀升导致了粮食价格的不断上扬（Andrew，2013；汤丹，2015；Marc 等，2020）。其中，汤丹（2015）基于 1996—2013 年中国粮食市场价格的面板数据开展了相应的实证分析，研究发现中国粮食市场价格波动影响因素众多，除了受货币发行、市场供需以及消费者收入等因素的影响外，粮食生产成本是相对更为关键和直接的影响因素。在生产成本构成方面，童万民和潘焕学（2015）、刘欣晨（2022）等学者认为粮食生产成本主要由人工成本、土地成本和农资成本构成。通过数据对比发现，21 世纪以来中国粮食生产中包括农药、化肥及机械等农资成本的占比呈快速上升趋势，不仅成为了影响粮食市场价格波动的主要因素，同时也不断推动着粮食市场价格的持续上涨。树成军（2015）对国际粮食市场价格波动影响因素进行了考察，分析认为当包括种子、化肥、农药、农膜以及农业机械等农资价格上涨时，粮食生产成本随之增加，从而引起国际粮食市场价格的上涨，这在对 1973—2014 年国际粮食市场面板数据的实证分析中得到了验证，也即农资价格变动已经成为了国内外粮食市场价格波动的重要影响因素。在政策影响方面，Hasegawa（2020）通过观察粮食政策出台和粮食市场价格走势的关系，发现合理的粮食政策能够在一定程度上稳定粮食市场价格。例如，当政府出台如加大农业补贴、提供技术支持等政策支持农业生产时，就能有效降低粮食生产成本，增加粮食产量，从而缓解粮食市场的供需紧张局面，抑制粮食价格过快上涨。同时，政府还能通过储备调节政策和进出口贸易政策影响市场上粮食的供需平衡进而对市场价格产生影响。对此，齐贵权（2020）运用RSVAR 等计量方法对 2008—2019 年黑龙江粮食价格波动的影响因素进行了分析，结果表明除了国际粮食市场价格波动、粮食产量变动以及居民收入水平增长等因素外，粮食收储政策、贸易调控政策以及农资价格等均能显著影响粮食市场价格，同时还认为种粮成本与粮价的形成之间具有长期因果关系，且这种因果关系存在显著的正相关性。

从粮食供需角度，随着全球经济的不断发展，居民生活水平的不断提升，对粮食的需求呈越发旺盛的态势，这也成为了刺激粮食市场价格上行的关键因素。Trostle（2010）和 Molua（2015）对全球农产品输出和输入国的粮食市场价格的追踪观察，同时分别通过对 2001—2009 年和 2001—2013 年国际粮食市场进出口贸易量和粮食价格变动间因果关系的实证分析，发现当粮食市场供大于求时，市场价格总体相对平稳，而在供小于求时，市场价格波动幅度明显上升，由此得出了粮食市场价格上涨主要受需求增长影响的结论。刘桂才（2000）则对国内粮食市场的需求变化和价格波动关系进行了分析，通过比对 1981—1998 年的粮食供需数据和市场价格信息，发现观测期间内粮食进口规模大幅提升，国内粮食市场的供大于求导致市场价格出现了缓慢下跌的现象；王学真等（2015）同时比较了国内外粮食市场供需变化和粮价波动情况，认为国内外粮食市场价格波动不仅受当期市场供需影响，同时也受前期市场价格波动的显著影响。相较受前期市场价格影响，粮食市场价格受当期粮食市场供需变化的影响相对更大；孟召娣和李国祥（2021）则运用 HP 滤波法分析了中国粮食需求在 1992—2018 年期间的短期波动及结构变化，认为饲料粮和工业用粮需求的上升激化了粮食市场的供需矛盾，刺激了粮价的上涨。此外，也有其他学者从更多维度实证分析了粮食市场价格波动的影响因素，认为粮食供需是粮食市场价格的弱影响因素。例如，Teresa（2013）、许祥云等（2016）、Valentina（2017）、李靓等（2017）、叶盛等（2018）以及刘同山（2022）的研究认为相较粮食供需因素，农资价格波动、能源市场变化、国际经济形势以及政策调整等是引起粮食市场价格波动更为显著的影响因素。

从粮食进出口贸易的角度，随着粮食进口规模的持续攀升，国内外粮食市场的联系日益紧密，学者们开始关注到国内外粮食市场间的价格传导效应。丁存振和徐宣国（2022）通过对国内粮食市场供给渠道的分析，发现国内粮食供给增速正在趋缓，为了缓解由此导致的供需失衡问题，就需要将国际粮食市场纳入到国内的粮食供给体系中，发挥国际粮食市场调剂余缺的作用。粮食的大规模进口，极大补充了国内的粮食供给，同时也引发了粮食贸易风险。对此，需要多元化粮食贸易伙伴，更需要建立健全粮食贸易风险防范机制。田甜（2017）以大米、小麦、玉米和大豆为研究对象，运用 VAR - GARCH（1，1）-BEKK 模型实证检验了国内外粮食市场的价格波动传导关系，研究认为市场间的价格传导关系强弱与对外进口依存度存在强相关性。其中，国内粮食市场对外大豆进口依存度较高，受国际市场大豆价格波动影响也就较为强烈，大米、小麦和玉米的进口占比相对较小，国内政策调控作用下这三类粮食品种受国际粮食市场影响较为有限。高洁（2014）、田甜等（2015）、公茂刚和王学真（2016）等学者通过对不同观测时期两个市场粮食价格波动特征及关联性的实证分析，进一步揭示了国内外粮食市场间的价格互动关系，这种相关性随着市场融合度的提升呈增强趋势。进一步地，Francisco 等（2017）还考察了多个发展中国家农产品市场和国际农产品市场的价格走势，并运用 GARCH 模型对这种价格相关性进行了方向上的判断，结果显示国际农产品市场存在对发展中国家市场显著的价格波动溢出效应，而后者却无法有效向前者传导价格波动信息。

还有刘鹏凌（2016）、叶盛（2018）、黄青青（2019）等学者基于前人成果作了更多延伸性研究，认为粮食波动因素远不止上述几方面，譬如自然灾害、能源价格、政策调控以及贸易壁垒等均是导致粮价波动不可忽视的因素。

二、原油市场和粮食市场间的价格波动传导研究

在粮食能源化趋势下，能源消耗成本占据种粮成本比例持续提升，能源市场价格波动对粮食市场价格产生了不可忽视的溢出效应，引来了越来越多国内外学者关注到能源市场价格波动对粮食市场的影响。Liu（2013）、颜小挺和祁春节（2015）、郑燕和马骥（2018）以及 Syed 等（2023）认为能源市场存在对农产品市场成本传导、需求冲击和政策溢出等多种价格波动影响路径，并以国际能源市场和农产品市场为研究对象，采用半参数法和 VAR 模型实证分析了国际能源市场价格波动对国际农产品市场价格的影响。其中，颜小挺和祁春节（2015）认为石油价格的涨跌对国内水果价格不存在显著性影响，但能显著影响国内的粮食价格，主要原因是油价上升引致谷物、植物油等生物燃料替代能源的需求扩张，导致对粮食的需求扩大；郑燕和马骥（2018）则基于 2001—2017 年的国际原油市场价格和中国粮食市场价格数据，采用 TVP - VAR 模型进行了中国粮食市场价格对国际原油市场价格波动的响应分析，研究显示中国粮食市场价格受国际原油市场价格波动影响较为显著，尤其是加入 WTO 以来，影响效应呈明显增强趋势；Syed（2023）通过对国际原油市场和粮食市场价格走势的观察和分析，认为原油市场价格波动在对粮食市场产生冲击的同时，后者也存在对前者的逆向价格信息传导。其中，供求端和需求端的不稳定是造成市场间价格冲击影响的主要因素。也有学者认为能源市场和农产品市场价格受影响因素众多，两个市场价格关系很可能并非呈简单的线性关系，尤其是在农产品市场对能源消耗持续增加的背景下，这种相关性显得越发紧密（黄毅，2015）。进一步地，Dahl（2019）以 2006 年为时间分界点对农产品市场价

格和原油市场价格间的相关性进行了分阶段检验，检验结果显示两个市场价格在不同阶段均存在显著的相关性。其中，2006 年之前农产品市场价格和原油市场价格间的价格相关性相对偏弱，但 2006 年之后价格相关性显著增强，特别是原油价格的上行对农产品价格上涨的推动作用更为明显。

在价格相关性研究的基础上，学者们开始运用不同计量模型对能源市场和粮食市场间的关系做了不同角度的分析，以此加深了两个市场价格溢出效应的研究。其中，Pick（2020）借助全球金融危机事件分析了国际原油市场和国际农产品市场的价格溢出效应关系，分析认为两者间更多存在的是原油市场对农产品市场的单向价格溢出效应。通过进一步的实证分析，发现市场间的价格传导效应强弱与原油市场价格的波动频率和程度呈正向关系，当原油市场价格波动频繁且波动幅度较大时，对农产品市场的价格波动溢出效应显著增强，反之则呈减弱趋势。随着研究的不断深入，越来越多的学者发现能源市场对农产品市场的价格传导并非始终呈线性关系。例如尹靖华（2016）采用 VAR 模型对能源市场和粮食市场间的价格传导关系进行了实证分析，分析结果显示能源市场对粮食市场的价格传导存在"弹性"现象，传导效应的强弱主要受能源投入要素的产出弹性及粮食生产要素替代弹性的影响，得出了传导路径呈非线性特征的结论；Matteo 等（2019）基于 B－GARCH 模型的分析，发现能源市场和农产品市场间的价格相关性和价格溢出效应随着时间的推移呈逐渐增强的趋势，其中波动性传导的增加往往先于相关性的增加；Achillefs 等（2021）以南非地区的原油市场和农产品市场为研究对象剖析了市场间的价格传导机制，发现两个市场的价格传导过程存在信息非对称现象，导致原油市场和农产品市场更多存在的是前者对后者的单向性因果关系，且这种因果关系还存在长期的市场反馈效应。针对原油市场价格波动对农产品市场价格的影响，越来越多学者的研究证实了原油市场价格波动存在对农产品市场价格显著的带动作用，这种带动作用一方面体现在多市场价格的同向性趋势，另一方面则体现在价格波动关系的集簇性特征方面（徐媛媛等，2017；Roy Endré，2019；吕靖烨和李娜，2022）。

由于中国同时是粮食和能源的主要消费和进口大国，越来越多的学者在国际能源市场对国内粮食市场的价格溢出效应分析基础上作了更多的延伸性研究。其中，Chen（2014）和 Zhang（2015）将国际粮食市场纳入分析框架，通过观察国际能源市场、国际粮食市场和国内粮食市场的价格走势，发现三个市场的价格走势存在一定程度的趋同性，且从长期来看这种趋同趋势保持了稳定性。为了检验国际能源市场和国内粮食市场之间的价格传导效应是否存在方向性，董秀良等（2014）采用 DSTCC－MGARCH 模型对两个市场价格数据进行了模型估计，研究发现国际原油市场存在对国内粮食市场的单向性价格传导效应。在设定了时间参数后，研究发现观测期内国际原油市场价格波动对国内粮食市场价格的影响并不稳定，而是随着时间推移呈增强趋势。Jiawen（2018）同时使用多元异方差自回归模型与 DCC - GARCH 模型，对国际能源市场和国内粮食市场的价格传导关系进行了时间稳定性检验，结果显示市场间的价格传导存在时变性特征，尤其是在全球金融危机爆发、重大能源政策出台以及地缘政治冲突加剧时表现的尤为明显，能源市场对粮食市场的价格冲击影响相对更为强烈。杜颖（2019）对市场间价格传导的时间效应作了进一步的检验，构建 ARDL 模型实证检验了国际原油市场价格波动对国内粮食市场价格传导的时间效应，检验结果显示在长短样本观测期间，国际原油市场对国内水稻、小麦、玉米和大豆市场价格的影响均通过了显著性水平检验，且长期效应显著性强于短期效应。此外，花俊国等（2020）采用因子增广型向量自回归模型就国际能源价格、国际粮价、汇率变化等对中国粮食市场价格波动的影响进行了脉冲响应分析，结果显示，相比水稻和小麦，国际能源市场价格波动对中国的大豆和玉米价格冲击影响较大，这与不同粮食品种自身所携带的能源属性强弱相关。研究还进一步探讨了价格冲击对国内粮食市场价格稳定带来的影响，例如在玉米和大豆市场价格受到相对较大程度的冲击时，会通过替代效应加剧高粱和菜籽粕等替代物的价格波动，引起市场不同粮食作物的连锁反应，最终引起整个农产品市场价格的不稳定。

国际能源市场之所以存在对国内粮食市场强价格波动冲击，部分学者认为主要是由于成本推动所致。任劼和孔荣（2015）运用 VAR 模型实证检验了能源市场价格波动对农产品成本影响的时间效应，结果显示影响存在显著的时间滞后性，其中滞后二阶的能源市场价格波动对农产品成本的影响最为显著。上述结果也表明，能源市场价格波动主要是通过影响生产成本进而对粮食市场价格产生冲击。杜颖（2019）运用 ARDL - ECM 模型对国际原油市场和国内粮食生产成本的长短期均衡关系作了进一步检验，检验结果显示无论是短观测样本期还是长观测样本期内，国际原油价格波动均存在对国内粮食生产成本的显著影响。价格波动信息由生产端传导至市场端，导致国际原油市场价格和国内粮食市场价格间存在长期协整关系。有学者进一步对不同粮食价格波动情况进行了观察，发现对外依存度最高的大豆价格对国际原油市场价格波动的敏感性最强（黄毅，2015；Loretta 等，2022）。也有部分学者的研究得出了不一致的结论，例如陈宇峰等（2012）通过构建 LSTAR 非线性模型就国际能源市场价格波动对农产品市场价格的影响作了直接传导效应和间接传导效应的分解，其中间接传导效应相对更为显著，引发因素主要包括货币发行量、汇率、国际粮价、供需缺口以及粮食生产能源消耗占比等；Torun（2021）观察了 1984—2019 年的 WTI NYMEX 轻质低硫原油、CBOT 玉米、CBOT 大豆和 CBOT 软红色冬小麦的价格走势，发现能源市场和粮食市场价格相关性在 2006 年后存在趋同现象，但这只能代表两个市场价格走势相近，无法从更深层次证明两个市场价格波动信息传导的内在强关联性。

三、生物质能源市场和粮食市场间的价格波动传导研究

随着全球各国对环保问题的日益重视以及市场对可再生能源需求的不断增长，生物质能源产业发展迅速的同时，也极大地增加了对粮食等生物质原料的消耗，从而对全球粮食市场产生了一定的冲击和影响。随着对能源市场和粮食市场价格关系研究的深入，部分学者逐步将生物质能源市场价格视作影响粮价的独立因素进行分析，虽然根据不同角度分析取得的研究成果越发丰富，但研究结论尚存在争议。

在 2001—2023 年，全球生物燃料产量由约 25 百万立方米上升到了约 135 百万立方米，生物质能源产量规模的大幅上升需要以大豆、玉米以及小麦等粮食原料投入作为支撑，由此极大地刺激了粮食市场的需求，供需缺口的不断扩大直接推动了粮价的持续上行（Jin Guo 和 Tetsuji，2022；Trostle 2020；周金城和黄志天，2020）。在数据观察的基础上，Gohin 和 Chantret（2019）运用 DCC - GARCH 模型对生物质能源产量和粮食市场的价格相关性作了进一步的分析，研究发现生物质能源市场和粮食市场的价格相关性存在显著的时变性特征，粮价波动存在向生物质能源市场趋同的迹象。进一步地，生物质能源市场价格的波动式上涨直接导致生物质燃料产量快速提升，间接性地增加对玉米和大豆粮食品种的市场需求量，从而对粮价产生向上的推动力；花俊国等（2020）选用 2007 年 1 月至 2019 年 3 月的月度数据，采用因子增广型向量自回归（FAVAR）模型分析了国际粮食价格因子，研究发现从不同粮食品种来看，玉米更易受国际粮食市场价格、国际能源市场价格及货币汇率等因素的影响。根据经济学相关理论，市场主体存在趋利性，除了刺激粮食市场需求，生物质能源项目的高收益会使土地、资金、设备及人才等众多生产要素都趋向于生物质能源领域，从而对包括粮食在内的农产品的生产和流通产生显著的资源挤占效应。生产资源供给下降势必引起粮食产能的下降，市场需求的上升和产能下降预期的叠加引致了粮食市场价格的整体性上涨（高群和曾明，2018；Kaltalioglu，2019；陈诗波和余志刚，2019）。当然，也有部分学者认为生物质能源产业的发展对于农业发展其实是较为有利的。这部分学者认为生物质能

源产业的快速发展，一方面有利于优化农业产业结构，生物质能源的生产过程可以与农业生产过程相结合形成循环经济模式，这也拓宽了传统农业的发展领域；另一方面则有利于改善农业生产环境，最直接的影响是减少农业废弃物的产生，同时可以通过将农业废弃物转化为生物质能源后产生的有机肥料还田，改善土壤质量（赵剑峰等，2016；Chi Wei 等，2019）。因此，对于粮食市场而言，如能实现生物质能源产业和粮食产业的协同发展，既可以提高粮食生产的资源利用率，促进粮食作物的生长和增产，从而稳定粮食市场的供应，又可以通过构建良性循环的生态系统，降低对传统化石能源的依赖，减少农业生产对环境的负面影响，为粮食产业的长期稳定发展创造良好的生态环境，进而为国家的粮食安全提供更为有力的保障（Emrah 等，2022）。

四、多市场价格联动对粮食市场价格的影响

随着中国市场对外开放度的持续提升，国内外市场间的价格信息传导得以更为畅通。相应的，国内外农产品市场和能源市场间的价格溢出效应越发呈现出多市场联动的态势。

粮食价格不仅受粮食市场其他类别粮食价格波动的影响，同时还较容易受关联性市场价格波动的影响。例如 Lahiani & Nguyen（2014）将食糖、小麦、玉米和棉花这四大农产品纳入到了同一分析框架，采用 VAR - GARCH 模型分析了 2003—2010 年四大农产品市场的价格波动溢出关系，分析结果显示不仅小麦市场和玉米市场存在相互间的价格传导关系，食糖和棉花市场价格波动还存在对小麦和玉米市场价格的传导效应；Ceballos 等（2017）采用多元 GARCH 模型对非洲、拉丁美洲和南亚 27 个国家的 41 种农产品价格的短期波动性传导进行了研究，实证结果显示不同国家的农产品市场之间存在一定的价格传导性，其中玉米、大米及小麦市场价格的传导性相对明显，尤其是当进出口贸易量明显高于国内需求量时，这种价格传导效应就更为明显。此外，Hassan 等（2017）将研究对象扩大到了油料作物、糖料作物和蔬菜，运用 IGSS、3SLS 等计量工具估计了国际市场不同农产品市场价格波动传导效应的方向和程度，结果显示多数市场存在与其他市场的双向价格波动溢出关系，且价格传导效应在大豆和豆油、小麦和面粉这种垂直供应链关联市场间表现的尤为明显。

鉴于农业生产的能源化趋势，农产品市场间的价格传导越发受到原油市场价格波动的影响（徐建玲和钱馨蕾，2015；公茂刚和王学真，2016），尤其是 21 世纪以来，国际粮食市场和能源市场价格波动的双升局面渐趋明显，进而

对国内粮食市场产生多市场价格冲击。而国内粮食市场价格的涨跌又容易进一步引发整个国际粮食市场的连锁反应，进而通过贸易途径对中国的粮食市场价格稳定性产生二次冲击（高云等，2018）。当然，在全球经济大融合的背景下，政治环境、贸易政策、气候变化等众多因素的不稳定也会影响到全球贸易市场、外汇市场以及能源市场的稳定性，而这又会进一步引发对国内外粮食市场的多层面市场冲击（邓俊锋等，2022）。为了更为全面地分析粮食市场价格波动的影响因素，朱聪等（2022）将供需状况、贸易政策、气候变化、货币汇率、通货膨胀以及全球疫情等众多因素纳入了分析框架，研究认为国际粮食市场价格受到上述一众因素的显著影响，其中货币发行和汇率变动自 2019 年以来对国际粮食市场价格波动的影响不断增强。进一步对国内外粮食市场受全球疫情影响程度做对比，国内粮食市场价格受疫情冲击影响程度弱于国际粮食市场。一方面是由于一系列粮食安全保障措施的实施抵消了这种冲击，另一方面则是由于疫情过后国内市场的消费回暖抑制住了农产品需求量的下降趋势。

受美欧等发达国家新能源支持政策的影响，全球生物质能源产量快速攀升，生物质能源市场和粮食市场关联性的增强由此受到了学界的关注。越来越多的学者在研究粮食市场价格波动影响因素时，开始将生物质能源市场纳入到了分析框架中，进而以粮食市场、原油市场和生物质能源市场为对象开展了多元市场价格联动机制的研究。例如，Michael 等（2017）就对美国能源期货市场和粮食期货市场价格关系进行了回归分析，研究不仅验证了能源市场对粮食市场的价格波动传导效应，同时还发现原油期货市场和粮食期货市场的价格波动也存在对乙醇燃料期货市场价格的显著传导效应，即粮食市场存在对能源市场的反向价格信息传导过程；Balcombe 等（2018）选用自回归条件异方差模型检验了巴西的能源市场和粮食市场的价格关系，研究同样发现粮食市场、原油市场和燃料乙醇市场价格存在显著的长期协整关系，三个市场的价格走势存在趋同趋势，且在受到外部因素冲击后不同市场价格的调整过程呈现了集簇性特征；Abdoulkarim 等（2019）运用脉冲响应函数模型对生物质能源市场和粮食市场的价格相关性做了进一步研究，研究发现生物质能源市场和粮食市场的价格相关性程度受原油市场价格水平的显著影响。具体而言，当国际原油市场价格高于 70.58 美元/桶时，将极大凸显生物质能源的生产效益，由此会大幅增加对作为原料粮食的投入，不仅引致粮食市场价格的上涨，同时也强化了能源市场和粮食市场的关联性。随着全球对可再生能源的需求不断增长以及对粮食安全问题的日益关注，学者们正在从市场供需关系、政策影响和国际贸易等多个角度对生物质能源市场和粮食市场价格关系进行深入研究，以期为实现能源可持续发展与保障粮食安全提供科学的决策依据。

近些年来，也有部分学者考察了金融市场和粮食市场间的关系。王东和王远卓（2021）从货币发行的角度分析了粮食金融化趋势和粮食的进口风险，研究认为全球货币超发会引起粮食价格的上行，进而通过贸易渠道引发输入型通货膨胀，带动相关生产要素成本和生活消费品价格上涨，供给缺口叠加货币超发引发的粮价上涨，很有可能再次爆发全球性的粮食安全风险。罗光强和王焕（2022）、刘洋和颜华（2022）、杜蓉和乔均（2023）从金融视角研究了金融市场和粮食市场的关系，相关研究均认为金融业的发展和粮食产业发展存在显著的空间关联性，尤其是数字金融的普及不仅促进了本地区粮食产业高质量发展，而且也促进了周边地区粮食产能的提升，金融业总体上对粮食生产存在显著的正向促进作用。上述学者虽然针对金融市场和粮食市场的关联性进行了一定的研究，但均未探讨金融市场和粮食市场价格波动风险的传导，对于多元市场价格联动机制下金融市场和粮食市场价格传导机制的研究更为鲜见，而这也成为了本书对目前研究作出的一大贡献。

此外，尹成杰（2021）、李俊杰等（2021）、朱晶等（2022）以及曾伟（2023）通过理论分析、数据观测和实证检验，发现能源市场价格波动、地缘政治军事冲突、全球经济发展以及国家货币发行等非粮因素对粮食市场价格的影响程度正在不断趋强，且这种影响的集簇性和不对称性特征也正在不断趋于显化。

五、市场间价格传导对国内粮食市场安全的影响研究

对粮食价格波动影响因素以及多元市场价格联动研究的目的，始终在于保障国家的粮食安全。对此，通过对多市场价格联动机制的研究，学者们关注到了其为国内粮食安全带来的影响。

随着国内外能源贸易和农产品贸易规模的不断扩大，外部关联市场价格的不稳定性正在对国内粮食市场产生越发深刻的影响，而国内粮食市场价格的不稳定不仅会影响农民的种粮积极性，也会给粮食加工企业带来成本波动和经营风险，甚至还可能对国家的粮食安全战略和宏观经济稳定造成潜在威胁（张瑞娟和李国祥，2016；翁鸣，2020；高鸣和赵雪，2023）。

从研究的细分领域来看，部分学者的研究聚焦于粮价波动的跨市场影响，部分学者的研究聚焦于粮价的跨市场波动对社会经济和国民生活的影响。

由于国际农产品市场和国内粮食市场间存在着直接的贸易关系，因此，多数学者主要以国内外农产品市场为对象分析粮价波动的跨市场影响。其中，尹靖华和顾国达（2015）关注到了贸易政策对跨市场粮价波动的影响，系统且全

面地梳理了1992—2011年期间中国及贸易伙伴国相关贸易政策，同时也观察了同期的国际粮食市场价格，发现贸易伙伴国正向的贸易政策越多、政策力度越大，跨市场粮价走势的趋同现象越明显，反之则会导致"粮价差"的出现。为了保障本国粮食供给安全，不同贸易伙伴国或多或少存在针对粮食进出口贸易的保护政策，在导致国内外出现粮价差的同时，也不利于缓解国际粮食市场价格波动对国内市场的冲击，从而不利于国内粮食市场供给的稳定和价格的稳定；黄季焜（2021）、刘丽等（2022）认为国际粮食市场价格波动增加了国内粮食市场的风险性，大规模粮食进口更加便捷了国际市场价格波动信息的输入，增加了国内粮食市场的价格稳定风险，价格波动容易引发国内粮食产业上下游企业的经营风险，对粮食加工、流通等环节带来冲击，国际粮食市场价格波动可能导致国内粮食进口成本不稳定，影响国内粮食供应的稳定性和可预期性；孙致陆（2022）在充分考虑国内粮食供需、粮食保护政策、对外贸易量以及粮食储备等因素的基础上分析了国内外粮食市场价格关系，在控制了其他相关因素后，研究认为国际粮食市场价格波动会对国内稻谷、小麦和大豆的市场供需产生显著冲击，其中以大豆产品最为显著；田甜等（2016）、顾海兵和王树娟（2017）、Jiaqi Huang等（2022）以及Chien‐Chiang Lee等（2023）则进一步研究了国际粮食市场价格波动对国内粮食加工业、粮食种植结构、粮食流通业以及居民生活水平的影响，结果显示国际粮食市场价格的波动不仅会对国内粮食市场价格产生直接的影响，而且会恶化粮食种植结构、增加粮食流通成本，加剧国内粮食加工业的不稳定预期，提高居民的粮食消费成本，加大稳定国内物价水平的难度，进而对国家粮食安全战略布局产生不利影响。此外，也有部分学者认为国际粮食市场价格的不稳定性也存在对国内粮食市场有利的一面。例如，王颖等（2018）就认为面对国际粮食市场的价格不稳定风险，提升国内粮食产能效率从而降低对外依存度成为了有效的应对方式，同时也促使国内市场更加多元化进口以分散来源地集中的风险。

外部关联市场价格波动，除了对国内粮食市场价格产生直接的冲击，这种跨市场价格联动也会进一步对国内的农业种植结构、社会物价水平和居民生活质量产生间接性影响。吕开宇等（2013）基于2005—2007年的市场粮食价格和农户种植数据，通过Nerlove模型分析粮食市场价格稳定性和粮食作物种植结构的关系，发现水稻和小麦的种植面积较难受市场粮价波动的影响，相比之下大豆和玉米的种植面积对粮价波动的敏感性较强；王国敏和周庆元（2013）、彭彩珍和高韧（2014）分别采用格兰杰因果关系检验法和VAR模型分析了粮食市场价格波动对居民生活的影响，研究认为粮食市场价格的波动，尤其是粮价上行会促使居民消费价格指数的上行，增加居民的日常生活消费成本。在粮价波动对居民生活福利水平的影响方面，方志红（2013）认为农户既是生产者同时也是受益者，粮价波动为其带来了双向福利变动的影响。该研究通过对湖南地区 2001—2011 年的粮价波动和农户收入数据进行观察和分析，认为粮价波动和农户的生产者福利存在正相关关系，和农户的消费者福利却呈负相关关系，最终的福利变化方向则需视生产者福利和消费者福利的强弱而定；韩啸等（2017）则从国内市场主要粮食品种间价格传导的角度考察了粮食市场价格稳定性和居民消费者福利的关系，分析结果显示小麦、玉米和大豆这三大粮食品种之间存在相对显著的双向价格波动溢出关系，而这种价格关系下单一粮食品种价格的下降就会带动其余关联粮食品种价格的下跌，由此提升了居民的消费者福利，这在玉米市场表现的尤为明显；刘丽等（2022）基于 2010—2021 年国内外大豆、玉米和小麦的月度现货价格，运用协整分析和 VECM 模型分析了国内外粮食价格的联动关系，结果表明国际粮价大幅波动会加剧我国玉米和小麦进口量的波动，冲击国内大豆和玉米生产，同时影响到国内的生产者福利和消费者福利。进一步地，Wesenbeeck 等（2021）将粮食市场价格不稳定带来的影响上升到了社会稳定的层面，研究认为粮价的不稳定多数时候会引发一系列连锁反应，不仅会扰乱农民的种植决策，也会增加粮食加工企业的成本控制难度，更是会使消费者面临食品价格波动带来的生活成本压力，影响消费信心和生活质量。尤其是对于低收入家庭而言，粮食市场价格不稳定对其产生的生活压力更为明显，这就为引起社会不稳定因素带来了隐患。

此外，还有李邦熹和王雅鹏（2016）、王钢等（2019）、仇焕广等（2022）以及张志新等（2022）从农户种植行为、经济发展、农业产业发展、国民生活水平以及社会稳定等多个角度延伸了粮食市场价格波动风险的研究。研究总体表明，粮食市场价格水平不宜过低，更不宜过高，粮食市场价格的稳定是实现产业发展和社会稳定的基本前提。

六、研究述评

截至目前，国内外学者已经从多个角度对能源市场和粮食市场的价格关联性进行了分析，丰富的研究成果为本研究的推进提供了诸多有益的参考。国内外学者虽然对于粮食市场价格波动的研究已取得了较多研究成果，但通过全面梳理现有文献，发现尚存在以下几方面的不足之处：

第一，研究视角。目前，学者多是围绕农产品市场开展跨市场价格信息传导的研究，部分研究聚焦于垂直农产品市场间的价格传导，主要聚焦于供应链上下游市场价格信息的传导；部分研究聚焦于横向农产品市场间的价格传导，其中尤以国际粮食市场和国内粮食市场间的价格波动影响研究较为典型。随着研究的逐步深入，虽然也有部分学者已经关注到了能源市场和粮食市场的价格波动关系，但目前的研究多停留在价格水平的相关性层面，不仅研究对象相对单一，且欠缺对多市场价格关联机制的深入剖析，对不同能源产品与各类粮食品种之间具体的关联程度和影响路径研究不足，也未能充分考虑宏观经济环境变化对能源与粮食市场价格波动关系的调节作用。在全球能源转型和粮食安全日益受到关注的趋势下，亟需从能源市场视角拓宽目前的研究。

第二，研究对象。现有关于"粮食市场和能源市场价格关联机制"方面的研究，多以国内四大主粮价格和原油市场价格为分析对象，而未能考虑到全球生物质能源行业快速发展的现实情况，导致研究对象不够全面。生物质能源行业的快速发展，不仅会对原油市场价格产生影响，同时也增加了对玉米、大豆以及小麦等粮食品种的市场需求，由此也对粮食市场价格产生影响。因此，要想更为客观地衡量粮食市场在多市场价格关联过程中受到的影响，就需要将生物质能源市场价格纳入到分析框架中。

第三，研究方法。针对粮食市场间的价格溢出效应，目前多数学者采用的是 VAR 模型、VEC 模型和 GARCH 模型等，但这都偏向于静态分析，与时变性的市场价格关系存在不匹配的现象。随着国内外市场的不断融合以及外部市场价格的非线性变化，粮食市场和其他市场间的价格关联很可能存在结构性变化和非线性关系，这就亟需完善现有的研究方法，以便更准确地把握粮食市场与其他市场间价格关联的动态变化，深入挖掘价格关联性背后的复杂机制，为制定科学合理的粮食市场调控政策和风险管理策略提供有力支撑。

第四，研究内容。国内外学者多是针对"国内粮食市场—国际粮食市场"和"国内粮食市场—国际原油市场"的双元市场开展的研究，而未能将粮食市场、能源市场和金融市场纳入到同一框架中进行分析，未能给予多元市场价格关联机制足够的重视，导致研究结论存在偏差，研究成果也不够丰富。对多元市场价格联动机制剖析深度的不足，一是会导致多元市场间价格信息传导路径不够明晰，模型估计的检验结果存在是否有效的问题；二是会导致理论分析结果和实证检验结果之间无法相互印证，基于此的对策建议也就很有可能存在"脱靶"现象。

第三章

中国粮食市场和国际能源
市场价格关联的现实基础

随着全球经济一体化进程的加速以及能源与粮食在生产、运输等环节的联系日益紧密，粮食市场和国际能源市场的价格关联性正不断增强。例如在粮食生产阶段，粮食生产需要消耗一定的能源，能源价格波动就会通过生产成本传导至粮食市场，粮食生产机械化趋势下这种传导路径越发畅通；在粮食输送阶段，能源价格的涨跌会直接导致粮食输送成本的变化，从而引起两个市场间的价格关联。此外，在粮食的储备和加工等方面也受能源价格波动的影响。

在国内粮食市场和国际能源市场间的价格关联性方面，价格关联性程度的强弱很大程度上在于中国对外粮食进出口的贸易量，尤其是粮食进口的贸易量的大小。粮食进口贸易量越大，国内粮食市场就越能吸收国际能源市场价格波动信息；粮食进口贸易量越小，国际能源市场价格信息就越难以传导至国内粮食市场。要想厘清中国粮食市场和国际能源市场价格关联的现实基础，就需要全面了解中国粮食市场的供需状况、中国粮食市场的对外贸易状况以及中国的原油对外贸易状况。

一、中国粮食市场的供需状况

（一）中国粮食市场的供给状况

稳定且充足的粮食供给是社会稳定的基础，因此历届政府都较为重视中国的粮食安全问题。党的十八大以来，中国政府更是在连年丰产的基础上进一步聚焦粮食的供应问题，通过统筹国际和国内两个市场及资源为国内粮食市场提供稳定且充足的粮源。国际粮食市场的供应主要通过后续"中国粮食市场的对外贸易状况"这一章节进行阐述，因此本小节阐述的是国内粮食市场的供给状况。

中国是一个人口众多且人均水土资源又相对稀缺的国家，旺盛的粮食刚性需求使得中国必须要不断提升国家的粮食产能，以此来保障国家粮食安全。对此，历届中国政府都极为重视国家的粮食供给问题，通过基础设施建设、良种育种研发以及国际粮源进口等途径不断增强国内的粮食生产能力和供应能力。自 2000 年以来，无论是在粮食产量还是在播种面积方面，中国的粮食产能呈现持续上升的势头，粮食生产基础越发夯实。2000—2022 年，中国的粮食产量由 46 217.52 万吨上升到了 2010 年的 55 911.31 万吨以及 2022 年的 68 652.77万吨，实现了 1.81% 的年均增长率。其中，2020 年受新冠疫情和自然灾害的叠加影响，全球粮食市场的稳定和增长出现了一些波动，但中国在 2020 年、2021 年以及 2022 年的粮食产量分别达到了 66 949.15 万吨、68 284.75 万吨及68 652.77万吨，呈持续上升势头，且截至 2022 年中国的粮食产量已经连续 8 年稳定在 1.3 万亿斤以上。在播种面积方面，中国的农作物播种面积分别由 2000 年的 156 299.85 千公顷上升到了 2010 年的 158 579.48 千公顷和 2022 年的 169 990.92千公顷，其中粮食播种面积分别由 2000 年的 108 462.54 千公顷上升到了 2010 年的 111 695.42 千公顷和 2022 年的118 332.11千公顷，观测期间中国的农作物播种面积和粮食播种面积分别实现了 0.38% 和 0.40% 的年均增长率。农作物总的播种面积和粮食播种面积的连年提升，为粮食产量的持续增加创造了较好的土地资源基础，2000—2022 年中国粮食产量及播种面积变化情况见图 3-1。

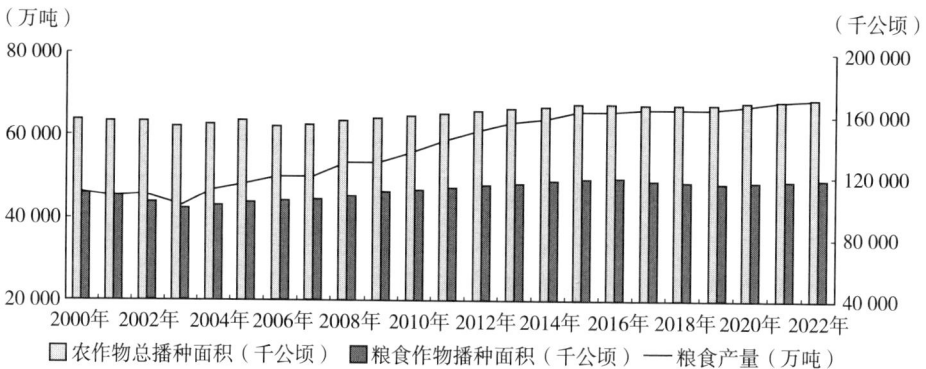

图 3-1　2000—2022 年中国粮食产量及播种面积变化情况

　　中国的粮食产量之所以在多数时间都保持了良好的上升势头，除了播种面积的持续提升，育种技术支持下粮食单产水平的不断提升也是其中的一大关键因素。2000—2022 年，中国的粮食单产水平分别由 2000 年的 4 261.15 公斤/公顷上升到了 2010 年的 5 005.69 公斤/公顷和 2022 年的 5 801.70 公斤/公顷，年均增长率约为 1.41%。农业领域科学技术的发展对于国内粮食产能的提升作用极为明显。例如科技的应用使得农作物品种的改良更为精确和迅速。通过遗传改良、基因编辑等技术，科学家能够培育出更耐病虫害、抗逆性强的作物品种，这些新品种具有更高的生产潜力和产量，能够适应不同的生态条件，提高了粮食的单产和总产量；智能农机和无人机等技术也逐渐应用于农业生产，提高了农作物的精准施肥、病虫害监测和农田管理，从而进一步提升了农产品的单产和总产量；通过利用大数据、人工智能、物联网等技术，农业生产变得更加精细化和个性化，使得农民可以根据土壤条件、气象数据和作物需求等信息进行农药、肥料的准确施用，提供精确的水分管理和灌溉方案。此外，转基因技术，可以将耐旱、耐寒等优良特性基因导入作物中，使其适应恶劣环境并提高产量。

总体上，中国的粮食综合生产能力呈不断增强趋势，具体表现在粮食产量的连年丰收、播种面积的持续扩大以及单产水平的不断提升。截至 2022 年，中国的粮食生产已实现了"十九连丰"，年产量连续 8 年稳定在 6.5 亿吨以上，粮食库存常年高于 17%～18% 的国际安全警戒线（张宁宁等，2020），中国的人均粮食占有量也达到了 483.5 公斤的新高度，远超世界粮食 400 公斤的安全平均水平。[①] 其中，作为主要口粮的稻谷和小麦的库存量已经能满足中国居民 1 年以上的消费量，保障了国内粮食的充分供给。

（二）中国粮食市场的需求状况

随着社会经济水平的持续提高，国内居民的膳食结构正在不断改善，最明显的改变即是随着收入的提高，居民越发偏好于对肉蛋奶蔬等食物的消费。根据粮食消费的分类，居民对粮食的需求可分为直接消费需求和间接消费需求。其中，直接消费即是所谓的口粮消费，联合国粮食及农业组织、国家统计局和历年《中国粮食发展报告》披露的数据显示，中国日常人均口粮消费量正在逐步下降，人均口粮消费量由 2000—2001 年的 165.40 公斤下降至 2010—2011 年的 143.66 公斤以及 2021—2022 年的 136.81 公斤。人均收入的持续提升使得国内居民对于食物的选择更为多元化，相比对口粮的直接消费，国内居民对于肉蛋奶等食物的需求越发旺盛，大幅增加了对粮食的间接性消费。例如，随着人们生活水平的提高和对蛋奶肉类消费需求的增加，人均饲料用粮由 2000—2001 年的 85.53 公斤上升到了 2010—2011 年的 140.73 公斤以及 2021—2022 年的 208.13 公斤。据国家统计局测算，在 2000—2022 年，国内居民的人均肉类消费和奶类消费均实现了快速增长。其中，人均肉类消费量由 2000 年的约 47 公斤/年增加到了 2022 年的约 70 公斤/年，人均奶类消费量由

---

① 参见《农业发展成就显著　乡村美丽宜业宜居》，http：//www.stats.gov.cn/xxgk/jd/sjjd2020/202209/t20220914＿1888221.html。

2000 年的约 7 公斤/年增加到了 2022 年的约 43 公斤/年，人均禽蛋消费量则由 17 公斤/年增加到了 2022 年的约 24 公斤/年。根据 2000 年我国人均肉类占有量以及人口增长率测算，市场每年需要增加超过 600 万吨的肉类供给才能满足居民的消费需求。随着畜牧业的快速发展和养殖规模的不断扩大，国内肉类供给虽然稳步提升，但面对庞大人口数量下肉蛋奶制品需求的持续快速增长，饲料粮供需矛盾日益突出。此外，工业用粮增长势头同样迅猛，在粮食消费结构中的地位日益重要，人均工业用粮市场消费量也由 2000 年的约 34 公斤/年上升到了 2022 年的 80 公斤/年以上，进一步加剧了粮食供需平衡的压力。

根据对国家统计局官网公布数据的整理，国内居民在 2022 年的人均粮食消费量为 136.8 公斤，相较 2012 年的消费水平下降了约 8 个百分点。国内居民的口粮消费量虽然存在明显的下降趋势，但在肉蛋禽奶方面的消费量却呈快速上升趋势，人均消费总量较 2012 年增长逾 20 个百分点。近些年来，国内粮食市场总体上存在口粮消费持续下降和饲料粮及工业用粮持续提升的现象。对比国际发达国家农产品消费趋势变化，中国居民现阶段对肉类、蛋白质、脂肪的摄入量仍处于较低水平，未来随着生活水平的不断提高和消费观念的逐步转变，对这些营养物质的需求将持续增长，进而会进一步拉动饲料粮和工业用粮的需求，给粮食供应带来更大的挑战。预计到 2032 年末，国内肉类、禽蛋、奶制品总消费量将分别达到 10 485 万吨、3 555 万吨和 7 902 万吨，由此给玉米和大豆的市场供应带来巨大压力，预计玉米和大豆的总消费量将分别增长 33 235 万吨和 11 947 万吨。肉类、禽蛋和奶制品消费量的持续上升将直接刺激对饲料粮的消费需求，作为饲料粮主要组成的玉米和豆粕的市场需求量自然也就"水涨船高"。

在可预计的将来，国内饲料粮和工业用粮的市场需求量仍将保持强劲增长态势，粮食供需缺口可能进一步扩大，相对有限的国内粮食增产潜力使得我国不得不向国际市场大规模进口所需粮食，以此为国内的粮食市场提供充足粮源并有效减轻国内水土资源的粮食生产压力。

（三）中国粮食市场的供求比较

近年来，中国粮食生产保持稳步增长态势。根据国家统计局数据，2023 年全国粮食播种面积达到 118 969 千公顷，粮食总产量达到 6.97 亿吨，同比增长 1.51%。其中，稻谷、小麦、玉米等主要粮食作物产量均保持稳定增长。特别是玉米产量，由于种植面积的增加和单产的提高，实现了较大幅度的增长。但中国的粮食消费需求也一直保持稳定增长，尤其是饲料粮的消费增长较快，且存在着一定的供求缺口，需要通过进口渠道加以解决。在口粮消费方面，中国口粮消费总量在 2023 年达到 3.56 亿吨，同比增长 2.3％。其中，农村居民口粮消费量占较大比重，但随着城镇化进程的加快，城镇居民口粮消费量也在逐年增长。在工业消费需求方面，随着中国经济的发展和工业化进程的加快，粮食工业消费需求也在逐年增长。2023 年，中国粮食工业消费总量达到 1.03 亿吨，同比增长 6.3％。其中，玉米作为重要的工业原料，其工业消费需求增长较快。在饲料消费需求方面，随着畜牧业的发展，中国饲料消费需求存在显著的增长势头。虽然受到非洲猪瘟等疫情的影响，2023 年中国饲料消费需求出现了一定程度的下降，饲料消费总量同比下降了约 5.1％，为 1.64 亿吨，但随着国内居民饮食结构更加多样化，尤其是对肉类和海产类食物的消耗不断攀升，市场对以豆类为代表的饲料粮的需求总体上仍然处于快速上升的趋势。

从总体上看，中国粮食市场供求基本保持平衡。尽管受到一些外部因素的影响，如国际粮食价格波动、自然灾害等，但中国政府通过采取提高粮食生产能力、加强粮食储备管理、优化粮食进口结构等一系列政策措施，成功保障了国内粮食市场的稳定供应。当然，尽管总体供求平衡，但中国的粮食供求仍然存在较为突出的结构性矛盾。一方面，我国粮食库存总体充足，库存消费比远高于联合国粮农组织提出的 17％～18％的水平，部分粮食作物品种存在产能过剩的问题，如稻谷、小麦两大口粮库存量已经超过了一年的消费量；另一方面，部分粮食作物品种存在供给不足的问题，大豆是产需矛盾最为突出的大宗农产品。2023 年我国大豆产量为 2 084 万吨，进口 9 941 万吨，需求量为 1.2 亿吨左右，自给率仅 17.3％。根据当前的大豆产业形势，预计 2030 年大豆总需求为 1.31 亿吨。如果按照近十年大豆单产平均增速 0.8％计算，到 2030 年我国大豆缺口高达 10 854 万吨，需求缺口存在进一步拉大的趋势。

受水土资源、技术水平及机械工具等的限制，国内粮食的持续增产存在较大压力，面对日益突出的粮食供求结构性矛盾，国际粮食市场极有可能在较长时期内都将成为中国粮食供给体系的重要组成部分。充分利用国际粮食市场和资源虽然能有效弥补国内市场的粮食供需缺口，增强了粮食市场的稳定供应，但同时也更加畅通了国内外市场的价格风险传导通道，尤其是国际能源市场在通过能源贸易渠道之外更是能通过国际粮食市场将风险因素传导至国内市场，从而使国内粮食市场面临着更加多元化的市场风险。

二、中国粮食市场的对外贸易状况

（一）中国粮食市场的对外贸易走势

自进入 21 世纪以来，中国粮食市场对外贸易规模不断扩大，贸易量由

2001 年的 2 889 万吨上升到了 2010 年的 14 280 万吨以及 2023 年的 16 458 万吨，年均增长率达 21.35%。通过对 2001—2023 年粮食进出口量的比较，发现中国粮食市场对外贸易量主要体现的是粮食进口规模，该期间内中国粮食市场的粮食进口量在 2001 年约为 1 986 万吨，2010 年上升到了约 6 696 万吨，2023 年更是提升到了 16 196 万吨的新高度，2023 年的粮食进口量约为 2001 年的 8.16 倍。从占比的角度看，自 2001 年以来，中国粮食市场每年的粮食进口规模占粮食总贸易量的比重始终高于 90%，可见中国在粮食供应方面对国际市场的依赖程度较高，国际粮食市场已然成为了国内粮食市场供给的重要组成部分。

每年大规模的粮食进口直接增强了国内外粮食市场的关联性，对外粮食贸易在平衡国内粮食市场供需、丰富国内粮食供给品种和稳定国内粮食市场价格等方面发挥了极其重要的调剂余缺的作用，充分体现了在经济全球化背景下国际粮食贸易对于保障国家粮食安全的重要性和必要性（王钢和钱龙，2019；王钢和赵霞，2020）。与此同时，我们要更清醒地意识到过度依赖粮食进口存在的风险，如国际市场波动可能导致粮食供应不稳定、贸易摩擦可能影响粮食进口渠道等，要认识到保障国内粮食生产能力的紧迫性，加大对农业的投入，提高粮食自给率，以降低国际市场风险对国家粮食安全的影响。

根据农业农村部官网和海关总署官网披露数据显示，21 世纪以来，中国粮食市场的对外贸易呈明显的方向性，在粮食出口规模持续下降的同时粮食进口规模上升势头迅猛，这种趋势于 2004 年打破了中国粮食进出口的平衡状态。2004 年，中国粮食由上年净出口 1 991.7 万吨转变为净进口 495.8 万吨，中国自此长期成为粮食净进口国，尤其是在经历了 2008 年的全球金融危机和粮食危机后，中国粮食市场的出口规模始终维持在较低水平。

相比粮食出口，中国粮食市场在 2001—2022 年的粮食进口规模上升势头强劲，中国粮食市场在该时期的年均增长量达到了 628.33 万吨。图 3 - 2 展示的是 2001—2022 年中国主要粮食作物进口走势，从中可以发现四大粮食品种的进口规模均呈明显的上升趋势，粮食市场进口规模年均增长约 618.44 万吨。从具体的粮食品种来看，在 2001—2022 年期间，进口规模最大的是大豆品种，其次是玉米品种，之后是小麦和大米。其中，大豆品种的年均进口增长量约 420 万吨，占粮食进口总规模的比重超过七成，可见国内大豆供应存在较大缺口，国内市场对大豆需求的旺盛，同时也凸显了我国在大豆产业方面面临的挑战，需要进一步加强国内大豆生产能力建设，以保障国家粮食安全和经济稳定发展；小麦和玉米这两大粮食品种的进口规模虽然相对较低，但增长速度同样迅速，年均增长率分别达到了 14.26% 和 30.02%；大米的进口规模最低且趋势相对稳定。从稳定性的角度，通过对不同粮食品种价格的标准差进行测算，发现大米、小麦、玉米和大豆的标准差分别为 135.68、187.39、190.58 和 2 755.68，可见大豆进口规模存在较大的波动性。

（万吨）

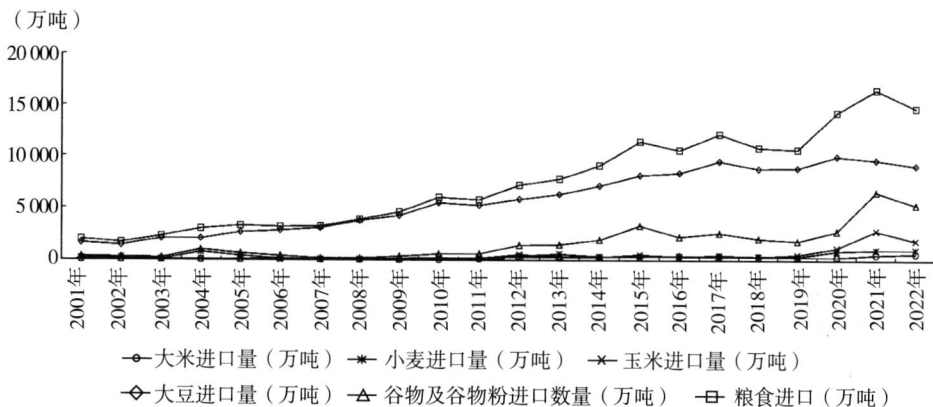

图 3-2　2001—2022 年中国主要粮食作物进口走势

综合主要粮食作物的进出口情况，21 世纪以来中国四大粮食品种的进口量占粮食进出口总量的比重始终保持在较高位置，这一比值在 2008 年以来一直保持在 94％以上，在 2012 年以来平均值更是超过了 98％。粮食进口规模远高于粮食出口规模，说明国内粮食市场供需缺口较大，需要通过大规模粮食进口加以补充，这使得国内外粮食市场联系更为紧密，国内粮食市场对国际粮食市场的依赖程度持续加深，这也为国内粮食市场带来了更多的外部风险。根据《中国农村发展报告 2024》公布的信息显示，稻谷、小麦、玉米和大豆这四大主粮在 2000 年的对外依存度分别为－1.86％、0.53％、－9.87％和 38.28％，2023 年的对外依存度分别上升为 1.26％、4.14％、8.59％和 82.83％。相比之下，大米和小麦的自给率相对较高，对进口的需求度偏弱，玉米和大豆的对外依存度相对较高且上升幅度较大，这使得不同粮食品种从外部市场吸收价格信息的程度也就存在一定的差异。对外依存度越高，粮食进口的不确定性因素越多，为国内粮食市场带来的外部风险就越大，也就越不利于国家的粮食安全（曹宝明，2014）。

（二）粮食进口原因分析

中国的粮食市场在近些年来之所以保持着较大规模的粮食进口，一方面是由于国内消费市场对饲料粮需求的不断提升，另一方面则是由于国内外粮食市场价差所致。

　　随着国内居民生活水平的不断提升，国内居民近些年越发注重对于肉禽蛋奶鱼的摄入量，人们对食物的需求已经从"吃的饱"转向"吃得好"和"吃得健康"，由此产生了对于动物性产品旺盛的需求。玉米和大豆是我国主要的饲料粮，其中玉米是最重要的能量饲料源，豆粕是蛋白饲料源。国内粮食市场对于饲料粮需求的大幅增长成为了拉动粮食总需求增长的主要因素。根据《中国农业展望报告（2023—2032）》指出，未来 10 年中国的粮食需求增长主要来自饲用消费较快增长，饲用消费将增长 13.4%，大豆消费将增长 34.8%，奶制品年均增长约 3.3%。按照我国当前的饲料转化水平，2035 年我国玉米等能量饲料缺口约 9 000 万吨，粮食消费量超 8.67 亿吨，大豆等蛋白质饲料缺口将超过 1.24 亿吨。此外，作为主要原料或辅料生产食品、医药、化工、酒精、酒类、淀粉等产品的工业用粮需求量也将随着市场需求的增加而不断增长。随着国内居民消费水平的进一步提升，今后人们对于食物的质量和丰富度势必会提出更高要求，现有耕地的粮食生产增速在很大程度上会难以满足居民今后对于多元化食物的需求，中国的粮食市场也就极有可能会延续大规模进口的态势。

　　除了饲料粮需求增加导致的粮食进口，国内外粮食价格差则是中国粮食市场保持粮食净进口的另一关键因素。

　　下跌的国际粮价和上涨的国内粮价共同引致了高企的国内外粮价价差。在国际粮价方面：一是在于粮食出口大国的农业生产补贴政策，如美国、欧盟等，对本国农业实行高额补贴，这些补贴降低了粮食生产成本，使得其粮食在国际市场上能够以较低价格出售；二是在于大规模的农业机械化生产，以澳大利亚、加拿大等国为代表的主要粮食出口国，多采用大规模机械化生产方式，减少了人工成本投入，提高了生产效率，降低了单位粮食生产成本；三是在于国际能源市场价格的走弱，尤其是 2008 年全球金融危机以来，国际原油市场在较长时期内都处于下行通道，布伦特原油 DTD 的 FOB 价从 134.82 美元/桶下降到 56.28 美元/桶的低点[①]，近些年来国际原油价格虽然也有回升的迹象，但价格水平多数时期都保持了 85 美元/桶以下，这就使得国际粮食运输成本降低，从而在一定程度上拉低了国际粮价。此外，国际原油价格的长期下行以及相对低位运行，一方面使得依赖石油化工产品的农业投入成本下降，另一方面也降低了生物质能源的项目经济性，减少了对原料粮食的投入需求，也抑制了国际粮食市场价格的上涨。在国内粮价方面：一是随着中国经济的发展，土地资源日益紧张，土地租金成本、流转费用和农业用地的机会成本不断上升，

---

　　① 数据来源于 WIND 数据库。

农业劳动力价格也在持续上涨，直接推动了粮食市场价格的上涨；二是最低收购价政策的实施，虽然在一定程度上稳定了国内粮食市场价格，但也是导致国内粮食市场价格不断上升，在造成极大财政负担的同时也抬高了国内粮价，造成国内外粮食市场价格的水平差。此外，人民币汇率的波动也对粮食市场价格产生了不容忽视的影响。2005 年中国启动汇改以来，人民币兑美元汇率呈现快速升值趋势，这就使得国内企业得以以更低的价格进口粮食，进口粮更具价格竞争优势。2014—2022 年国内外的月度粮食价格走势见图 3 - 3。

单位：元/公斤

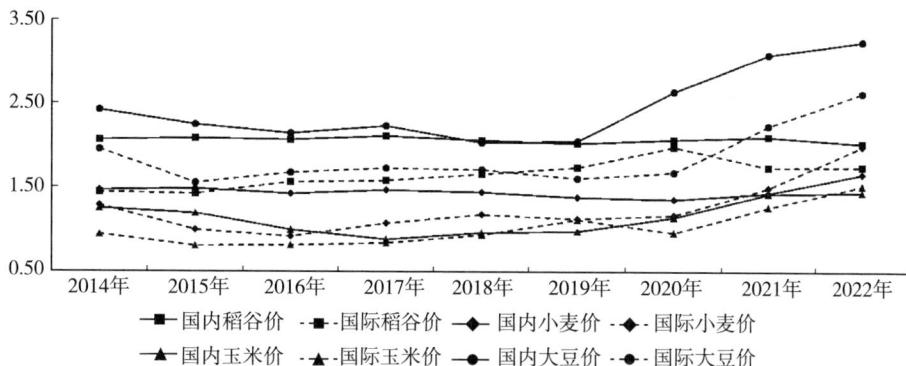

图 3 - 3　2014—2022 年国内外的粮食价格走势

注：数据根据历年《农产品供需形势分析月报》发布的数据整理而得。

　　根据图 3 - 3 所示，近些年来四大主粮的国际市场价格普遍低于国内市场价格，国际粮食市场相对国内市场的价格竞争优势成为了国内粮食市场对外进口的驱动力，国际市场价格因素也由此更能通过贸易渠道传导至国内市场。根据 2014—2022 年期间国内外粮食市场价格的月度数据的梳理和比对，国内四大主粮价格虽然普遍低于国际市场价格，但不同品种之间存在较大差异性，由此也很有可能会对国内粮食市场和国际能源市场间的价格关联产生相应的影响。根据数据的比对，在稻谷价格方面，国内稻谷市场价格总体上维持在每斤 2～2.1 元，国际市场价格则从 2014 年的每斤 1.3～1.4 元上升到了 2022 年每斤 1.8～1.9 元的水平，国内外市场价格存在趋同趋势；在小麦价格方面，国内小麦市场价格由 2014 年的每斤 1.4～1.5 元上升到了 2022 年每斤 1.5～1.7 元的水平，相应的国际市场价格则由 2014 年的每斤 1.2～1.4 元上升到了 2022 年每斤 1.7～2.4 元，2020 年以来部分时段的小麦国际市场价格已经失去了相对国内市场的价格竞争优势；在玉米价格方面，国内玉米市场价格由 2014 年的每斤 1.2～1.3 元上升到了 2022 年每斤 1.4～1.5 元的水平，相应的国际市场价格则由 2014 年的每斤 0.8～1.5 元上升到了 2022 年的每斤 1.3～1.6 元，国际市场价格呈现了更快的上升势头；在大豆市场价格方面，国内大豆市场价格由 2014 年的每斤 2.3～2.5 元上升到了 2022 年每斤 3.1～3.3 元的水平，相应的国际市场价格则由 2014 年的每斤 1.7～2.1 元上升到了 2022 年的每斤 2.1～2.8 元，国内市场价格相对国际市场价格水平上升速度更快，这就进一步提升了国际市场价格的竞争优势。2014—2022 年国内外的月度粮食价格走势情况见表 3-1。

表 3-1　2014—2022 年国内外的月度粮食价格走势情况

时间	国内稻谷价格	国际稻谷价格	国内小麦价格	国际小麦价格	国内玉米价格	国际玉米价格	国内大豆价格	国际大豆价格
2014 年 1 月	2.02	1.44	1.47	1.27	1.18	0.94	2.39	2.10
2014 年 2 月	2.05	1.44	1.47	1.32	1.17	0.97	2.39	2.07
2014 年 3 月	2.07	1.42	1.47	1.44	1.18	1.03	2.37	1.99
2014 年 4 月	2.07	1.34	1.47	1.41	1.19	1.05	2.34	1.98
2014 年 5 月	2.07	1.35	1.47	1.43	1.22	1.04	2.34	2.00
2014 年 6 月	2.07	1.35	1.47	1.35	1.27	0.97	2.39	2.05
2014 年 7 月	2.1	1.4	1.44	1.24	1.3	0.85	2.44	1.99
2014 年 8 月	2.1	1.46	1.45	1.21	1.36	0.9	2.47	1.94
2014 年 9 月	2.08	1.55	1.48	1.18	1.36	0.86	2.5	1.84
2014 年 10 月	2.07	1.57	1.48	1.22	1.31	0.85	2.5	1.83
2014 年 11 月	2.07	1.53	1.48	1.19	1.24	0.88	2.49	1.85
2014 年 12 月	2.06	1.51	1.5	1.23	1.23	0.91	2.47	1.77
2015 年 1 月	2.07	1.5	1.53	1.11	1.21	0.83	2.4	1.66
2015 年 2 月	2.11	1.51	1.55	1.04	1.21	0.84	2.36	1.58
...	...	...	...	...	...	...	...	...
2021 年 10 月	2.07	1.54	1.48	1.71	1.37	1.3	3.07	2.27
2021 年 11 月	2.03	1.52	1.51	1.75	1.44	1.28	3.22	2.13
2021 年 12 月	2.03	1.51	1.53	1.72	1.41	1.24	3.27	2.16
2022 年 1 月	2.04	1.59	1.54	1.74	1.4	1.27	3.24	2.23
2022 年 2 月	2.02	1.63	1.54	1.75	1.41	1.32	3.25	2.52
2022 年 3 月	2.01	1.63	1.73	2.16	1.44	1.56	3.25	2.66
2022 年 4 月	2.00	1.69	1.74	2.16	1.45	1.61	3.25	2.62
2022 年 5 月	2.00	1.89	1.74	2.41	1.47	1.64	3.25	2.7

（续）

时间	国内稻谷价格	国际稻谷价格	国内小麦价格	国际小麦价格	国内玉米价格	国际玉米价格	国内大豆价格	国际大豆价格
2022 年 6 月	2.01	1.83	1.69	2.14	1.44	1.57	3.25	2.75
2022 年 7 月	2.04	1.69	1.63	1.82	1.40	1.51	3.26	2.46
2022 年 8 月	2.02	1.72	1.63	1.79	1.40	1.43	3.26	2.52
2022 年 9 月	2.02	1.78	1.66	1.94	1.46	1.53	3.26	2.63
2022 年 10 月	2.03	1.8	1.66	2.09	1.47	1.71	3.24	2.8
2022 年 11 月	2.04	1.83	1.66	2.03	1.49	1.61	3.17	2.82
2022 年 12 月	2.04	1.9	1.7	1.82	1.51	1.45	3.12	2.75

注：稻谷的国内价格指全国晚籼米（标一）批发均价，国际价格指泰国曼谷（25%含碎率）大米到岸税后价格；小麦的国内价格为广州黄埔港优质麦到港价，国际价格为美国墨西哥湾硬红冬麦（蛋白质含量 12%）到岸税后价；玉米的国内价格为东北 2 等黄玉米运到广州黄埔港的平仓价，国际价格为美国墨西哥湾 2 级黄玉米（蛋白质含量 12%）运到黄埔港的到岸税后价；大豆的国内价格为山东国产大豆入厂价，国际价格为青岛港口的进口大豆到岸税后价。

根据表 3 - 1 国内外四大主粮月度数据的比对，相比玉米和大豆，可见受产能、库存以及政策等因素的影响，国内稻谷和小麦市场价格相对稳定，且相对国际市场并未存在较为明显的市场竞争劣势，市场对这两大粮食品种的进口需求就相对偏弱。相比稻谷和小麦，受市场供需形势、生产成本以及生产规模等因素的影响，玉米和大豆的国际市场价格明显低于国内市场价格，尤其是国际大豆市场价格普遍低于国内市场约 16.28%～3.36%。

国内消费市场对饲料用粮、工业用粮以及种子用粮等需求的增加，以及国际粮食市场的价格竞争优势，使得国内粮食市场对外进口需求变得愈发旺盛，由此也为国内粮食市场和国际能源市场间的价格传导创造了条件。

三、中国原油市场的对外贸易状况

（一）中国对外原油贸易概况

我国是粮食消费大国，同时也是能源消耗大国，随着经济的快速发展和工业化、城市化进程的不断推进，国内的能源消耗持续增长，对外贸易总量不断攀升。相比之下，国内市场在 2001—2023 年期间的原油需求量增长速度远高于原油供给量，导致国内以原油为代表的能源供需矛盾较为突出，原油对外依存度不断攀升。2001—2023 年国内原油市场储备量、生产量和消费量走势见图 3 - 4。

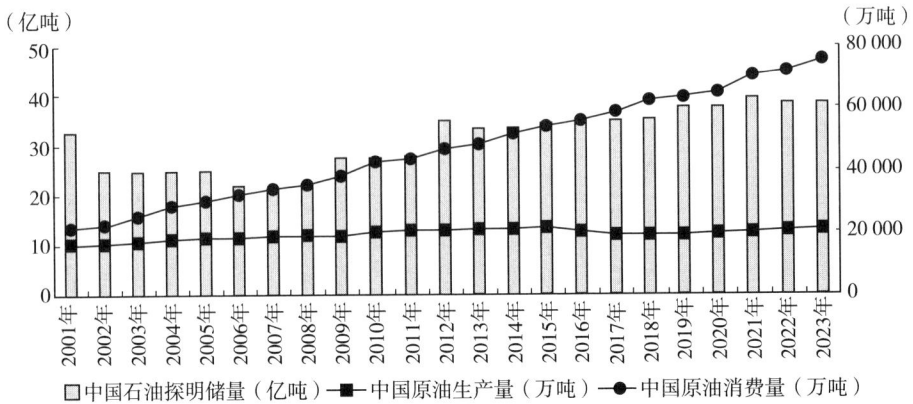

图 3-4　2001—2023 年中国原油产量及消费量变化情况

注：中国原油生产量和消费量数据根据历年《中国能源统计年鉴》及统计局官网披露的数据整理而得，石油探明储量根据历年《美国油气》杂志披露数据整理而得。

　　根据图 3-4，在观测期内，中国原油产量由 2001 年的 1.64 亿吨上升到了 2023 年的 2.08 亿吨，年均增长率仅约 1.10%。相比之下，随着国内经济的持续发展和工业生产的不断扩张，国内原油消费增长势头强劲，消费总量由 2001 年的 2.1 亿吨上升到了 2010 年的 4.3 亿吨，继而攀升到了 2023 年的 7.6 亿吨，年均增长率达 5.92%。通过供需对比可以发现，原油供给增长速度远跟不上需求的增长速度，由此也导致了原油供需缺口的扩大化。通过对不同行业原油消费数据的对比，发现中国的原油消费主要集中于交通领域和工业生产领域。其中，在交通领域，汽车用油、柴油运输和航空煤油成为了过去二十多年交通运输领域原油的三大消费主力。在工业领域，包括汽油、煤油和柴油在内的成品油的生产就占了加工量的 55%，是石油消费的主要领域。在纺织材料如涤纶、腈纶、锦纶等石油合成纤维的生产中，以及在各种润滑油、溶剂油、化妆品、清洁用品、药物（苯类）等的制造中，石油都是重要的原料。

　　国内原油供需缺口的持续扩大，使得中国在原油进出口贸易方面呈现出一系列显著变化，国际能源市场对于中国的重要性与日俱增。根据图 3-5 显示，在 2001—2023 年，中国的对外原油贸易量增长快速，由 2001 年的 0.68 亿吨上升到了 2010 年的 2.39 亿吨以及 2023 年的 5.65 亿吨，2023 年的对外贸易量较 2001 年增长了约 7.31 倍。通过对比进出口贸易量，原油进口规模远高于原油出口规模，且进口增长速度也远快于出口增长速度。此外，原油进口趋势线和进出口贸易趋势线的走势逐步趋同，表明原油进出口贸易量基本体现的是原油的进口贸易量，进口贸易量占比自 2011 年以来始终维持在 98% 以上，可见国内原油市场存在较大的供需缺口，对外依存度较高。

（万吨）

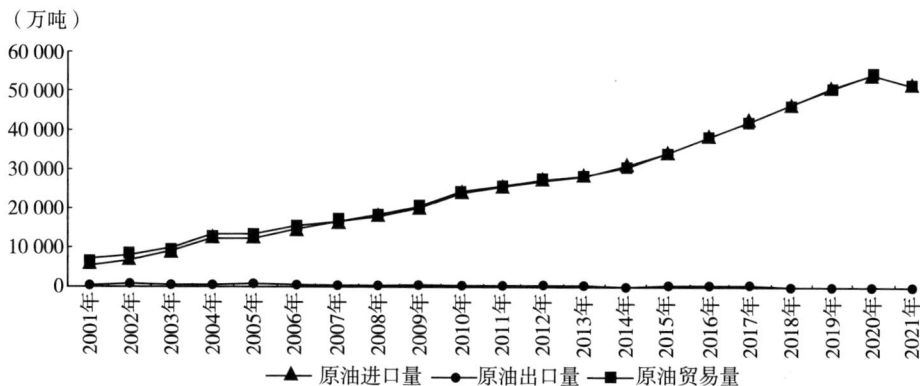

图 3-5　2001—2021 年中国原油进出口贸易情况

根据 2024 年《BP 世界能源统计年鉴》披露的数据显示，自 2010 年以来，中国始终是仅次于美国的原油进口大国，且自 2018 年起中国超越美国成为了全球原油市场最大的进口国。图 3-6 展示了 2023 年的全球原油进出口国家及贸易方向，从中可以发现中东、俄罗斯以及美国等地区和国家均是中国的原油进口来源地。根据对历年《BP 世界能源统计年鉴》披露数据的进一步整理，发现中国的原油进口量在 2001 年为约 1 211 千桶/日，在 2013 年上升到了约 6 978 千桶/日，2023 年则攀升到了约 13 717 千桶/日，2023 年的进口量同比增长约 7 个百分点。近五年来，中国原油市场的对外依存度始终保持在 71% 以上，这在强化国内外原油市场融合度的同时，也为国内能源市场及关联市场带来了更多的外部市场风险。

（二）国内外原油价格走势

较高的原油对外依存度以及国内原油期货市场的日益成熟和完善，极大地顺畅了国内外原油市场价格信息的传导，使得国内原油市场能够更加及时地反映国际原油市场的变化，增强国内原油价格的市场化程度的同时也强化了国内外原油市场价格走势的趋同性。2001—2021 年国内外原油市场价格走势见图 3-7。

根据图 3-7，国内外原油市场价格走势总体上保持了较强的趋同性。在 2001—2021 年，国内外原油价格走势较为复杂，虽然经历了多个阶段的起伏，但国内外原油价格始终保持着较为紧密的关联性。2001—2008 年，国际原油价格整体处于上升趋势，2001 年的"9·11"事件对全球经济和原油市场造成冲击，油价短暂下跌后在经济增长和需求增加的推动下逐步回升，到 2008 年 7 月布伦特原油价格一度攀升至历史高点，超过 140 美元/桶。在该阶段，中

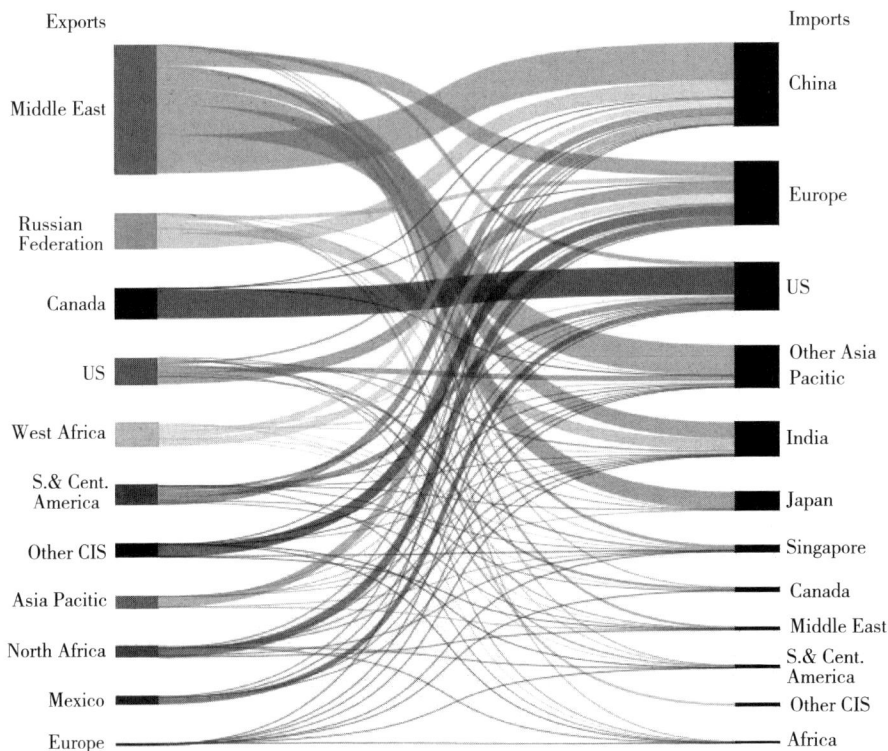

图 3-6　2023 年全球原油贸易国及贸易方向简图

注：引自 2024 年《BP 世界能源统计年鉴》。

国原油进口量随着经济发展不断增加，国内原油价格受国际市场影响，也呈现上涨态势。国内油价调整机制逐步与国际接轨，使得国内外油价的关联性日益增强。2008—2009 年，全球金融危机爆发导致原油需求大幅下降，国际原油价格暴跌，布伦特原油价格在 2008 年底跌至约 40 美元/桶。中国经济也受到金融危机影响，国内原油需求增速放缓，但由于国内油价调整存在一定滞后性，且政府为了稳定经济采取了一些价格调控措施，国内油价的下跌幅度相对小于国际油价。2009—2014 年，随着全球经济逐渐复苏，特别是新兴经济体的快速发展，原油需求再度增长，国际原油价格逐步回升并维持在相对高位。中国经济持续增长，对原油的需求保持强劲，国内原油价格紧密跟随国际油价波动。2014—2016 年，美国页岩油产量大幅增加，同时全球经济增速放缓导致需求减少，国际原油市场供过于求的局面加剧，国际原油价格再次进入下跌通道，布伦特原油价格在 2016 年初跌至约 30 美元/桶。中国国内原油市场也受到国际油价下跌的影响，国内石油企业面临较大压力，国内油价也相应下

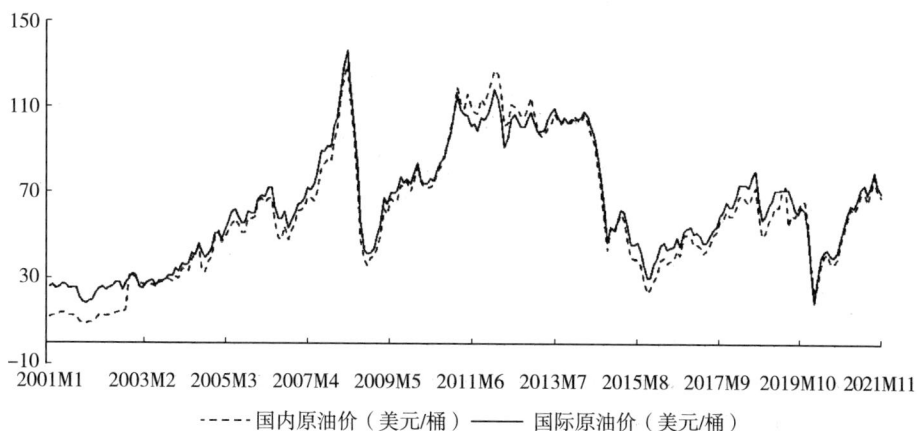

图 3-7　2001—2021 年国内外原油价格走势

注：国内原油市场价格以中国大庆油田现货价为代表，国际原油价格以布伦特 DTD、迪拜以及 WTI 的原油现货价均价为代表，数据均来源于 WIND 数据库。

调。2016—2018 年，主要产油国达成减产协议，国际原油价格开始回升，布伦特原油价格在 2018 年再次回到 70 美元/桶以上。2018—2020 年，2018 年下半年起全球经济增长预期下调，贸易紧张局势等因素抑制了原油需求，国际油价再度下跌。2020 年，受新冠疫情全球大流行的影响，全球经济几乎停滞，原油需求锐减，国际油价出现历史罕见的暴跌，WTI 原油期货 5 月合约甚至出现负值结算。中国国内经济活动也因疫情受到严重影响，原油需求下降，国内油价大幅调整。2020 年以来，随着全球疫情影响的逐步消散，经济的重启使得原油需求开始恢复，国际原油价格从低位反弹并持续上涨，2021 年底的布伦特原油价格已回升至 70 美元/桶以上。中国国内经济复苏强劲，原油需求也快速回升，国内油价跟随国际油价走势逐步上涨。

国内外原油市场价格走势的高度一致性，一方面会使国内原油市场承受更多的价格波动冲击影响，尤其是在发生军事对抗、全球灾害等重大风险事件时，国际原油市场价格的非正常波动将对国内能源市场产生极大的负面冲击，从而导致国内能源市场面临更高的贸易风险；另一方面，国内外原油市场价格波动的叠加，将会通过国内能源市场对农业领域原油高消耗产业产生二次风险冲击。根据价格信息的传导路径，国际原油市场价格波动信息在传导至国内原油市场后，将会进一步将价格信息传导至粮食市场，也是本研究需要通过估计国际原油—国内原油和国内原油—国内粮食这两组市场间的价格溢出效应，进而综合评估国际原油市场和国内粮食市场间的价格溢出关系。由于观测期内，国内外原油市场价格数据的相关性高达 0.988，表明两个市场间的价格信息具有较高质量的传递性，本书在后续研究过程中将国内原油市场价格直接以国际原油市场价格替代，以此在保障研究结论的客观性基础上避免研究对象出现不聚焦的现象。相应地，"国际原油市场—国内原油市场—国内粮食市场"的价格传导途径可近似于作"国际原油市场—国内粮食市场"价格传导途径处理。本书有关中国粮食市场和国际原油市场价格溢出效应的分析，本身就包含了国际原油市场和国内原油市场间的价格溢出效应，不再另行解释。

第四章

粮食市场和能源市场的
价格传导机理分析

一、粮食市场和能源市场价格传导的理论基础

粮食市场和能源市场间存在明显的价格关联性，两个市场间的价格信息传导更多的是后者对前者的单向性影响，这种价格传导既存在直接性影响也存在间接性影响。一方面，原油市场价格波动可以通过生产、加工、运输及储存等各环节对粮食生产成本产生直接影响，进而影响粮食市场价格；另一方面，生物质能源市场可以通过对粮食的投入消耗对粮食市场产生间接性影响。此外，原油市场对粮食市场间的价格传导，除了受自身市场价格波动信息的影响，还受政府、市场、供求等其他因素的影响，相应示意图见图 4-1。

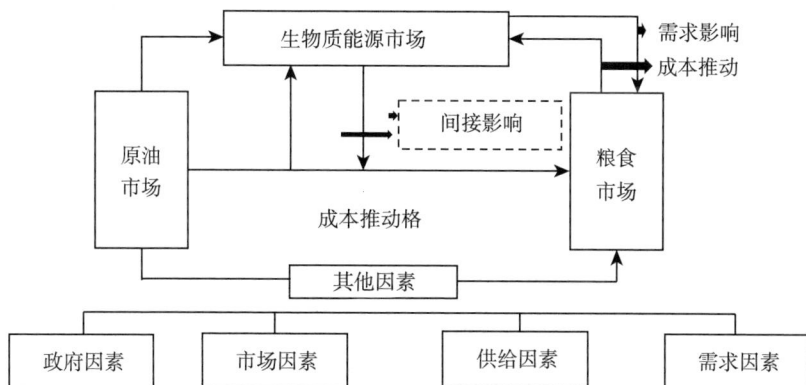

图 4-1　粮食市场和能源市场价格传导示意简图

根据图 4-1，可以发现能源市场和粮食市场能够通过多途径实现两个市场间的价格波动信息传导。就中国粮食市场和国际原油市场而言，跨地域和跨行业因素使得两个市场间的价格传导变得更为复杂，在加入国际粮食市场和生

物质能源市场后，相互间的价格传导渠道也更加多元化。在理论上，随着国内粮食市场对外的持续开放，中国粮食市场和国际能源市场间存在着多种价格传导途径，相应的价格传导示意见图 4-2。

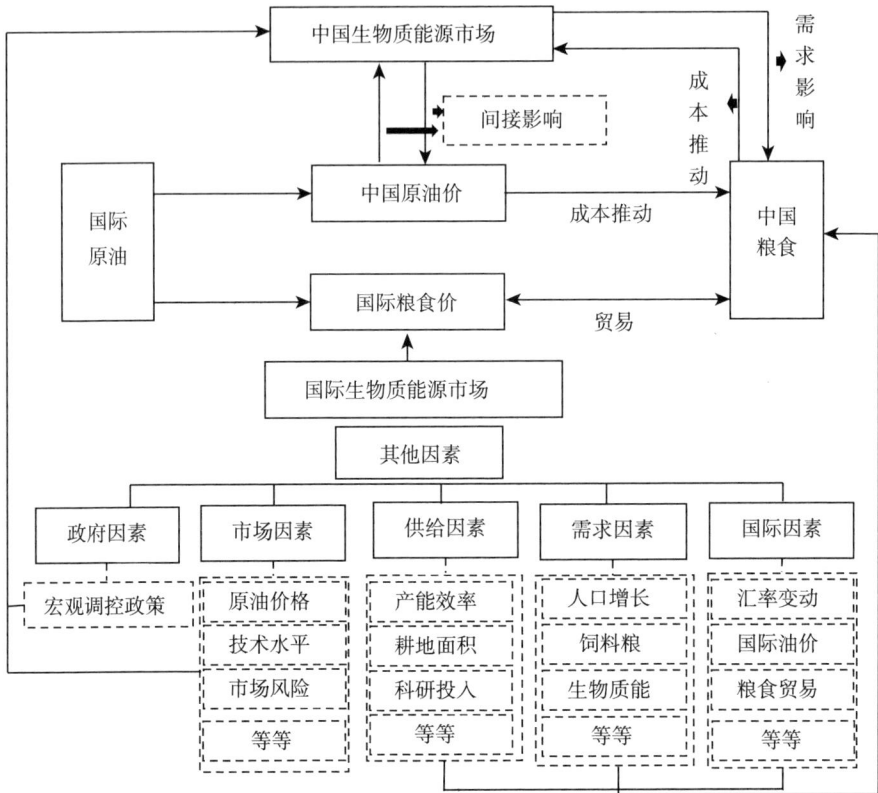

图 4-2 中国粮食市场和国际原油市场的价格传导示意简图

根据图 4-2，国际原油市场和国内粮食市场间的价格信息传导，总体上存在以下三条传导路径：一是国内大规模的原油市场进口，更加畅通了国内外原油市场的价格波动信息传导，也使得国际原油市场价格信息得以通过国内原油市场进一步传导至国内粮食市场，进而影响粮食生产成本；二是国内市场大规模的粮食进口量，更加畅通了国内外粮食市场的价格波动信息传导，国际原油市场又能够通过国际粮食市场将价格信息传导至国内粮食市场；三是原油市场价格高低和生物质能源市场产能之间存在一定的负向性关系，而生物质能源市场产能高低又会对粮食的能源消耗需求产生影响，中国粮食市场和国际原油市场由此产生了价格关联性。

对于价格信息的传导方向性，原油市场和生物质能源市场均存在向粮食市场传导价格信息的路径。从国际原油市场对国内粮食市场价格的传导方向来看，国际原油市场价格波动，一是可以通过贸易途径直接影响国内的原油市场价格，进而通过影响化肥、农药等农资价格和农业机械燃油成本影响国内粮食市场的供给成本；二是在影响国际粮食市场生产成本和运输成本的同时，进一步通过粮食贸易渠道对国内的粮食市场价格产生间接性影响；三是国际原油市场价格水平高低直接影响到生物质能源项目的经济性，由此对国内外粮食市场的供需格局产生一定影响，从而作用于国内粮食市场价格。就生物质能源市场而言，原油市场价格水平越高就越能凸显生物质能源项目的经济效益，刺激生物质能源产能的提升，会直接加大对原料粮食的投入力度，市场对粮食需求的增加促使粮价不断上行；原油市场价格水平越低，生物质能源项目的经济性越弱，生物质能源产能受到抑制的同时也会减少对原料粮食的投入力度，使得市场的粮食供给相对更为充足，抑制粮价的上行。就国内外粮食市场而言，国内大规模的对外粮食进口将会使国际粮食市场价格波动信息通过贸易途径传导至国内市场，在这个过程中就会将国际原油市场和国际生物质能源市场价格波动信息传导至国内粮食市场。其中，鉴于较大的大豆和玉米进口量，这两大粮食品种更容易携带国际能源市场价格信息进入国内市场。此外，在供求、市场以及政策层面的供需缺口、自然灾害、耕地面积、科研投入、汇率变动、货币发行以及技术水平等众多因素均会影响粮食市场价格水平。

（一）粮食市场间的价格传导

粮食市场间的价格传导分为横向传导和纵向传导两大类。其中，横向的价格传导主要指的是不同地区粮食市场之间的价格相互影响。例如，当一个主要粮食产区的粮食价格因丰收而下降时，可能会通过贸易等渠道影响到其他地区的粮食价格，促使其也有下降的趋势。当某地区因自然灾害、政策调整等原因导致粮食价格上涨时，周边地区的粮食可能会流入该地区，从而影响周边地区的粮食价格。纵向的价格传导主要指的是粮食产业链上下游之间的价格传递。从粮食种植到收购、加工、运输、销售等各个环节，价格会依次传导。例如，粮食种植成本的上升可能会导致粮食收购价格提高，进而影响到加工企业的成本，使得加工后的粮食产品价格上涨。当然，下游市场对粮食产品的需求变化也会逆向传导至上游种植环节，影响粮食的种植面积和产量，从而进一步影响粮食价格。由于国际能源市场既可以通过影响生产成本进而作用于粮食市场价格，又可以通过粮食贸易途径对国内粮食市场价格产生影响，因此本书研究的国际能源市场和国内粮食市场间的价格关联机制兼具价格的横向传导和纵向传导。

不同市场间同一粮食品种之所以存在价格传导，主要原因在于不同市场价格的不一致导致市场参与主体的套利行为，使得价格信息得以在不同市场间交流。具体而言，当不同市场间同一粮食品种价格存在差异时，贸易商会在低价市场购入粮食，然后运输到高价市场进行销售，以获取利润。这种套利行为促使粮食在不同市场间流动，从而使价格信息得以传播。同时，市场中的其他参与主体，如加工企业、消费者等也会根据不同市场的价格变化调整自己的采购和消费策略，进一步推动价格信息的交流。此外，现代信息技术的发展使得市场信息更加透明，加速了价格传导的速度和范围。一旦某个市场的粮食品种价格发生变化，其他市场的参与者能够迅速获取信息，并根据这些信息做出相应的决策，从而使价格传导更加迅速和广泛，最终使得这一粮食品种在两个市场间的价格趋于一致。这种不同市场间价格趋于一致的过程即是价格信息交流的过程，被称为市场整合过程，而根据这个过程的时间长短，又可进一步分为长期整合和短期整合。

长期整合是指不同市场间同一粮食品种价格在较长时间跨度内逐渐趋于一致的过程。不同市场价格的长期整合通常是由于宏观经济因素、长期的贸易政策调整、农业生产结构的重大变化等因素所驱动。在长期整合过程中，市场参与主体有足够的时间调整生产、贸易和消费行为，以适应价格的变化趋势。例如，随着农业技术的进步和新的种植区域的开发，不同地区的粮食产量可能会发生较大变化，从而引发长期的价格调整和市场整合。短期整合则是在较短时间内不同市场间价格迅速趋向一致的过程。这往往是由自然灾害、局部地区的政策变化等短期的市场供求波动和突发事件所引起。在短期整合中，市场参与主体需要快速做出反应，通过调整库存、改变贸易流向等方式来应对价格变化。例如，当某个地区遭受突发自然灾害导致粮食减产时，周边市场可能会在短期内迅速增加对该地区的粮食供应，从而使价格在较短时间内实现整合。相比较而言，短期整合体现更多的是市场间价格波动传导的集簇性和敏感性。

从跨市场价格波动信息传导的影响力角度而言，国内粮食市场的进口贸易占世界贸易量比重越高，中国粮食市场在贸易过程中就可能占据更强的话语权，在国内外粮食市场间的价格传导过程中也就越有可能成为价格溢出的"传播者"（图4-3）。

根据图4-3可知，在贸易封闭状态下，一个国家内部市场的均衡价格位于 P_d 水平，市场价格主要受该国内部供需因素影响。在贸易开放状态下，当国际市场价格为 P_w 且 $P_w < P_d$ 时，国内外市场的价差会引起市场参与者的逐利行为，国内市场参与者就会将更多需求转向国际市场。根据图4-3右边的图示，在国内外粮食市场价格相等或趋近的情况下，市场主体就没有跨市场交

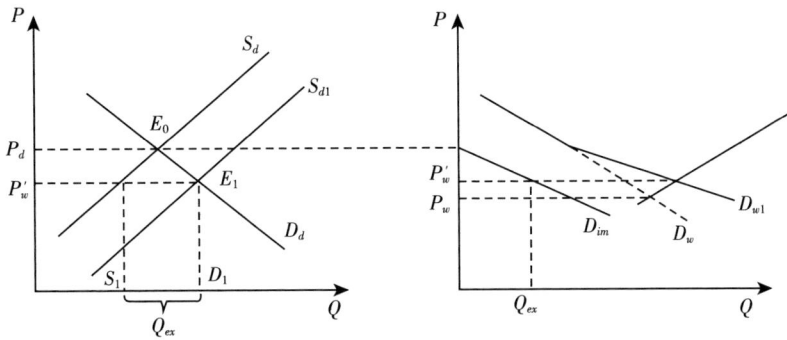

图 4-3　高进口占比下国内外粮食市场贸易价格传导示意图

易的动机；在国际粮食市场价格走低且国内外粮食市场价差呈扩大化趋势的情况下，国内市场主体参与跨国贸易的动机就越强烈，且低市场价格还会催生出更大的外部市场需求，例如国际市场到达 P_w' 位置时，就会增加 Q_{ex} 的需求量。假设该国的粮食进出口贸易量占国际粮食市场总贸易量比重较高，当国内更多市场需求转向国际市场时，将显著影响国际贸易市场的供需平衡，引起价格的上涨和供给的增加。这在上图右侧图形中显示为向右上方倾斜的国际市场供给曲线，以及上涨的国际贸易市场均衡价格（由 P_w 上移至 P_w' 的位置）。随着需求量的跨市场转移，国际市场需求曲线 D_w 转移到了 D_{w1} 的位置。相应的，国际市场供给量的增加相当于扩大了国内市场的供给量，国内市场供给曲线由 S_d 的位置移动到了 S_{d1} 的位置。

　　另一方面，当国内粮食市场的进口贸易占世界贸易量比重较低时，也可能使国内市场成为国际市场价格溢出的"接受者"，示意图见图 4-4。

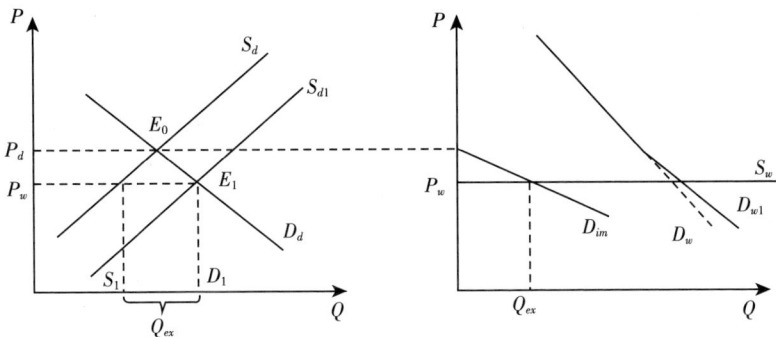

图 4-4　低进口占比下国内外粮食市场贸易价格传导示意图

　　根据图 4-4 可知，在贸易封闭情景下，一个国家内部市场的均衡价格位

于 P_d 水平，市场价格主要受该国内部供需因素影响。在贸易开放状态下，当国际市场价格为 P_w 且 $P_w < P_d$ 时，国内外市场的价差会引起市场参与者的逐利行为，国内市场参与者就会将更多需求转向国际市场。根据图 4 - 4 右边的图示，在国内外粮食市场价格相等或趋近的情况下，市场主体就没有跨市场交易的动机；随着国际市场价格的走低，国内市场需求开始转向国际市场，当国际市场价格到达 P_w 位置时，国际市场就会增加 Q_{ex} 的需求量。当国际市场价格为 P_w 时，国际市场供给曲线表示的是在该价格水平下该国可以从国际市场进口想要的任何数量产品，且不会引起国际市场价格的变化。相应的，该国市场的对外粮食进口贸易量的变化之所以未能引起国际粮食市场价格的显著变化，主要原因在于该国的粮食进口以及价差导致的进口增量占国际粮食市场贸易总量的占比较低，难以对国际市场供需平衡产生足够冲击。在国际市场价格低于该国国内市场价格水平时，国际市场需求曲线 D_w 移动到了 D_{w1} 位置。在此情景下，国内市场为了尽可能保住市场份额，就只能将国内市场价格下降到与国际市场相同的 P_w 水平。而当国内市场同样降价到 P_w 位置时，会刺激国内市场需求量，国内市场需求量将会增加到 D_1 位置，供给曲线由于国际市场的供给补充，位置由 S_d 移动到了 S_{d1} 的位置。

（二）原油市场对粮食市场的价格传导

相比粮食市场间的价格传导，原油市场对粮食市场价格的影响路径更为多元。原油市场价格波动，一方面可以通过生产端影响粮食市场价格，另一方面可以通过影响生物质能源产业发展，进而对粮食市场价格产生影响。此外，原油市场价格波动对粮食市场价格的影响还存在方向上的异质性影响。

1. 基于粮食生产成本渠道的影响

考虑原油市场价格上涨的情景，原油价格的上涨将导致粮食生产、运输和加工等方面成本的上行，由此引致粮食市场价格的上行和销售收益的下行，具体见图 4 - 5。

根据图 4 - 5，当原油价格由 P_a 上涨至 P_b 位置时，粮食生产成本将随之上涨。当粮价受市场监管而无法实现与成本的同步上涨时，在没有其他补贴的情况下，粮食生产收益必将出现下滑。此时，粮食供给曲线由 S_0 位移到了 S_1 位置，市场需求量不变前提下的粮食市场均衡价格也相应地由 P_0 上升到了 P_1。要说明的是，图 4 - 5 中的 θ 表示的是油价上涨为粮食市场价格带来的影响系数。

考虑原油市场价格下跌的情况，原油市场价格的下跌有助于降低粮食在生产、运输和加工等方面的成本，由此引致粮食市场价格的下行和销售收益的上行，具体见图 4 - 6。

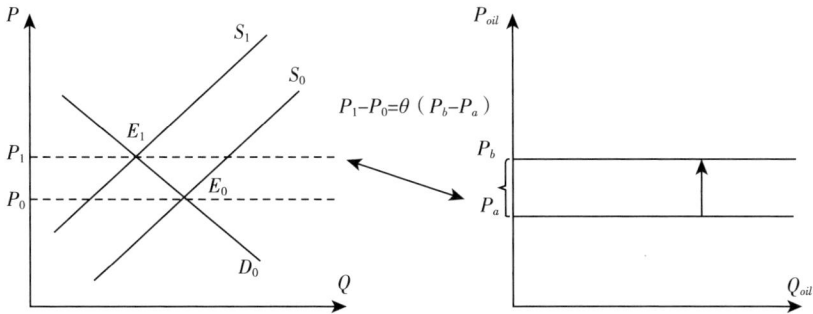

图 4-5　原油价格上涨对粮食市场价格的影响

注：θ 为原油价格波动引起粮食价格变动的系数值，下同。

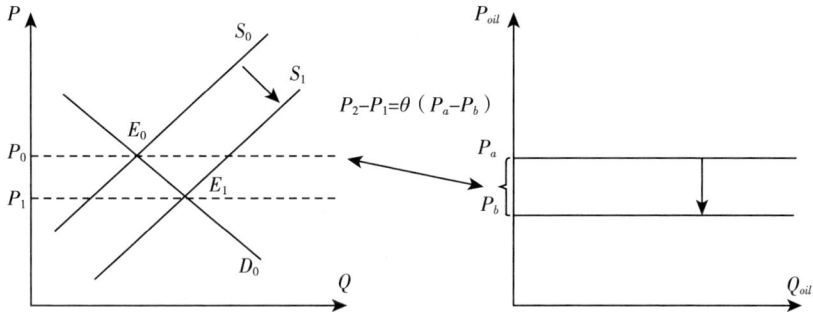

图 4-6　原油价格下跌对粮食市场价格的影响

根据图 4-6，当原油价格由 P_a 下降至 P_b 位置时，粮食生产成本将随之降低，粮食生产收益也将随之提升。此时，粮食供给曲线由 S_0 位移到了 S_1 位置，市场需求量不变前提下的粮食市场均衡价格也相应地由 P_0 下降到了 P_1 水平。

2. 基于生物质能源产能变化的影响

原油市场和生物质能源市场存在密切联系。原油价格上涨，会增加传统能源的使用成本，这就使得生物质能源成为了更具经济性的替代能源，从而刺激对生物质能源的需求和投资，推动生物质能源市场的发展，反之则会抑制生物质能源市场的发展。而生物质能源市场的发展又会直接关系到原料粮食的投入，因此，原油市场价格波动还能通过生物质能源市场对粮食市场价格和供求产生间接性影响。在考虑生物质能源市场的基础上，原油市场价格波动对粮食市场的影响见图 4-7 和图 4-8。

根据图 4-7，当原油市场价格出现上涨，价格由 P_a 水平上升到 P_b 水平时，生物质能源项目的替代效应开始发挥作用，玉米、大豆、高粱和小麦等原

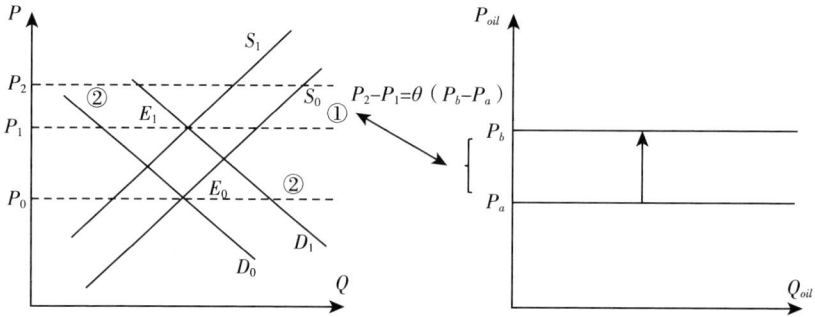

图 4 - 7 原油上涨对粮食市场的价格传导

料粮投入的增加，使得粮食市场需求曲线由 D_0 向右平移到了 D_1 的位置。同时，生物质能源项目中粮食投入量的增大，会相应减少市场中的粮食供给量，由此使得粮食市场供给曲线由 S_0 向左平移到了 S_1 的位置。此时，粮食市场供需均衡点也相应地由 E_0 点变动到了 E_1 点，均衡价则由 P_0 上升到了 P_1。

原油价格的上涨，还会引起如农膜和化肥等粮食生产要素成本以及农机操作成本的整体性上涨。基于成本驱动机制，生产资料价格的上涨会对粮食价格产生直接的推动作用，原油市场价格上涨和生物质能源产能提升会共同作用于粮食市场价格，粮价则会进一步由 P_1 位置上升到 P_2 位置。

根据上述分析，原油价格变动和粮食价格变动之间存在如下关系式：$P_2 - P_0 = \theta(P_b - P_a)$。其中，$\theta$ 为原油市场价格波动对粮食市场价格变动的综合影响系数。

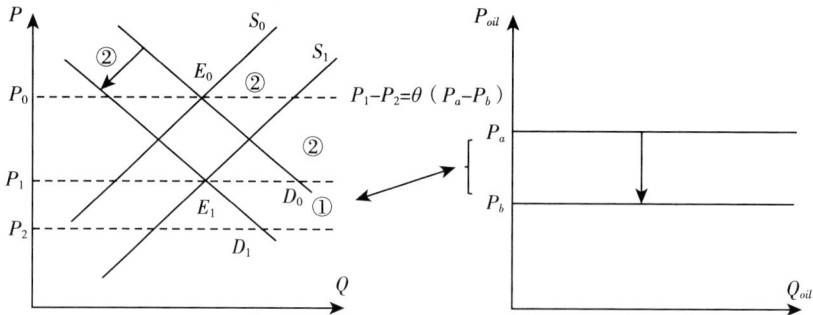

图 4 - 8 原油价格下跌对粮食市场的价格传导

根据图 4 - 8 可以看出，当原油市场价格出现下跌，价格由 P_a 水平下跌到 P_b 水平时，生物质能源对传统能源的替代作用将被抑制，从而限制了生物质能源项目的进一步开展。在此情景下，生物质能源市场对玉米、大豆、高粱和小麦等原料粮的需求呈萎缩趋势，粮食市场需求曲线由 D_0 向左平移到了 D_1 的位置。同时，生物质能源项目中粮食投入量的减少，会相应增加市场中的粮食供给量，由此使得粮食市场供给曲线由 S_0 向右平移到了 S_1 的位置。此时，粮食市场供需均衡点也相应地由 E_0 点变动到了 E_1 点，均衡价则由 P_0 水平下降到了 P_1 水平。

原油价格的下跌，还会引起如农膜和化肥等粮食生产要素成本以及农机操作成本的整体性下降。基于成本驱动机制，生产资料价格的下降有助于降低粮食生产成本，从而抑制粮食市场价格的上涨。原油市场价格下跌和生物质能源产能降低会共同作用于粮食市场价格，粮价会进一步由 P_1 位置下降到 P_2 位置。

根据上述分析，原油价格变动和粮食价格变动之间存在如下关系式：$P_0 - P_2 = \theta(P_a - P_b)$。其中，$\theta$ 为原油价格波动引起粮食价格变动的综合影响系数。

特别要说明的是，除了原油市场价格波动，生物质能源市场发展还受到政策导向、技术创新、原料供应、市场需求以及资金投入等多方面因素的影响，由此导致原油市场价格和生物质能源市场价格在某些时点会存在双升双降的局面。为了聚焦研究对象，在不影响结论的情况下，本书仅从经济效益的角度探讨原油市场、生物质能源市场和粮食市场间的价格传导关系，政治、环境等其他因素暂不纳入本书分析框架。

（三）国际原油市场和国内外粮食市场间的价格传导

当研究对象拓展为国际原油市场、国际粮食市场以及国内粮食市场这三个市场时，双市场价格传导关系的分析进一步拓展为三方市场的价格传导关系，此时多市场间的价格传导将变得更为复杂。基于国际原油市场的角度，一是能够通过贸易途径影响国内原油市场价格涨跌，进而影响到国内粮食市场价格；二是能够通过替代效应影响生物质能源产业发展，进而引起国内外粮价的波动；三是国际原油市场价格波动还能借助粮食贸易通道影响到国内的粮食市场价格水平。本小节的理论分析以国际原油价格下跌为例进行说明，油价上涨情形下的分析雷同，不再另行赘述。具体分析见图 4-9。

国际原油市场和国际粮食市场联系紧密，相互间的价格传导效应明显较国际原油市场和国内粮食市场更为直接和强烈。国际原油市场会先向国际粮食市场传导价格信息，进而再传导至国内粮食市场。根据图 4-9，当国际原油价格由 P_a 下跌到 P_b 时，此时将弱化生物质能源项目的经济性，也将减少生物质能源项目的原料粮投入。生物质能源项目原料粮投入的减少，意味着在粮食市场需求减少的同时有更多粮食可以投入粮食消费市场，国际粮食市场的供给增加会引致供给曲线由 S_{w0} 位置向右平移到 S_{w1} 位置，国际粮食市场需求曲线相

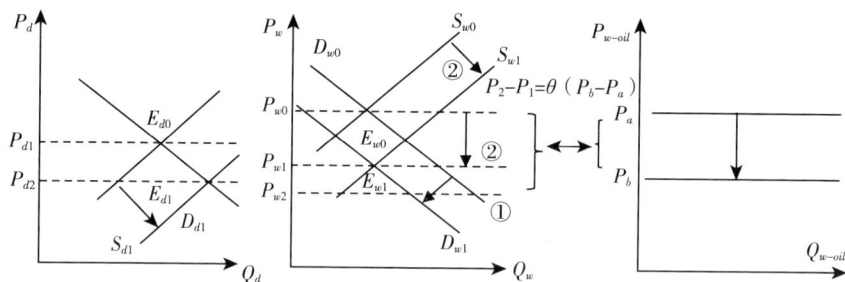

图 4-9　国际原油市场和国内外粮食市场间的价格传导示意图

应地由 D_{w0} 向左平移到 D_{w1} 位置，新的供需曲线将相交于更低的均衡价格水平 P_{w1}。可见，从"国际原油市场→国际生物质能源市场→国际粮食市场"的价格传导路径来看，国际原油市场会将价格下降信息传导至国际粮食市场。

在"国际原油市场→国际生物质能源市场→国际粮食市场"的价格传导路径之外，"国际原油市场→国际粮食市场"的价格传导路径更为直接。国际原油市场价格的下跌将会对粮食生产、运输和加工成本产生直接的影响，引致国际粮食市场价格进一步由 P_{w1} 下跌到 P_{w2} 位置。国际原油市场价格下跌导致国际粮食市场价格的下降，会进一步通过粮食贸易渠道对国内粮食市场价格产生影响。当然，国际市场对国内的价格影响强弱，一方面在于市场的融合程度，另一方面则在于国内的粮食调控能力。国内外粮食市场的融合度越高，国际原油市场和国际粮食市场对国内粮食市场的价格影响就越顺畅，影响程度越大。在价格传导过程中，国内外粮食市场价格存在趋同现象，即在国际粮食市场由 P_{w0} 下跌到 P_{w2}，国内粮食市场价格也相应地由 P_{d1} 下降到 P_{d2} 的位置，P_{d2} 和 P_{w2} 不断靠拢。相反，当两个市场融合度越低，市场间的价格信息传导就越不顺畅，P_{d2} 和 P_{w2} 也就越不可能趋于一致性。其中，国内粮食调控能力越强，就会弱化国内外粮食市场间的融合程度，国内粮食调控能力越弱，国内外粮食市场间的融合程度就越高。

除了"国际原油市场→国际粮食市场→国内粮食市场"的价格传导路径，还存在"国际原油市场→国内原油市场→国内粮食市场"的价格传导路径。2023 年，我国原油对外依存度仍然高达 72%，2024 年我国原油的对外依存度预计将保持在 70% 左右的高位，原油进口量有望达到约 5.5 亿吨。[①] 国际原油价格下跌会降低国内的原油市场价格水平，通过影响粮食生产的能源消耗成本

①　参见中国石化报，http：//enews. sinopecnews. com. cn/zgshb/html/2024 - 09/11/content_8729357. htm。

最终作用于国内的粮食市场价格，具体见图 4 - 10。

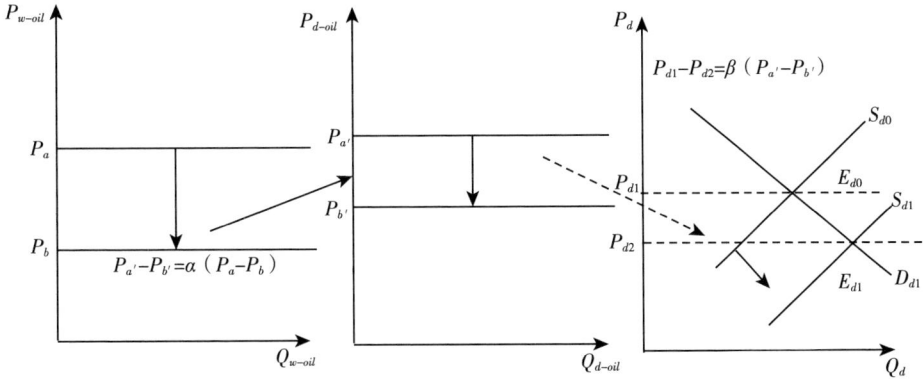

图 4 - 10　国内外原油市场价格下跌传导对国内粮食市场的影响

根据图 4 - 10，当国际原油价格由 P_a 下跌至 P_b 位置时，大规模的原油进口会对国内原油市场价格产生下行压力，国内原油市场价格相应地会向更低的国际原油价格水平靠拢，市场价格水平由 $P_{a'}$ 下跌至 $P_{b'}$ 位置，两个市场价格下跌之间的系数设定为 α（0～1）。进一步地，国内原油价格的下跌会影响到粮食市场的价格水平。具体而言，当国内原油价格则由 $P_{a'}$ 位置下跌至 $P_{b'}$ 位置时，同样的粮食产量将花费更少的能源消耗成本，种粮收益的上升将促使粮食市场供给曲线由 S_{d0} 位置向右移动到 S_{d1} 位置。在粮食需求不变的情况下，粮食供给量的提升，供需力量的转变将会促使粮食市场均衡价格水平由 P_d 下移到 P_{d2}。国内原油市场价格下跌引起国内粮食市场价格的下行，关系式可表达为 $P_{d1}-P_{d2}=\beta（P_{a'}-P_{b'}）$，其中 β 为粮食市场的价格影响程度系数。而国内均衡价格 P_{d2} 最终是否能与国际均衡价格相一致，则需视上述两大因素的叠加效应大小而定。

（四）其他因素对粮食市场价格波动的影响

根据图 4 - 1 和图 4 - 2 可知，除了受到原油市场价格波动的影响，国内粮食市场价格还受生物质能源市场价格波动的影响，影响过程中受到市场供需、国际市场和政府政策等多方面因素的干扰，这就使得多市场价格关联机制变得更为复杂。

1. 生物质能源市场价格波动的影响

燃料乙醇和生物柴油是生物质能源市场的两大主要产品，且与粮食市场存在相对较为紧密的联系。其中，燃料乙醇的主要原料分为粮食作物、非粮食作物和木质纤维素原料。粮食作物主要涉及玉米和小麦两大粮食品种；非粮食作物涉及木薯、甘薯和葛根等；木质纤维素原料则涉及玉米芯、秸秆等。生物柴油的主要原料为大豆油、玉米油、菜籽油和棕榈油等。可见，作为国内粮食市场主要粮食品种的大豆、玉米及小麦，本身均具备了一定的能源属性，这也强化了生物质能源市场和粮食市场的价格关联性。世界各国生产生物质能源产业发展速度并不一致，对原料粮的投入比例存在较大差异，且生产工艺也不尽相同。由于美国同时是世界乙醇燃料和生物柴油的主要生产国，同时考虑到数据的可获得性，本书以美国燃料乙醇市场和生物柴油市场作为生物质能源市场的代表进行分析。

通过美国能源信息署官网和 WIND 数据库，收集并整理了 2001—2022 年国际燃料乙醇、生物柴油的价格数据，相应的价格走势见图 4-11。

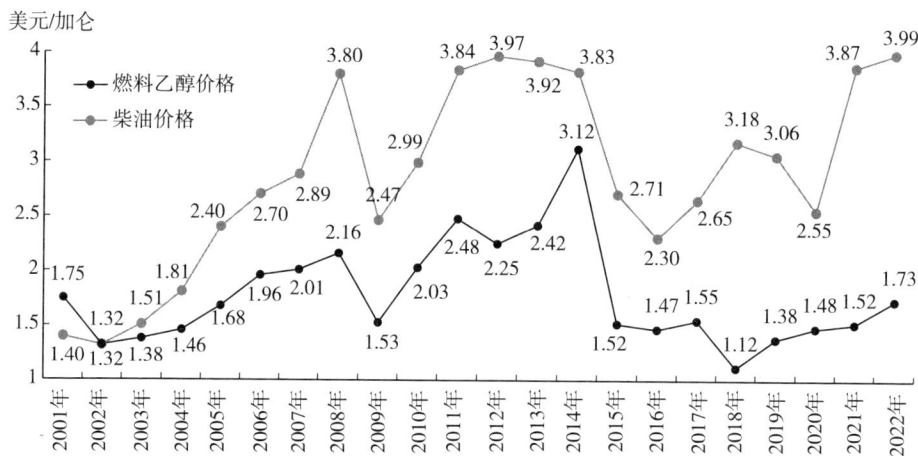

图 4-11　2001—2022 年国际燃料乙醇、生物柴油以及原油价格走势

注：燃料乙醇和生物柴油数据来源于 EIA；原油价格来源于 WIND 数据库。

根据图 4-11，美国的燃料乙醇和生物柴油价格在观测期内的走势总体保持了一致性，且在不同阶段的价格波动也都存在同方向性。2001—2008 年，燃料乙醇和生物柴油价格同处于上升阶段，这一时期美国政府陆续颁布各种法案促进国内生物质能源发展，如《能源税收法案》规定可以免除乙醇汽油 4 美分/加仑*的消费税，推动了燃料乙醇行业的发展，需求逐渐增加带动价格上升。2005 年《能源政策法案》要求在 2012 年以前美国每年生产 75 亿加仑的可再生能源；2007 年美国国会通过《能源独立与安全法案》，要求在 2022 年

＊　加仑：非法定计量单位，1 加仑＝3.79 升。

以前把可再生能源年产量提高到 360 亿加仑，这些政策促使燃料乙醇和生物柴油产能扩张，但在需求增长和产能扩张的过程中，价格整体仍保持上升态势。在这个阶段，燃料乙醇和生物柴油分别由 1.75 美元/加仑和 1.4 美元/加仑上升到了 2008 年的 2.16 美元/加仑和 3.8 美元/加仑。2008—2010 年，受全球经济衰退影响，运输燃料整体需求下降，燃料乙醇和生物柴油的市场需求也随之减少。2011—2015 年，随着全球经济逐渐复苏，运输行业对燃料的需求慢慢恢复，燃料乙醇和生物柴油的需求也开始回升，价格逐渐上涨。2016—2020 年，美国燃料乙醇市场出现产量持续增加但销售量下降的情况，连带着利润率缩水，每加仑减少了 20 美分，价格出现下行压力。同时，生物柴油价格受国际原油价格波动、原料价格波动以及市场供需关系的短期调整等因素，也存在价格下行压力。此外，2020 年的全球新冠疫情也加速了燃料乙醇和生物柴油价格的下行速度。2021—2022 年，随着疫情形势的变化和经济活动的恢复，燃料乙醇和生物柴油的市场需求有所回升，但仍受到国际油价波动、原料价格波动以及政策调整等因素的综合影响，价格呈现波动变化态势。

燃料乙醇和生物柴油的价格波动主要受原料成本变动、油价波动、技术水平发展以及国家宏观政策执行等因素影响。

在原料成本影响方面。燃料乙醇的原料涉及玉米、小麦、水稻及木薯等，生物柴油则涉及大豆等油料作物。因此，作为原料的相关农作物价格出现变动，将引起生物燃料价格的波动。

在原油价格波动影响方面。燃料乙醇和生物柴油作为石油的替代能源，与石油价格存在一定的关联性。当油价上涨时，会刺激市场增加对替代能源的需求，从而助力生物质能源市场价格的上行；当油价大幅下跌时，石油作为主要能源的成本优势凸显，市场对燃料乙醇和生物柴油的需求会相应减少，同时也会对其价格产生下行压力。原油市场价格和生物质能源市场价格的相关性在图 4-10 中得到了较好的体现。

在技术水平影响方面。随着技术的进步，燃料乙醇和生物柴油的生产工艺不断改进，生产效率得以不断提高。目前，不同国家和地区具备的生物质能源生产技术水平不同，这就会导致不同地区的生物质能源生产效率和生产效益出现较大差异。例如，近年来美国乙醇行业的玉米与乙醇的总体转换率从 2014 年底的约 2.80 加仑/蒲式耳稳步上升到 2019 年中期的近 3.00 加仑/蒲式耳，目前稳定在略高于 2.90 加仑/蒲式耳*。中国的玉米酒精二代技术虽然也已经较为成熟稳定，每消耗 3～3.3 吨玉米能够生产 1 吨乙醇，但与美国还存在一

---

* 蒲式耳：非法定计量单位，1 蒲式耳＝27.216 千克。

定的技术差距。相对更高的转化率，表明相同的原料粮投入能够产出更多生物质能源，能够有效增加市场供给进而稳定市场价格。

在国家宏观政策影响方面。全球各国为了刺激本国生物质能源产业的发展，纷纷出台了各自的支持政策。不可否认，各国要么通过税收优惠，要么通过直接市场补贴的方式，对生物质能源产业的发展产生了正向刺激作用。

2. 粮食价格波动的供给、需求及国际因素影响

粮食价格波动的供给因素主要涉及生产成本、自然灾害、产能效率、科研投入以及耕地面积等方面。具体而言，当生产成本上升时，为了保证一定的利润，生产者往往会提高粮食售价，从而推动粮食价格上涨，反之，生产成本下降则可促使粮食价格降低；自然灾害会直接破坏粮食的生产条件，导致粮食产量下降，从而引起粮食价格波动；产能效率的提高可以增加粮食供应，缓解价格上涨压力，而产能效率下降则可能导致粮食供应减少，推动价格上涨；加大对粮食生产的科研投入可以推动农业科技进步，提高粮食产能效率，增加粮食供应，从而对粮食价格产生影响；耕地面积的增加可以提高粮食产量，缓解价格上涨压力，反之则可能导致粮食供给不足，推动价格上涨。

粮食价格波动的需求因素主要涉及经济发展、人口增长、饲料粮、生物质能源开发以及种子用粮等方面。具体而言，随着经济的发展，人们的收入水平提高，对粮食的需求结构和总量都会发生变化，从而影响粮食价格；人口数量的增加直接导致对粮食的总需求上升，在粮食供应相对稳定的情况下，会推动粮食价格上涨；畜牧业的发展需要大量的饲料粮，饲料粮需求的变化会对粮食价格产生重要影响；粮食可以用于生产生物质能源，如燃料乙醇等，生物质能源开发的规模和政策会影响粮食的需求和价格（田甜，2017）。

随着国内外粮食市场的日渐融合，汇率变动、国际油价、粮食贸易、资本市场以及市场风险等国际因素在粮食市场价格波动中起到了越来越重要的作用（树成军，2015）。

二、国际能源市场向中国粮食市场实现价格传导的现实依据

（一）粮食生产环节的价格传导依据

原油市场通过粮食生产环节影响粮食市场价格，主要指的是农资价格随着原油市场价格变动，进而引起粮食市场价格的变动。粮食生产涉及的农资主要指的是化肥、农膜和农药，在面积和单位产能相对稳定的情况下，增加农资投入成为了农户在过去长期以来提升粮食产能的主要手段。2001—2022 年每亩

粮食生产所需的化肥用量和农膜用量见下表4-1。

表4-1　2001—2022年粮食生产化肥和农膜用量（单位：公斤/亩*）

时间（年）	2001	2002	2003	2004	2005	2006	2007	2008	2009	2010	2011
化肥用量	19.80	20.90	20.20	19.14	20.29	20.96	21.67	21.28	21.74	22.98	23.03
农膜用量	0.20	0.20	0.20	0.20	0.18	0.18	0.17	0.17	0.16	0.17	0.19
时间（年）	2012	2013	2014	2015	2016	2017	2018	2019	2020	2021	2022
化肥用量	23.22	23.44	24.08	24.11	24.93	25.07	24.91	25.15	25.49	25.54	25.61
农膜用量	0.20	0.22	0.22	0.23	0.23	0.22	0.23	0.22	0.22	0.22	0.22

注：数据来源于相关年份的《全国农产品成本收益资料汇编》，表格中的数据为稻谷、小麦、玉米这三种粮食数据的平均值。

根据表4-1的数据，在2001—2022年期间，亩均化肥和农膜投入量总体上呈上升的态势，化肥投入增长速度尤为明显。其中，亩均化肥投入量由2001年的19.8公斤上升到了2011年的23.03公斤，继而上升到了2022年的25.61公斤，年均增长率1.23%；亩均农膜投入量在观测期内出现了一些波动，先是由2001年的0.2公斤下降到了2010年的0.17公斤，后在2018年达到0.23公斤的峰值后再次回落至0.22公斤。随着市场对粮食产量和质量要求的日益提高，粮食生产过程中对于化肥和农膜的投入量不断增加，同时，农业现代化进程下的粮食生产机械化水平不断提升，国内粮食市场和能源市场间的价格关联性不断增强。粮食生产环节的能源消耗程度越高，粮食市场和能源市场的价格关联关系就越紧密，原油市场对粮食市场的价格传导也就越顺畅。2001—2022年粮食生产环节中的部分成本信息情况见图4-12。

根据对历年《全国农产品成本收益资料汇编》披露数据的整理发现，2001—2022年粮食生产的直接成本占生产总成本的比重保持在90%以上，且随着机械化和工业化产品的持续投入，该比重存在逐年上升的趋势，在2021年更是达到了95.76%的峰值。通过对不同生产成本项目的进一步比较，化肥、农药、农膜、机械作业以及燃料动力这几项费用的合计值占每亩粮食生产直接成本的比重在50%以上，该比重在2022年更是达到了77.48%的峰值。根据图4-12，在5大生产成本项目中，观测期内化肥和机械作业合计费用占

---

*　亩：非法定计量单位，1亩=666.7平方米。

单位：元/亩

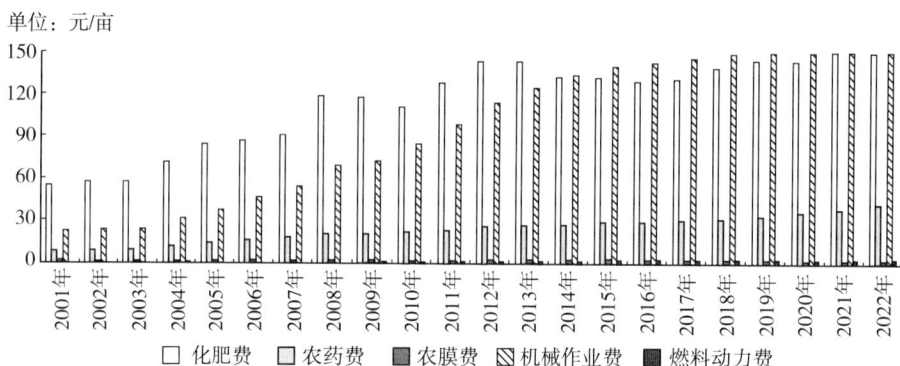

图 4-12　2001—2022 年粮食生产部分重要成本

直接成本的平均比例约为 63.56%。具体而言，亩均化肥费和机械作业费分别由 2001 年的每亩 54.76 元和 22.79 元上升到了 2011 年的 128.27 元和 98.53 元，继而上升到 2022 年的 154.47 元和 156.72 元。其中，亩均化肥投入金额年均增长率约为 5.43%，亩均机械作业费投入额年均增长率则达到了 10.71%，由此可见粮食生产机械化水平提升的加速度。相对而言，粮食生产过程中的农药费和燃料动力费投入比例相对较小，但投入增长速度较快，其中农药费支出年均增长率超过了 8%，燃料动力费的年均增长率更是达到了 24.39%，是所有成本项目中增长速度最快的。由于农膜市场供应较为充足且价格波动幅度较小，同时农业生产对农膜的使用需求在一定时期内相对固定，加之近年来农业技术推广部门对农膜科学使用方法的普及，使得农民在农膜的采购和使用上更加理性和高效，农膜费用支出相对稳定，费用增长幅度为 5 项支出最低，年均增长率仅为 2.23%。

　　综上分析，随着城市化进程加快以及人们生活水平的不断提高，消费市场对粮食的需求量持续增加，粮食生产过程中对种子、化肥、农药、农业机械等生产要素资料的需求不断增强。在需求快速增长的趋势下，供需力量的转换使得化肥、农药、农膜、机械作业以及燃料动力等支出费用呈不断上升趋势，这在增强粮食市场和能源市场价格关联性的同时，也使得粮食市场面临着更多来自能源市场价格波动的冲击风险。根据对粮食生产成本数据的多重分析可以发现，如化肥费、机械作业费、农药费、农膜费、排灌费以及燃料动力费等与能源价格挂钩的农资价格的上升对粮食生产成本的影响尤为显著，这也是近些年来粮食生产成本之所以不断提高的主要推动因素。这类由能源市场价格波动驱动所导致的粮食市场价格的变动，被称为能源市场对粮食市场的成本驱动效应（Silvennoinen 和 Thorp，2015）。

（二）基于跨市场贸易渠道的价格传导依据

随着粮食生产环节中能源投入的持续增加、能源利用效率的逐步提升、能源技术在农业生产中的广泛应用，粮食生产的现代化水平不断提高，同时也使得能源市场对粮食市场的渗透力度越来越大。自进入 21 世纪以来，中国的对外粮食进口规模攀升迅速，这在增强国内粮食市场供应能力的同时，也更加便捷了国际能源市场价格信息的跨市场传导。对此，除了通过能源贸易途径的价格传导路径，国际能源市场对国内粮食市场的价格影响还存在如下的传导路径：国际能源市场→国际粮食市场→国内粮食市场。

在本书观测期内，基于对中华人民共和国海关总署官网披露数据的整理，我国对外粮食进口的贸易量在整体上呈逐年上升趋势。在进口总规模方面，粮食进口由 2001 年的 1 986 万吨上升到了 2023 年的 16 196 万吨，增幅达 715.51%，大规模的粮食进口得以将国际能源市场价格信息传导至国内粮食市场，进而对国内的粮价产生一定的影响。从具体的粮食品种来看，2001—2023 年大米进口量占粮食总进口量的比例基本介于 0.5%～3% 之间，是四大主粮中进口规模最小的粮食品种；除了个别年份，2001—2023 年小麦进口量占粮食总进口量的比例基本介于 0%～6% 之间，进口规模较大米稍大；兼具口粮属性和能源属性的玉米的进口量于 2010 年左右开始增大，2010 年之前的进口量占粮食总进口量的比例基本低于 0.2%，2010 年之后的进口量占粮食总进口量的比例总体上呈上升趋势，近三年的占比已达 17%；大豆的对外依存度为四大主粮之首，观测期间大豆进口量占粮食总进口规模的比例基本在 80% 以上。根据四大主粮的进口占比，大米和小麦虽然存在携带国际能源市场价格信息的渠道，但相对较低的进口比例限制了这种价格传导的程度。玉米的进口占比程度于 2010 年左右开始呈明显的上升趋势，在理论上更加畅通了国际能源市场价格波动信息向国内市场的传导。相比之下，大豆的进口占比始终处于较高水平，通过在国际粮食市场的大规模进口就能实现国际能源市场价格信息向国内粮食市场的传导和溢出。观测期内，中国粮食市场的对外进口量呈持续攀升态势，使得国际粮食市场能携带更多外部能源市场价格信息至国内市场，进而实现国际能源市场对国内粮食市场的间接市场驱动效应。

（三）基于生物质能源市场产能变化的价格传导依据

除了上述影响路径，国际能源市场价格波动对国内粮食市场价格的影响还存在供求驱动效应，这主要指的是以原油为代表的能源价格的变动影响生物质能源产能，通过粮食原料投入量的变化影响到全球粮食市场的供需平衡，进而作用于粮食消费市场价格。此部分的理论分析已在"粮食市场和能源市场价格传导的理论基础"这部分内容中进行了详细阐述，此处不再赘述。根据前面的理论分析，原油市场价格涨跌与生物质能源产能存在负相关关系，也即当原油市场价格上涨时会增加生物质能源项目的原料粮投入，推动粮食市场价格的上行，当原油市场价格下跌时则会减少生物质能源项目的原料粮投入，抑制粮食市场价格上行。

近年来受能源危机和环境保护的双重压力影响，全球多个国家和地区加快了生物质能源项目的开发与建设，较为典型的项目有美国的玉米乙醇、巴西的甘蔗乙醇、德国的生物柴油和德国的生物燃气等。经济合作与发展组织和联合国粮食与农业组织在 2020 年共同发布了《2020—2029 年农业展望》，该报告预测生物柴油和燃料乙醇的产量在未来十年将大幅增加，生物燃料的价格上涨幅度将超过初级农产品价格。国际能源署（International Energy Agency，IEA）在其最新的能源报告中发布了对生物质能源未来发展的预测，认为在政策支持和技术进步的推动下，生物质能源在全球能源结构中的占比将持续上升，有望成为未来可再生能源领域的重要组成部分，而这主要得益于各国对可再生能源的政策支持以及环保意识的不断提高。在各国政策和法规支持下，全球生物基材料与生物质能源产业在 2017 年的规模已超过 1 万亿美元（马隆龙和唐志华等，2019）。Statista 最新数据显示，全球生物燃料在 2000 年至 2021 年期间的日产量从 18.7 万桶油当量增长到了 174.7 万桶油当量。EnergenResearch 预计全球生物燃料市场规模 2030 年将进一步扩张至 2 843.5 亿美元，2022—2030 年 CAGR 为 7.0%。木质纤维素、二氧化碳等廉价原料开发后的大规模应用进一步降低成本，高级醇等生物燃料品种的突破或将是下一阶段生物燃料市场持续快速增长的重要驱动力。

IEA 在 2023 年 7 月发布的报告中显示，巴西、印度及美国近 5 年的生物燃料年均增速保持在 20% 以上，巴西及美国还成功跻身全球四大生物燃料生产国。上述 3 个国家的生物燃料在近些年之所以能实现高速增长，源于其在生物燃料领域出台的一系列支持政策和相关举措。在行业层面，面对碳减排的现实要求，具有良好降碳属性的生物燃料市场正在成为能源领域的新宠和投资热点。近年来，国际石油公司纷纷加快转型步伐，加大对生物柴油、沼气等可再生能源领域的投资和布局。一方面，积极探索生物燃料、太阳能、风能等清洁能源的开发与利用，降低对传统石油业务的依赖；另一方面，通过技术创新提高石油生产的效率和环保性，减少碳排放。雪佛龙于 2022 年 6 月宣布加大对生物燃料和可再生能源技术的研发投入，斥资 31.5 亿美元收购生物燃料公司可再生能源集团（REG），预计到 2030 年可再生燃料日产能达 10 万桶油当量。

同年 11 月，壳牌完成了其能源转型史上最大的单笔收购，以 20 亿美元的价格将一家在可再生能源存储和智能能源管理领域具有领先技术的企业（欧洲最大可再生天然气生产商 Nature Energy）的全部股权收入囊中，进一步加速其向综合能源公司的转型进程。同年 12 月，英国石油公司斥资 41 亿美元收购美国可再生天然气公司 Archaea 能源，刷新了全球可再生燃料企业的收购纪录。

从国家的角度看，为了应对全球气候的不断变化和传统能源价格的高位波动，多数国家对于生物质能源市场发展的重视程度越发高涨。目前，欧盟已经开始全面使用燃料乙醇，生物液体燃料在交通能源消费中的比例达到了 10%。欧盟在 2018 年修订的《可再生能源指令》中更是提出了欧盟可再生能源在 2030 年的使用占比达到 32% 的目标。国际能源署（IEA）在 2022 年发布的《2022 年可再生能源—到 2027 年的分析与预测》报告显示，全球能源危机引发了可再生能源前所未有的发展势头，未来 5 年，全球新增可再生能源的数量将与过去 20 年的总量持平，未来五年可再生能源将占全球电力扩张的 90% 以上，而其中的生物质能源将成为全球增长最快的可再生能源。美国目前已形成了以《1992 国家能源政策法》《2005 国家能源政策法》以及《2020 年能源法》为核心的可再生能源发展促进法律框架，对生物质能源生产侧和消费侧同时进行补贴、提供债券和贷款担保等。全球综合数据资料库 Statista 显示，2022 年全球生物燃料市场价值约 1 164 亿美元，到 2030 年预计将超过 2 000 亿美元。从行业和企业的角度，庞大的市场规模使得传统能源企业纷纷将生物燃料市场作为能源转型的关键增长引擎。全球生物质能源产业的快速发展，势必将增加作为原料的粮食品种的投入量，增加粮食市场的需求量进而刺激粮价上涨。

从不同燃料类型的贡献情况来看，近些年来对于全球生物燃料产量增长贡献最大的是燃料乙醇和生物柴油，在全球各国政府的积极推动下，全球以燃料乙醇和生物柴油为代表的生物质能源产业发展极为迅速。2001—2022 年的生物质能源产量由 2001 年的 10 021 千吨油当量上升到了 2010 年的 58 965 千吨油当量，2022 年上升到 105 815 千吨油当量。2001—2022 年全球生物质能源产量水平走势见图 4 - 13。

根据图 4 - 13，全球生物质能源产量走势在观测期内分为了两个阶段。阶段一是 2001—2008 年的高速发展期，阶段二是 2009 年以来的平稳发展期。总体上，除个别年份外，近 20 年来全球生物质能源产量始终处于快速增长状态。2020 年度产量的下降很可能是由于全球新冠肺炎疫情的暴发和蔓延影响到了全球的工业生产，进而降低了对能源的需求，全球生物质能源产量增速下跌到了 —6.31%，为近 20 年来的首次下降。2021 年的产量就出现了较大的反弹，增速又恢复到了 3.83% 的水平，2022 年的产量达到了 105 815 千吨油当量的峰值。

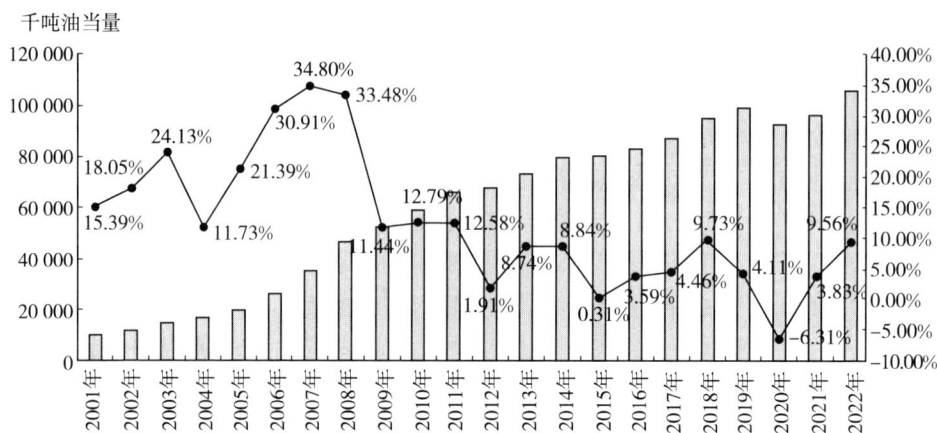

图4-13 2001—2022年全球生物质能源产量情况

注：数据来源于相关年份的《BP世界能源统计年鉴》。

中国是能源消耗大国，自进入21世纪以来，中国政府始终较为重视国内的生物质能源市场的发展。2005年，全国人大通过了《中华人民共和国可再生能源法》，提出国家鼓励清洁、高效地开发利用生物质燃料，鼓励发展能源作物，将符合国家标准的生物液体燃料纳入燃料销售体系；国家"十一五"规划纲要也提出，加快开发生物质能源，支持发展秸秆、垃圾焚烧和垃圾填埋发电，建设一批秸秆发电站和林木质发电站，扩大生物质固体成型燃料、燃料乙醇和生物柴油生产能力；2006年发布的《关于发展生物质能源和生物化工财税扶持政策的实施意见》，提出要支持相关示范项目，推动新技术、新产业模式的发展，给予企业税收优惠，减轻企业负担，极大地促进了生物质产业的发展；2007年，发改委发布了《可再生能源中长期发展规划》，要求2020年的农林生物质装机容量达到24 000MW；2017年，国家能源局进一步发布了《生物质发电"十三五"规划布局方案》，要求生物质发电总装机容量在2020年要达到2 334万千瓦；2021年，国务院印发《2030年前碳达峰行动方案》，提出了要因地制宜发展生物质发电、生物质能清洁供暖和生物质天然气的要求；2022年，国家发展和改革委员会发布《"十四五"生物经济发展规划》，提出要定向选育、推广和应用高产、高抗、速生的油料和能源林新品种，因地制宜开展生物能源基地建设，加强热化学技术创新，推动高效低成本生物能源应用。在各级政府的高度重视下，国内的生物质能源市场发展迅速。2024年1月发布的《工业和信息化部等七部门关于推动未来产业创新发展的实施意见》进一步提出，今后要重点聚焦核能、核聚变、氢能、生物质能等重点领域，打造"采集—存储—运输—应用"全链条的未来能源装备体系。当前，中国生物质能的利用方式主要有生物质发电、沼气和生物质天然气、生物质清洁供热、生物液体燃料等，其中生物质发电是最主要的利用方式。截至2024年6月底，全国可再生能源发电装机达到16.53亿千瓦，同比增长25%，约占我国发电总装机的53.8%。其中，水电装机4.27亿千瓦，风电装机4.67亿千瓦，太阳能发电装机7.14亿千瓦，生物质发电装机4530万千瓦。风、电、光伏发电合计装机（11.8亿千瓦）已超过煤电装机（11.7亿千瓦）。可再生能源发电量稳步迈上新台阶，2024年上半年，全国可再生能源发电量达1.56万亿千瓦时，同比增加22%，约占全部发电量的35.1%。[①]

随着全球经济社会发展水平的不断提升，对清洁能源的需求日益增长，以欧盟和美国可再生能源项目发展为代表的全球政策支持体系正在不断完善，这势必将引领全球生物质能源市场的迅速扩容，推动生物质能源技术的创新与进步，影响粮食市场的供需平衡，进而对国内外粮食市场价格走势产生不可忽视的作用。

（四）中国粮食市场与国际能源市场的价格走势

为了能更为直观地观测国际原油市场和国内粮食市场的价格关联性，本书对比了2001—2022年期间国内四大主粮和国际原油的价格走势，结果显示国内粮食市场和国际原油市场价格走势总体上存在趋同性。2001—2022年国内粮食价格和国际原油价格走势见图4-14。

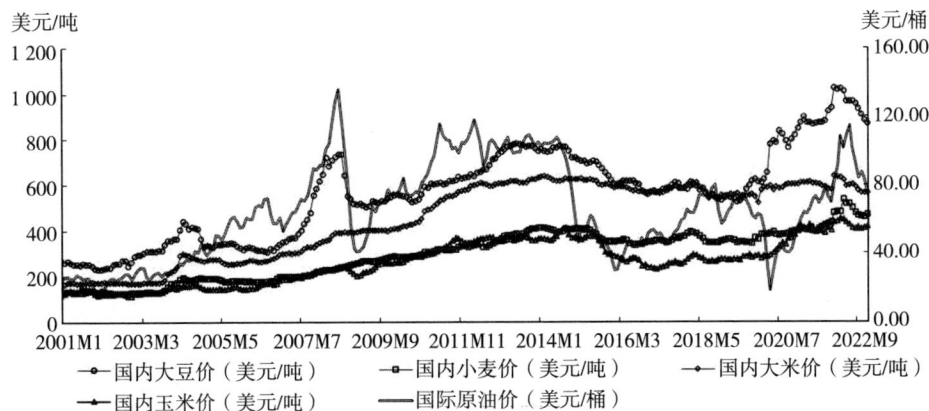

图4-14　国内粮食价格和国际原油价格走势图（2001—2022年）

① 参见《上半年全国可再生能源发电新增装机1.34亿千瓦同比增24%》，http：//news. youth. cn/jsxw/202407/t20240731_15417236. html.

根据图 4-14，通过比对国际能源价格走势和国内粮价走势，发现两者价格走势既存在差异性又存在趋同性。国内粮价和国际原油价格的差异性主要体现在价格的波动频率和波动幅度方面。在国内粮食政策的有效调控下，国内粮食市场价格波动性相对较弱，价格振幅偏小，相较而言，国际原油市场价格波动频率更高、幅度更大。从不同时间段来看，国际原油市场在 2008 年、2014 年以及 2020 年的价格波动幅度较大。国内粮价和国际原油价格的趋同性主要体现在长期的价格走势方面。在观测期间，国际原油市场价格处于稳定且上升趋势时，国内粮价走势也往往呈缓慢上升势头，当国际原油市场价格出现 2008 年、2014 年以及 2020 年的大跌时，国内粮价也往往会出现回落的迹象。其中，在 2008 年，国内大豆价格和国际原油价格同时出现了快速上涨和下跌的现象，走势较为一致，初步表明国内大豆市场和国际原油市场价格之间存在较为紧密的关联性。从不同时间段来看，在 2001—2008 年，国际原油市场价格呈持续上升的态势，国内四大粮食品种价格同样呈上升态势；在 2009—2014 年，国际原油市场价格处于第二轮的上升态势，除了金融危机期间受国际原油市场价格暴跌影响时国内粮价出现的回落现象，国内粮价在此期间同样处于缓慢上升的势头；在 2015—2019 年，国际原油市场价格出现了先下降后回升的走势，相应的国内粮价也出现了先回落后企稳继而抬升的走势，仍然与国际油价走势保持了总体上的一致性；在 2020 年 1 月—2022 年 6 月和 2022 年 6 月以后，国际原油市场价格出现了"上升—下降"的走势，此期间的国内粮价走势总体上也存在相同的走势。从走势的趋同性程度考察，根据不同粮食品种的价格走势，国内小麦、玉米和大豆价格与国际原油价格走势趋同性相对更高，而国内大米价格与国际原油价格之间的关联性则相对较弱，这在一定程度上反映出不同粮食品种和国际原油市场之间的价格关联性程度。

三、中国粮食市场与国际能源市场的价格相关性检验

根据上述理论分析以及对两个市场价格走势的观测和对比，可以初步判定国内粮食市场价格和国际原油市场价格存在强相关性。为了进一步佐证这一结论，也为提升研究的可信度和客观性，本书还进一步对两个市场价格数据进行相关性检验。随着原油市场对粮食市场的影响日益加深，以原油为代表的能源市场价格的波动会对粮食市场价格产生重要影响。仅以化肥为例，2001—2022 年粮食种植过程中的化肥投入占种粮投入成本的比重始终高于 52%，占种粮总成本的比重始终高于 34%，从中足可以看出能源市场价格波动对粮食市场价格稳定性的重要性。对此，鉴于国内市场有着较高的对外粮食进口依存

度和原油进口依存度，在粮食能源化趋势背景下，本书提出假说1：国际能源市场和国内粮食市场价格存在显著的价格关联性。

（一）数据说明

鉴于数据的代表性和可得性，本书选取了相应的国内粮食和国际原油价格时间序列数据。就粮食品种而言，本书以大米、小麦、玉米和大豆这四种主要粮食品种为主要研究对象；就国际能源而言，本书以布伦特DTD、迪拜以及WTI的原油现货价均值代表国际能源价格。考虑数据的可获得性和时效性，本书采用周数据，数据覆盖时间范围为2001年1月—2021年12月。在剔除无效样本后，共计1 006个有效样本。粮食数据和原油价格数据均主要来源于WIND数据库，并以《中国粮食发展报告》《中国粮食年鉴》以及统计局官网数据等作为数据辅助来源渠道。

（二）中国粮食市场与国际能源市场的价格的相关性检验

为了进一步检验中国粮食市场和国际能源市场的价格相关性，本书对2001—2022年两个市场的价格数据进行了Person和Spearman相关性检验。无论是Person相关性检验还是Spearman相关性检验，检验结果均显示，国内四大粮食品种价格和国际原油市场价格存在显著的相关性，且不同品种间的价格相关性均通过了1%水平的显著性检验。具体检验结果见表4-2。

表4-2　国内粮价和国际原油价间的 Person 和 Spearman 检验结果

	国际原油价	国内大米价	国内小麦价	国内玉米价	国内大豆价
国际原油价	1	0.568 3	0.561 9	0.741 0	0.713 2
		(0.000)	(0.000)	(0.000)	(0.000)
国内大米价	0.574 3	1	0.966 4	0.941 1	0.912 9
	(0.000)		(0.000)	(0.000)	(0.000)
国内小麦价	0.578 8	0.990 1	1	0.879 5	0.875 8
	(0.000)	(0.000)		(0.000)	(0.000)
国内玉米价	0.730 2	0.925 2	0.915 2	1	0.908 1
	(0.000)	(0.000)	(0.000)		(0.000)
国内大豆价	0.742 3	0.905 2	0.912 5	0.940 2	1
	(0.000)	(0.000)	(0.000)	(0.000)	

注：本表上三角显示的 Spearman 检验结果，下三角显示的 Person 检验结果；括号内为 P 值。

根据表4-2的相关性检验结果，国内玉米和大豆市场价格与国际原油市场价格的相关性相对更高，Person 检验下的相关性系数分别为 0.730 2 和 0.742 3，Spearman 检验下的相关性系数分别为 0.741 0 和 0.713 2，表明两个市场价格存在高度相关性；相比之下，国内大米和小麦市场价格与国际原油市场价格的相关性相对偏弱，Person 检验下的相关性系数分别为 0.574 3 和 0.578 8。根据相关性检验结果，国内四大主粮价格与国际原油市场价格存在不同程度的价格相关性，这在一定程度上验证了理论分析的准确性。从具体的粮食品种而言，相比大米和小麦，国内的玉米和大豆与国际原油市场价格的走势趋同性更强，可能与这两种粮食品种具备一定的能源属性相关。

粮食安全关系到国家的稳定、经济的可持续发展以及人民的福祉。为了尽可能缓解来自国际能源市场的价格波动风险冲击，我国采取了财政性的油价稳定政策应对国际原油市场价格波动，设置了原油价格 40 美元和 130 美元的上下限，当国际原油价格低于 40 美元时，国内成品油价格不再下调，未调金额将全部纳入风险准备金，用于提升国内石油储备能力和促进能源行业的可持续发展。而当国际原油价格高于 130 美元时，国内成品油价格原则上不提或少提，以减轻高油价对国内经济和消费者的压力，从而在一定程度上稳定国内能源市场，保障国家能源安全和经济的平稳运行。财政性油价稳定政策的实施，有助于通过平滑国内油价变动以减少对国内粮食市场的价格冲击（吴周恒，2020）。我国还设置了十个交易日的油价调整周期，一方面能够及时反映国际原油市场价格的动态变化，使国内油价与国际市场保持一定的联动性，确保国内能源价格体系的合理性和科学性；另一方面，适当的调整周期也避免了油价的过度频繁波动，为国内相关产业和消费者提供了一定的价格稳定性预期，有利于企业合理安排生产经营活动，也减少了消费者因油价大幅波动而产生的经济压力和心理负担。在宏观调控干预下，国内石油终端市场价格虽然较国际市场更具稳定性，但在粮食生产能源化和国内市场持续对外开放的大趋势下，国际原油市场价格和国内粮食市场价格之间仍然存在较强的关联性。因此，无论是在理论分析层面还是在数据观察层面均支持了假说1。

第五章

中国粮食市场和国际能源市场
的价格相关稳定性分析

　　根据第四章的关联性分析结果，国内四大主要粮食品种的市场价格和国际原油市场价格走势存在同向性，相互间存在较高的相关性。相关性检验只能证明不同市场价格的相关性程度，属于静态分析，无法进一步检验价格相关性的稳定性。自进入 21 世纪以来，粮食能源化趋势明显，中国的粮食进口规模不断攀升，对外贸易依存度不断提升，强化了国际原油市场和国内粮食市场的价格关联性。但我们也要看到，国内粮食市场调控政策逐步完善，粮食储备体系日益健全，粮食生产能力持续增强，弱化了国内粮食市场来自外部的价格波动冲击。此外，地缘政治冲突、贸易摩擦以及病虫害等外部风险事件的频发对原油市场和粮食市场价格带来了较大的波动性，这就使得国际原油市场和国内粮食市场价格的相关性很可能存在结构性变化特征。对此，在市场价格相关性检验基础上，本章内容将进一步运用平滑转移条件多元 GARCH 模型和惩罚对照函数从动态性视角检验国际原油市场和国内粮食市场价格相关稳定性。

　　通过对国际原油市场和国内粮食市场价格相关稳定性的分析，一是从趋势性角度，更加全面且深入地了解两个市场价格关联性水平的变化；二是从相关性的角度，分析时间和油价等关键性参数变化对市场价格相关稳定性的影响；三是信息传导方向角度，探究国际原油市场和国内粮食市场价格相关稳定性的变化方向和差异性。

　　根据第三章分析内容，自加入 WTO 以来，国内市场持续加大对外开放力度，中国粮食市场的对外粮食贸易量不断攀升，内外部市场融合度水平不断提高。同时，在粮食能源化趋势下，粮食供应过程中的能源消耗成本占比持续上升。相关数据也初步验证了前面的理论分析的结论。对此，本书提出假说 2：国际能源市场和中国粮食市场间的价格相关性并不稳定。进一步地，从趋势性角度提出假说 3：随着时间推移，国际能源市场和中国粮食市场间的价格相关性不断趋强，更多体现的是前者对后者的价格影响。

一、价格相关稳定性分析研究设计

（一）模型设定

为了检验国际原油市场和国内粮食市场价格相关性变化的区制转移变化特征，本书采用了平滑转移条件多元 GARCH 模型对价格数据进行验证。

多元 GARCH 模型，设一个 $N \times 1$ 维向量随机过程为 $\{y_{i,t}\}$（$i = 1$，2，…），满足如下条件：

$$y_t = E(y_t \mid \Omega_{t-1}) + \varepsilon_t \tag{5.1}$$

Ω_{t-1} 表示的是在 $t-1$ 时刻之前的所有信息流。单变量 $y_{i,t}$ 的 GARCH（p，q）模型设定如下：

$$y_{it} \mid \Omega_{t-1} = \delta_{i0} + \sum_{j=1}^{J} \delta_{ij} \, y_{i,t-j} + \varepsilon_{it} \tag{5.2}$$

$$h_{it} = \alpha_{i0} + \sum_{j=1}^{q} \alpha_{ij} \, \varepsilon_{i,t-j}^2 + \sum_{j=1}^{p} \beta_{ij} \, h_{i,t-j} \tag{5.3}$$

式（5.2）和式（5.3）分别表示的是条件均值方程和条件方差方程。$y_{i,t}$ 是均值为 0 时的随机变量。扰动项向量 ε_{it} 的具体表达式为 $H_t^{1/2} z_t$，其中，H_t 是一个 $N \times N$ 维满秩条件协方差矩阵，随着时间 t 的变化而变化，而 z_t 则为 $N \times 1$ 维向量，满足 $E(z_t) = 0$，$Var(z_t) = I_N$，为白噪声向量。条件协方差矩阵 H_t 又可以被分解为条件标准差对角矩阵 D_t 和条件相关矩阵 P_t 的乘积，具体的表达式为：

$$H_t = D_t P_t D_t \tag{5.4}$$

其中，$P_t = (\rho_{ij,t})$，ρ_{ii}（ρ_{jj}）$= 1$。条件相关矩阵 P_t 是白噪声向量条件相关矩阵 z_t 的条件协方差矩阵：

$$E(z_t z_t' \mid \Omega_{t-1}) = P_t = (\rho_{ij,t}) \tag{5.5}$$

$$\rho_{ij,t} = E(z_{it} z_{jt} \mid \Omega_{t-1}) / \sqrt{E(z_{it}^2 \mid \Omega_{t-1}) E(z_{jt}^2 \mid \Omega_{t-1})}$$

$$= E(\varepsilon_{it} \varepsilon_{jt} \mid \Omega_{t-1}) / \sqrt{E(\varepsilon_{it}^2 \mid \Omega_{t-1}) E(\varepsilon_{jt}^2 \mid \Omega_{t-1})}$$

$$= Corr(\varepsilon_{it} \varepsilon_{jt} \mid \Omega_{t-1})$$

当条件相关矩阵 P_t 是正定矩阵，且条件方差方程中的 α_{i0}、α_{ij} 以及 β_{ij} 均大于 0 时，H_t 为正定矩阵。同时，为了提升对式（5.2）和式（5.3）参数值的估计准确性，需要对 $P_t = (\rho_{ij,t})$ 中的条件相关系数进行限定，最简单且常用的限定方式即为令 $P_t = (\rho_{ij})$。$P_t = (\rho_{ij})$ 时，表明条件相关矩阵 P_t 不随时间变化而变化，也即相关矩阵 P_t 更偏向于常数性矩阵，在学术界被称为常条件相关模型（Constant Conditional Correlation Multivariate GARCH，CCC-

MGARCH）。CCC - MGARCH 模型最早由 Bollerslev（1990）提出，主要研究的是两个对象相关性系数在静态状态下的市场信息流的相关性检验。

相关系数不变的前提假设极大地简化了 CCC - MGARCH 模型的参数估计过程，被较多的学者应用于市场间的价格相关性研究过程中，但越来越多的学者发现在多市场博弈均衡的过程中，条件相关矩阵P_t不变的前提假设过于苛刻，同时也与市场的实际情况不太匹配，会导致分析结论与实际情况出现不吻合的现象。对此，Silvennoinen 和 Terasvirta（2005）在 CCC - MGARCH 模型基础上作了相应拓展，主要是对条件相关矩阵P_t的设置进行了完善，进而提出了平滑转移条件相关多元 GARCH 模型（Smooth Transition Conditional Correlation Multivariate GARCH，STCC - MGARCH）。相比 CCC - MGARCH 模型，STCC - MGARCH 模型考虑到了市场相关性的动态性，假定条件相关矩阵P_t会随着时间、价格或交易量的变化而变化。以时间变量为例，假设随着时间的推移且受状态转移变量s_t的作用，P_t将在两个极值之间进行转化，相应的条件相关矩阵P_t表达式为：

$$P_t = (1 - G_t) P_1 + G_t P_2, P_1 \neq P_2 \tag{5.6}$$

上式中，P_1和P_2为正定相关矩阵，分别表示的是两种极值情况。转移函数G_t是一个取值范围在 0 和 1 之间的单调函数，表达式如下：

$$G_t = G(s_t; c, \gamma) = \frac{1}{1 + \exp[-\gamma(s_t - c)]} \tag{5.7}$$

其中，s_t为状态转移变量，c 为状态转移位置，而 γ 为状态转移速率，γ值大于 0。条件相关矩阵P_t的取值大小取决于s_t和 c 的关系，当s_t远小于 c 时（$s_t \ll c$），转移函数G_t值趋向于 0，此时的条件相关矩阵P_t渐近于极值P_1；当s_t远大于 c 时（$s_t \gg c$），转移函数G_t值趋向于 1，此时的条件相关矩阵P_t渐近于极值P_2。状态转移速率 γ 的大小对两个极值间的平滑路径起着决定性作用，也即 γ 值越大，P_t在状态转移变量s_t接近于 c 时变化越剧烈，而当 $\gamma \to \infty$ 时，状态转移函数成为了阶跃函数。

上述 STCC - MGARCH 模型中关于条件相关矩阵P_t的设定只考虑到了单一状态转移变量的影响，而市场相关性实际会同时受多参数影响，对此，Silvennoinen 和 Terasvirta（2009）通过拓展式（5.7）中的状态转移变量，将模型中的单一状态转移变量拓展为了两个状态转移变量，由此将单平滑转移条件相关多元 GARCH 模型进一步拓展为了双平滑转移条件相关多元 GARCH 模型（Double Smooth Transition Conditional Correlation Multivariate GARCH，DSTCC - MGARCH）。模型拓展后，DSTCC - MGARCH 模型允许P_t在两个状态转移变量s_t作用下平滑转移于四个极值之间，条件相关矩阵P_t

相应的设定如下：

$$P_t = (1 - G_{2t})((1 - G_{1t})P_{11} + G_{1t}P_{21}) + G_{2t}((1 - G_{1t})P_{12} + G_{1t}P_{22})$$

$$(5.8)$$

转移函数G_{it}的表达式为：

$$G_{it} = G(s_{it}; c_i, \gamma_i) = \frac{1}{1 + \exp[-\gamma_i(s_{it} - c_i)]}, \gamma_i > 0(i = 1, 2)$$

$$(5.9)$$

由于时间是市场相关性变化的重要衡量维度，因此学者们往往在 DSTCC - MGARCH 模型中将其中一个状态转移变量s_{it}设定为一个时间位置，例如$s_{1t} = t/T$，t表示当期时间，而T则表示样本总时间区间。对于另一状态转移变量，可以根据实际的研究需要进行设定，例如价格水平、交易规模以及技术趋势等。双状态转移变量设定下的 DSTCC - MGARCH 模型中存在 4 种极值状态，当时间转移状态变量$s_{1t} = t/T < c_1$时，在另一转移状态变量s_{2t}的作用下，条件相关系数将会在P_{11}和P_{12}这两个极值之间平滑移动。条件相关系数之所以会出现上述范围的移动，解释如下：当$s_{2t} < c_2$时，条件相关系数将会更加接近于P_{11}；当$s_{2t} > c_2$时，条件相关系数则将会更加接近于P_{12}。随着时间的推进，当期时间t不断后移，导致t/T会持续增大，当t/T值大于c_1时，转移状态变量s_{1t}将在对应的极值状态P_{21}和P_{22}之间平滑移动。上述分析表明，DSTCC - MGARCH 模型允许极值状态存在时变性，DSTCC - MGARCH 模型的估计结果对于状态转移变量的变动相较 STCC - MGARCH 模型更为敏感。对于国际原油市场和国内粮食市场价格相关稳定性的估计，双状态转移变量设定下的 DSTCC - MGARCH 模型能更好地捕捉相关因素变化对市场价格相关性程度产生的影响。

（二）估计与检验过程说明

目前，多数学者对于 STCC - MGARCH 模型和 DSTCC - MGARCH 模型参数的估计多采用的是极大似然法。参照 Silvennoinen 和 Terasvirta（2005；2009）等的研究过程，t时期的对数似然函数表达式为：

$$l_t(\theta) = -\frac{1}{2}\log(2\pi) - \frac{1}{2}\sum_{i=1}^{N}\log h_{it} - \frac{1}{2}\log|p_t| - \frac{1}{2}z_t p_t', t = 1, 2, \cdots, T$$

$$(5.10)$$

其中，z_t为 $N \times 1$ 维的白噪声过程，θ表示包含所有待估参数的向量。当$\sum_{T=1}^{T}l_t(\theta)$在$T$时期实现最大化时，即可获得$\theta$的极大似然估计值$\theta_T$。学者 Bollerslev 和 Wooldridge（1992）通过多次实证分析，认为尽管$y_{it}|\Omega_{t-1} =$

$\delta_{i0} + \sum_{j=1}^{J} \delta_{ij}\, y_{i,t-j} + \varepsilon_{it}$ 这个公式存在不服从正态分布的高频数据，但是通过实现 $\sum_{T=1}^{T} l_t(\theta)$ 在 T 时期的最大化，同样可以得到参数的一致性估计，而这种估计一般被称为准极大似然估计（Quasi Maximum Likelihood Estimators，简称 QMLE）。由于当 γ 收敛于一个值越大时，相应的收敛和运算速度就会越缓慢，因此有必要限定 γ 的值，高效地获得相对精确的模型估计结果。Silvennoinen 和 Terasvirta（2005；2009）等的研究认为，由于状态转移函数 G_t 取值介于 0 和 1 之间，在 $\gamma \geqslant 500$ 的情况下，$G(s_{it}; c_i; \gamma_i)$ 的作用和 $\gamma = 500$ 时的作用相近，因此，为了方便统计软件更快地获得模型估计结果，研究认为如果当 $\gamma \geqslant 500$ 时，建议将该值限定为 500 即可。对此，本书在研究过程中同样借鉴 Silvennoinen 和 Terasvirta（2005；2009）的做法，将 γ 值的上限设定为 500。本部分内容在估计条件均值和条件方差方程时对 ARCH 和 GARCH 项均选择滞后 1 阶，也即 GARCH（1，1）模型。

在运用 STCC‐MGARCH 模型和 DSTCC‐MGARCH 模型进行参数估计前，首先要检验条件相关矩阵是常数值还是非常数值。条件相关矩阵如果在观测期内保持稳定，这就说明国内粮食市场和国际原油市场间的价格相关性水平未发生实质性变化，但如果条件相关矩阵是随时间推移而变化对的，则说明两个市场价格相关性水平并不稳定，而是受其他相关因素变化而变化。首先，对式（5.9）进行一阶泰勒展开，得到如下表达式：

$$G_t = G(s_t; c, \gamma)$$
$$= \frac{1}{1 + \exp(-\gamma(s_t - c))}$$
$$\cong \frac{1}{2} + \frac{1}{4}\gamma(s_t - c) \tag{5.11}$$

式（5.6）结合式（5.11），可对 P_t 进行线性化处理，相应的表达式：

$$P_1^* = \frac{1}{2}(P_1 + P_2) + \frac{1}{4}c\gamma(P_1 - P_2),\ P_1 \neq P_2$$

$$P_2^* = \frac{1}{4}\gamma(P_1 - P_2)$$

$$P_t^* = (1 - G_t)P_1 + G_t P_2$$
$$= \frac{1}{2}P_1 + \frac{1}{2}P_2 + \frac{1}{4}\gamma c\, P_1 - \frac{1}{4}\gamma c\, P_2 - \frac{1}{4}\gamma s_t\, P_1 + \frac{1}{4}\gamma s_t\, P_2$$
$$= P_1^* - s_t P_2^* \tag{5.12}$$

根据上述表达式，γ 值是否为 0 直接影响到条件相关矩阵 P_t 是常数系数矩阵还是非常数系数矩阵：根据 P_2^* 表达式，当 $\gamma = 0$ 时，P_2^* 为 0，$P_t^* = P_1^*$，此时的P_t成为了不随时间变化的常数系数矩阵；而当$\gamma \neq 0$时，$P_2^* \neq 0$，$P_t^* = P_1^* - s_t P_2^*$，$P_t$是会随着时间的变化而变化，特别是当$\gamma$值越大时，$P_t$的变化也就越剧烈。令原假设$H_0 = \rho_2^* = \text{vecl}(P_2^*) = 0$[①]，相应的拉格朗日乘数统计量为：

$$\text{LM}_{ccc} = T^{-1} \left(\sum_{t=1}^{T} \frac{\partial l_t(\hat{\theta})}{\partial \rho_2^*} \right) \left[\hat{I_T}(\hat{\theta}) \right]^{-1} (\rho_2^*, \rho_2^*) \left(\sum_{t=1}^{T} \frac{\partial l_t(\hat{\theta})}{\partial \rho_2^{*'}} \right)$$

(5.13)

根据整理的公式，计算$\rho_2^* = 0$时的LM统计量，且这个统计量渐进服从自由度为$\frac{N(N-1)}{2}$维的χ^2分布，这样就能对STCC-MGARCH模型进行检验，对相关参数进行估计。

针对DSTCC-MGARCH模型，可采用与检验STCC-MGARCH模型同样的方法，令STCC-MGARCH为原假设模型，也即极值状态存在常数性，相应的DSTCC-MGARCH模型则为备择模型，极值状态存在时变性。进一步地，原假设是式（5.9）的另一个状态转移速率$\gamma_2 = 0$，当原假设被接受时，通过对式（5.9）进行一阶泰勒展开并结合式（5.8）表达式，可线性化为：

$$P_t^* = (1 - G_{1t}) P_1^* + G_{1t} P_2^*$$ (5.14)

根据上述公式推导，LM检验统计量可通过下列公式获得：

$$\text{LM}_{stcc} = T^{-1} \left(\sum_{t=1}^{T} \frac{\partial l_t(\hat{\theta})}{\partial \rho_3^{*'}} \right) \left[\hat{I_T}(\hat{\theta}) \right]^{-1} (\rho_3^*, \rho_3^*),$$

$$\left(\sum_{t=1}^{T} \frac{\partial l_t(\hat{\theta})}{\partial \rho_3^*} \right)^a \sim \chi^2 \frac{N(N-1)}{2}$$ (5.15)

通过对国内粮食市场和国际原油市场价格时间序列数据进行STCC-MGARCH模型和DSTCC-MGARCH模型的LM检验，获取相应的LM_{ccc}统计量值和LM_{stcc}检验统计量值，进而据此判断两个市场间的价格相关性是否存在区制转移变化特征。

二、平滑转移条件相关多元GARCH类模型估计

随着时间推移，国际政治局势变化、全球经济发展态势、气候变化、能源政策调整等因素均会对国内粮食市场和国际原油市场的价格关联性水平产生重要影响。可见，时间因素是关键性的参数之一，时间的推移本身就代表一系列

① Vecl（·）表示堆叠矩阵严格下三角所有列元素，重新组成列向量。

因素产生的信息熵，也代表着各项综合性因素对两个市场价格相关性产生的影响总和。此外，根据前几章内容所述，无论是在理论分析层面还是在数据统计层面，国际原油市场价格水平高低将会对国内粮食市场价格产生直接性和间接性影响，也即原油市场价格波动也会影响到两个市场间的价格相关性。对此，在区制变化特征检验方面，本书选取了时间趋势指标（t/T）和国际原油价格指标（$p\text{-}oil$）作为状态转移变量。

（一）数据说明及描述性统计分析

首先，将国际原油市场和国内粮食市场价格的时间序列数据转换为收益率序列，从收益率视角分析价格水平的变动方向和市场间的价格相关性水平变动情况。具体做法如下：

$$r_{it} = \frac{P_{it} - P_{it-1}}{P_{it-1}} \quad i = 1,2,3,4,5 \quad (5.16)$$

上式 5.16 中，r_{it} 表示 i 市场在 t 时刻的价格时间序列收益率；i 分别表示国内粮食市场四大粮食品种和国际原油市场；P_{it} 和 P_{it-1} 分别表示不同市场在 t 时期的价格和 $t-1$ 时期的价格。相应的描述性统计分析结果见表 5-1。

表 5-1 国际原油价格和国内粮食价格收益率描述性统计分析结果

指标	国际原油	国内大米	国内小麦	国内玉米	国内大豆
均值	0.040 2	0.021 6	0.025 0	0.033 4	0.027 3
中位数	0.085 9	−0.004 5	−0.003 2	0.001 4	0.042 4
最小值	−11.245 4	−2.002 1	−2.482 5	−5.680 2	−8.253 9
最大值	13.898 1	6.102 3	8.203 4	7.848 1	10.342 8
标准差	0.050 2	0.007 3	0.007 0	0.008 3	0.034 8
偏度	−1.121 5	1.761 2	1.241 7	−0.573 4	−0.311 8
峰值	5.667 2	18.767 1	4.354 2	8.215 2	8.342 1
JB 检验（p 值）	0.000 0	0.000 0	0.000 0	0.000 0	0.000 0
ARCH - LM (1)	74.410 2***	14.626 4***	23.544 7***	6.620 5***	84.145 3***
ARCH - LM (10)	310.413 8***	54.826 0***	40.463 7***	32.352 9***	308.377 9***

注：表格中均值、最小值、最大值均为百分数；*、**、***分别表示10%、5%、1%的显著性水平。

根据表 5-1 的描述性统计结果，对比国际原油和国内粮食市场发现：国际原油和国内四大粮食品种的月度价格收益率均值均为正数，说明在观测期内，粮价和油价走势整体呈向上趋势；国内的大米、小麦、玉米和大豆价格水平标准差分别为 0.007 3、0.007 0、0.008 3 和 0.034 8，相比之下国际原油市场价格水平标准差高达 0.050 2，说明国际原油市场价格离散度较国内四大主粮均要更大；从收益率最大值和最小值看，国际原油市场价格水平波动范围也比国内粮食市场更大，国际原油市场价格收益率最大值和最小值分别为 13.99% 和 -11.25%。对比国内四大粮食品种发现：无论是价格收益率的均值和中位数，还是价格收益率的最大值和最小值，大米指标均排序末位，表明国内大米价格较其他粮食品种更为稳定；大豆与大米形成鲜明对比，国内大豆价格收益率的均值、中位数、最大值和最小值均排名首位，这就说明了大豆价格的不稳定性；相较而言，小麦和玉米的价格稳定性介于大米和大豆之间。此外，国际原油市场和国内四大粮食品种价格收益率的峰值均显著大于 3，且 JB 检验结果也均拒绝了收益率数据服从高斯正态分布的原假设，存在尖峰厚尾特征。而根据滞后 1 阶和滞后 10 阶的 ARCH - LM 检验可知，国际原油市场和国内四大粮食品种价格收益率数据均存在条件异方差自相关现象，这说明本部分内容采用多元 GARCH 模型进行实证分析是比较合适的。

（二）LM 检验估计及解释

在采用 STCC - MGARCH 模型和 DSTCC - MGARCH 模型检验国际原油市场和国内粮食市场价格相关稳定性前，首先需要检验两个市场价格的时间序列数据之间的区制转移变化特征。由于"国际原油市场→国内原油市场""国际粮食市场→国内粮食市场"以及"原油市场→粮食市场"这三组市场往往不能够实现价格的实时传导，而是存在一定的时滞性，所以本书分别选择国际原油价格（$p\text{-}oil$）的当期数据、滞后一期数据和滞后二期数据作为状态转移变量，以此检验跨市场价格信息传递的时滞性。相关的 STCC - MGARCH 模型 LM 检验结果见表 5-2。

表 5-2　STCC - MGARCH 模型 LM 检验结果

原假设	CCC		CCC		CCC		CCC	
备择假设	STCC (t/T)		STCC $(p\text{-}oil)$		STCC $(p\text{-}oil_{t-1})$		STCC $(p\text{-}oil_{t-2})$	
检验统计量	LM_{ccc}	P 值	LM_{ccc}	P 值	LM_{ccc}	P 值	LM_{ccc}	P 值
国际原油—国内大米	2.402 5	0.375 3	1.342 5	0.541 1	1.936 0	0.311 3	1.077 9	0.379 6
国际原油—国内小麦	2.810 0	0.347 9	1.045 8	0.229 6	2.603 7	0.101 8	1.569 4	0.159 1
国际原油—国内玉米	5.163 8	0.036 7	2.375 9	0.074 3	4.450 8	0.030 1	5.220 7	0.066 5
国际原油—国内大豆	3.516 3	0.049 3	0.986 6	0.118 6	3.851 7	0.052 3	3.426 6	0.072 3

注：$p\text{-}oil$、$p\text{-}oil_{t-1}$、$p\text{-}oil_{t-2}$ 分别表示国际原油价格的当期、滞后一期以及滞后二期数据，下表同。

根据表 5-2 单平滑转移 STCC-MGARCH 模型的 LM 检验结果，不同粮食品种价格与国际原油价格的关联区制性存在较大差异。其中，就国际原油市场价格和国内的大米与小麦价格而言，相伴概率均在 0.1 以上，STCC-MGARCH 模型的 LM 检验均未能通过显著性水平检验。相比之下，国内大米价格对国际原油市场价格波动的敏感性较弱，两个市场的价格相关性不易受时间趋势和原油价格水平变化的影响，这在统计学意义上表明更加偏向于常相关系数的原假设，在经济学意义上则代表国际原油市场和国内大米市场的价格相关性较为稳定，不存在明显的区制变化特征。就国际原油市场和国内小麦市场而言，两个市场间的价格相关性虽然总体上也相对稳定，但当状态转移变量为国际原油市场的滞后一阶价格 $p\text{-}oil_{t-1}$ 时，相伴概率 P 值为 0.101 8，已经较为接近 10% 的显著性水平，也即两个市场间的价格相关性存在受国际原油市场价格水平变动影响的可能。

相比国内的大米和小麦，国内的大豆和玉米与国际原油市场价格间的相关性显得并不稳定。根据表 5-2 的估计结果，除了状态转移变量为当期国际原油市场价格水平时，国际原油—国内大豆的价格相伴概率超过了 10% 的水平，其余结果均至少通过了 10% 水平的显著性检验，这表明国内的玉米和大豆与国际原油间的价格相关性对时间趋势和滞后期国际油价变动有着较强的敏感性。也即，国内玉米和国际原油以及国内大豆和国际原油这两组市场的价格相关性存在区制转移变化特征，当时间推进到某个点位 t 或原油市场价格水平变动到某个位置 $p\text{-}oil$ 时，两组市场间的价格相关性水平将随之发生显著变化。其中，对于国内的玉米市场而言，当状态转移变量为时间 t 时，基于国际原油市场和国内玉米市场的 STCC-MGARCH 模型 LM 检验下的相伴概率 P 值为 0.036 7；当状态转移变量分别为 $p\text{-}oil$、$p\text{-}oil_{t-1}$ 和 $p\text{-}oil_{t-2}$ 时，相伴概率 P 值分别为 0.074 3、0.030 1 和 0.066 5。对于大豆市场而言，当状态转移变量为时间 t 时，基于国际原油市场和国内大豆市场的 STCC-MGARCH 模型 LM 检验下的相伴概率 P 值为 0.049 3；当状态转移变量分别为 $p\text{-}oil$、$p\text{-}oil_{t-1}$ 和 $p\text{-}oil_{t-2}$ 时，相伴概率 P 值分别为 0.118 6、0.052 3 和 0.072 3。综上分析，相比当期原油市场价格，滞后一阶和滞后两阶的国际原油市场价格水平变动对粮食市场和原油市场价格相关性的影响更为显著。

在 STCC-MGARCH 模型 LM 检验基础上，本文进一步进行了 DSTCC-MGARCH 模型 LM 检验，相应的检验结果见表 5-3。

表 5 - 3　DSTCC - MGARCH 模型 LM 检验结果

原假设	CCC		CCC		CCC	
备择假设	DSTCC (t/T, $p-oil$)		DSTCC (t/T, $p-oil_{t-1}$)		DSTCC (t/T, $p-oil_{t-2}$)	
检验统计量	LM_{ccc}	P 值	LM_{ccc}	P 值	LM_{ccc}	P 值
国际原油—大米	2.574 7	0.387 5	4.809 3	0.213 0	3.054 1	0.305 1
国际原油—小麦	8.017 2	0.280 3	7.232 3	0.090 2	5.633 8	0.200 4
国际原油—玉米	21.749 2	0.059 3	66.466 7	0.006 7	50.466 0	0.051 7
国际原油—大豆	34.174 9	0.088 1	42.366 4	0.025 2	39.401 6	0.063 4

表 5 - 3 的 DSTCC - MGARCH 模型 LM 检验结果总体上与表 5 - 2 结果相一致，国内的大米和小麦与国际原油市场的价格相关性水平受时间趋势和原油价格变动的影响较弱，国内的玉米和大豆与国际原油市场的价格相关性水平受时间趋势和原油价格变动的影响较强。

就国际原油市场和国内大米市场的价格相关性而言，状态转移变量无论设置为时间趋势还是不同滞后阶的国际原油市场价格时，相伴概率均未能通过显著性水平检验，同样证明了国际原油市场价格和国内大米价格相关性的稳定性，两个市场价格相关性并未存在明显的区制转移变化特征。就国际原油市场和国内小麦市场的价格相关性而言，只有当双状态转移变量设置为 t/T 和 $p-oil_{t-1}$ 时的相伴概率低于 10%，其余结果均未能通过 10% 的显著性水平检验，两个市场的价格相关性存在国际原油滞后一期价格变动轻微的敏感性。对于国内的玉米市场和大豆市场而言，估计的相伴概率 P 值均通过了显著性水平检验，且较 STCC - MGARCH 模型的 LM 检验结果更为显著。尤其是当双状态转移变量设置为 t/T 和 $p-oil_{t-1}$ 时，模型检验结果最为显著，再次证明了时间趋势变化和滞后一期的国际原油价格变动会对两个市场的价格相关性产生显著的影响。

根据上述分析结果，可得出以下三点结论：一是根据 LM 检验系数值和相伴概率值，国内的玉米市场和大豆市场与国际原油市场的价格相关性易受时间趋势和原油价格水平变动的影响；二是相对于当期国际原油市场价格和滞后二期的国际原油市场价格，当状态转移变量设置为滞后一阶原油市场价格时，相关系数对于状态转变量变动的敏感性更强，也即滞后一阶国际原油市场价格变动对当期的国内粮食市场价格水平的影响最强；三是虽然国内大豆市场的对外贸易开放程度最高，但国内大豆—国际原油市场价格相关性相较国内玉米—国际原油市场价格相关性受国际原油价格变动的影响更弱。

综合上述检验结果，STCC - MGARCH 模型 LM 检验结果和 DSTCC -

MGARCH 模型 LM 检验结果基本一致，在一定程度上相互印证了实证结果的可靠性，说明了国际原油市场和国内粮食市场总体上确实存在价格相关性的区制转移变化特性。综合相关系数值和相伴概率值，市场价格相关性区制转移变化特征由强到弱的市场组合分别为国际原油—国内玉米、国际原油—国内大豆、国际原油—国内小麦和国际原油—国内大米。在显著性水平方面，DSTCC-MGARCH 模型 LM 检验结果的显著性水平之所以较 STCC-MGARCH 模型 LM 检验结果更高，主要是因为相较单平滑转移条件相关多元 GARCH 模型，双平滑转移条件相关多元 GARCH 模型设置了两个状态转移变量，在捕捉国际原油市场和国内粮食市场价格相关性变化方面更具敏感性。

（三）条件相关系数估计

根据上一小节的分析结果，国内粮食市场和国际原油市场的价格相关性并不呈线性关系，而是受时间趋势和国际原油价格水平变动的显著影响，尤其是当状态转移变量设置为滞后一期的国际原油价格时，LM 检验结果最具显著性。对此，选择时间因素 t/T 和滞后一期国际原油价格 $p\text{-}oil_{t-1}$ 作为双状态转移变量，以此考察两个市场价格相关系数的变动情况。由于调高了模型参数设阈值，模型运行结果只显示跳跃性显著的相关系数估计结果。

1. STCC-MGARCH 模型的条件相关系数估计结果分析

考察单平滑转移情况下相关系数的变动情况，STCC-MGARCH 模型的条件相关系数估计结果见表 5-4。

表 5-4　单平滑条件转移相关 STCC-MGARCH 模型的相关性估计

	s_t	p_1	p_2	c	γ
大米	t/T	—	—	—	—
		—	—	—	
	$p\text{-}oil_{t-1}$	—	—	—	—
小麦	t/T	—	—	—	
	$p\text{-}oil_{t-1}$	0.024 13	0.036 8	80.786 2	500
		(0.017)	(0.019)	(0.142)	
玉米	t/T	0.057 5	0.105 4	2008/9	500
		(0.030)	(0.034)	(0.013)	
	$p\text{-}oil_{t-1}$	0.061 5	0.107 4	79.636 9	500
		(0.031)	(0.034)	(0.056)	

（续）

	s_t	p_1	p_2	c	γ
大豆	t/T	0.104 9 (0.012)	0.161 1 (0.016)	2007/5 (0.013)	500
	$p\text{-}oil_{t-1}$	0.112 9 (0.022)	0.139 6 (0.016)	79.223 3 (0.213)	500

注：表中的相关系数均为粮食品种价格与原油价格的条件相关系数，下同；括号内数值为 Boller-slev-Wooldridge 标准误，下同；当 $s_t = t/T$ 时，c 栏表示的是发生区制转移时的时间点，下同；表中未通过显著性水平检验的结果同样作缺失值处理，下表 5-5 同。

基于上表实证结果，具体分析如下：

一是从时间趋势变化的角度，当状态转移变量为时间趋势 t/T 时，国内不同粮食品种价格和国际原油价格相关性的区制变化特征存在较大差异。相比国际原油价格水平，当状态转移变量设置为时间趋势 t/T 时，其对于"国内玉米—国际原油"和"国内大豆—国际原油"价格相关性的影响相对更大。根据模型运行结果，国内玉米市场和国际原油市场的价格相关性发生跳跃性变化的时间点约在 2008 年 9 月，相关系数由该时间点之前的 0.057 5 跳跃到了该时间点之后的 0.105 4，增强幅度达 83.30％。国内大豆市场和国际原油市场的价格相关性发生跳跃性变化的时间点约在 2007 年 5 月，相关系数由该时间点之前的 0.112 9 跳跃到了该时间点之后的 0.139 6，增强幅度为 23.65％。"国内玉米—国际原油"和"国内大豆—国际原油"的价格相关性区制变化特征虽然均至少通过了 5％的显著性水平检验，但相比之下，"国内玉米—国际原油"价格相关性水平虽然弱于"国内大豆—国际原油"，但价格相关性水平增强幅度明显高于"国内大豆—国际原油"。"国内大豆—国际原油"价格相关性水平虽然始终高于其他市场，但增强幅度弱于"国内玉米—国际原油"。

为了能更为直观地观察"国内玉米—国际原油"和"国内大豆—国际原油"价格相关性水平的变化趋势，根据条件相关系数的变动情况制作了动态价格关联图，具体见图 5-1 至图 5-4。其中，图 5-1 和图 5-2 为两组市场价格相关性系数的均值变化图，图 5-3 和图 5-4 为两组市场价格相关系数的月度值变化图。两对市场价格相关性发生跳跃性变化的时间点约在 2007 年和 2008 年，刚好处于全球的粮食能源危机期间，这说明全球性风险事件会显著影响到国际原油市场价格波动对国内粮食市场价格水平的影响。

检验结果显示，随着时间的推移，"国内玉米—国际原油"和"国内大豆—国际原油"这两组市场的条件相关系数显现出了明显的波动时变性和集簇性。相比之下，时间趋势变化未能对"国内大米—国际原油"和"国内小麦—

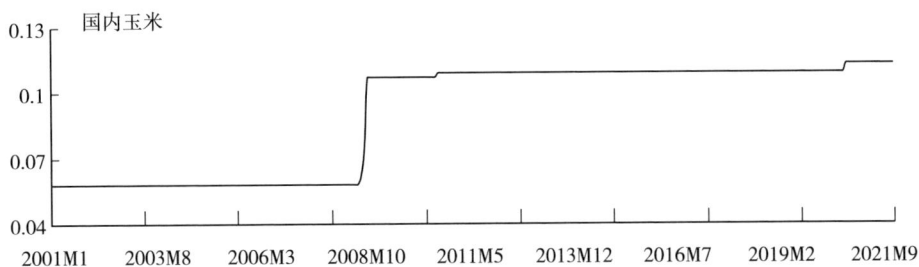

图 5-1　国际原油—国内玉米市场动态关联图（均值）

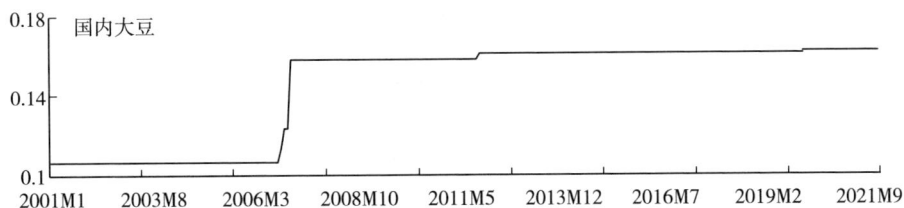

图 5-2　国际原油—国内大豆市场动态关联图（均值）

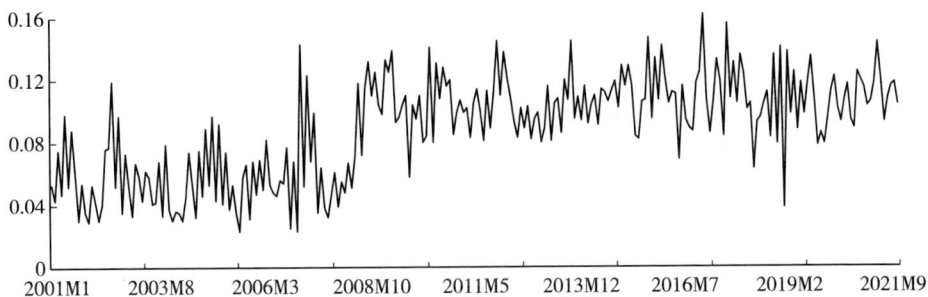

图 5-3　国际原油—国内玉米市场动态条件相关系数图（月度值）

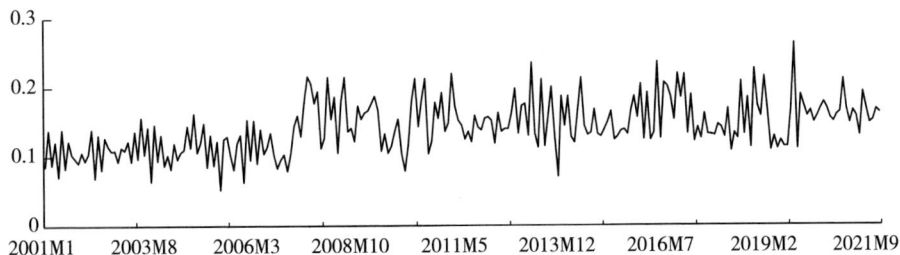

图 5-4　国际原油—国内大豆市场动态条件相关系数图（月度值）

国际原油"的价格相关性产生显著的影响，这与相伴概率 P 值均未能通过相应的显著性水平检验的估计结果相一致，这也说明了两组市场的价格相关性不存在时间变化趋势下的区制转移特征。

二是从国际原油市场价格水平变化的角度，当状态转移变量为滞后一阶国际原油价格 $p\text{-}oil_{t-1}$ 时，国内不同粮食品种和国际原油价格相关性的区制变化特征同样存在较大差异。当状态转移变量设置为滞后一阶国际原油价格 $p\text{-}oil_{t-1}$ 时，在国际原油市场价格水平 $p\text{-}oil_{t-1}$ 在 80 美元/桶前后时，"国内玉米—国际原油"和"国内大豆—国际原油"两组市场的价格相关性水平将发生显著变化。具体而言，"国内玉米—国际原油"的价格相关性水平发生区制转移变化时的国际原油价格约为 79.64 美元/桶，在国际原油市场价格向上突破该价格水平时，相关系数值由 0.061 5 跃升到了 0.107 4，增强幅度达 74.63%。对于"国内大豆—国际原油"这组市场而言，价格相关性发生区制转移变化时的国际原油价格约为 79.22 美元/桶，在国际原油市场价格向上突破该价格水平时，相关系数值由 0.112 9 上升到了 0.139 6，增强幅度达 23.65%。对于"国内小麦—国际原油"这组市场而言，与状态转移变量为时间趋势 t/T 不同，当状态转移变量为国际原油价格 $p\text{-}oil_{t-1}$ 时，在国际原油市场价格水平处于 80.79 美元/桶价格水平，价格相关性水平呈现出了区制转移现象。此外，"国内大米—国际原油"的价格相关性不受时间趋势变化和国际原油市场价格变化的影响，相关性系数更倾向于常数项。

2. DSTCC - MGARCH 模型的条件相关系数估计结果

考察双平滑转移情况下相关系数的变动情况，DSTCC - MGARCH 模型的条件相关系数估计结果见表 5-5。

表 5-5　双平滑条件转移相关 DSTCC - MGARCH 模型的相关性估计

S_{1t}	S_{2t}	P_{11}	P_{12}	P_{21}	P_{22}	c_1	c_2	γ_1	γ_2
大米		—	—	—	—	—	—	—	—
		—	—	—	—	—	—	—	—
小麦		—	—	0.011 1	0.014 2	—	80.214 5	101	500
		—	—	(0.008)	(0.018)	—	(0.087)		
t/T	$p\text{-}oil_{t-1}$								
玉米		0.097 9	0.135 1	0.128 5	0.194 7	2008/12	79.463 3	500	500
		(0.051)	(0.058)	(0.050)	(0.062)	(0.013)	(0.034)		
大豆		0.151 8	0.176 8	0.235 8	0.252 0	2007/6	79.579 5	500	500
		(0.037)	(0.034)	(0.052)	(0.051)	(0.012)	(0.164)		

根据表 5-5 的实证结果显示，当双状态转移变量分别为时间趋势和国际原油价格时，国内不同粮食品种与国际原油价格条件相关系数变化情况大体上与 STCC-MGARCH 模型相一致。具体说明如下：

对于"国内大米—国际原油"而言，在设置双状态转移变量情况下，时间和油价水平的变化均无法改变价格相关性水平，这说明国内大米市场价格的稳定性，对外部影响存在较强的抗干扰性。

对于"国内小麦—国际原油"而言，DSTCC-MGARCH 模型下时间趋势变化仍然未能对两个市场的价格相关性水平产生显著影响。与 STCC-MGARCH 模型运行结果相近，状态转移变量 $p\text{-}oil_{t-1}$ 在 80.21 美元/桶水平前后时，"国内小麦—国际原油"的价格相关系数将发生显著变化，由临界值之前的 0.011 1 跃升到了临界值后的 0.014 2，增强幅度为 27.93%。上述分析结果表明，国际原油市场价格水平变化对小麦市场价格存在不可忽视的影响，且这种影响随着油价的上涨而增强。虽然两个市场间价格变动关联度在临界点前后有所增强，但是就本身系数值而言，这种关联度依然处于相对较弱区间。

对于"国内玉米—国际原油"和"国内大豆—国际原油"而言，模型运行结果同样显示两组市场价格相关性水平受时间和油价因素的显著影响。就"国内玉米—国际原油"而言，条件相关系数发生明显变化的时间临界点在 2008 年 12 月，相关系数值由该时间临界点前的 0.097 9 上升到了该时间临界点后的 0.135 1，相关性水平的增强幅度为 38.00%；条件相关系数发生明显变化的原油价格临界点在 79.46 美元/桶，相关系数值由该原油价格临界点前的 0.128 5 上升到了该原油价格临界点后的 0.194 7，相关性水平的增强幅度为 51.52%。在设置了双状态转移变量情况下，随着时间的推移和国际原油市场价格水平的上升，"国内玉米—国际原油"的价格相关性水平呈不断增强趋势。相较时间趋势，"国内玉米—国际原油"的价格相关性水平受国际原油价格变动影响更大，这可能是由于时间因素掺杂了市场、政策及宏观经济周期等众多因素的影响，多因素间存在相互抵消的作用，而国际原油市场价格水平的提升从多个途径影响到了国内的粮食市场价格，尤其是以乙醇燃料为代表的生物质能源产能的不断提升，扩大了对玉米的需求量，进而增强了两者间的关联度。

就"国内大豆—国际原油"而言，条件相关系数发生明显变化的时间临界点在 2007 年 6 月，相关系数值由该时间临界点前的 0.151 8 上升到了该时间临界点后的 0.176 8，相关性水平的增强幅度为 16.47%；条件相关系数发生明显变化的原油价格临界点在 79.58 美元/桶，相关系数值由该原油价格临界点前的 0.235 8 上升到了该原油价格临界点后的 0.252 0，相关性水平的增强幅度为 6.87%。相比之下，"国内大豆—国际原油"的价格相关性对时间趋势变化的敏感性较国际原油市场价格水平变化的影响更强，这很可能是随着国际原油市场价格的上行以及国内外大豆贸易量规模的不断攀升，这种"量"的增强趋势随着时间推移积累到某一时刻发生了"质"的跳跃性变化，极大地强化了国内大豆和国际原油的价格相关性水平。

总体而言，受国际政治经济形势变化、全球能源市场格局调整以及国内产业政策导向等因素的影响，当时间趋势达到某一临界点时，"国内玉米—国际原油"和"国内大豆—国际原油"的价格相关性系数会发生跳跃，价格相关性水平会显著增强。从国际原油市场价格水平变化的角度，当国际原油价格上涨到某一价位时，"国内小麦—国际原油""国内玉米—国际原油"和"国内大豆—国际原油"的价格相关性系数同样会发生跳跃。在时间趋势和国际原油市场价格双状态转移变量情况下，对比不同粮食品种和国际原油市场价格相关性水平的变化情况："国内玉米—国际原油"的价格相关性水平始终低于"国内大豆—国际原油"，但增强幅度较其余粮食品种更高；"国内大豆—国际原油"的价格相关性的增强幅度虽然低于"国内玉米—国际原油"，但价格相关性水平始终保持在较高位置；"国内小麦—国际原油"的价格相关性虽然不受时间趋势的影响，但却受国际原油市场价格波动的显著影响；"国内大米—国际原油"的价格相关性，对于时间趋势和国际原油价格变动均不敏感。STCC - MGARCH 模型和 DSTCC - MGARCH 模型的 LM 检验结果及条件相关系数估计结果，从实证角度证实了假说 2，即两个市场间的价格相关性水平存在区制性转移变化特征，且在方向上存在增强趋势。

三、价格相关区制转移特征的进一步分析

前面关于国内粮食市场和国际原油市场价格相关性区制转移特征的检验结果，有可能会受到状态转移变量设置、模型构建以及不可控因素的影响，从而导致估计结果出现偏误。对此，为了保障价格相关区制转移特征分析结果的稳健性，也为了保障后续实证分析结果的客观性，本小节将对市场价格作进一步的惩罚对照函数断点效应检验。

（一）模型设定及数据说明

参考吴海霞和霍学喜（2014）、Esmaeili & Shokoohi（2017）的研究思路，本文运用了惩罚对照函数（Penalized Contrast Function）来检验国内不同粮食品种和国际原油市场价格相关性是否存在结构突变断点。惩罚对照函数是基于高斯对数似然函数的对照函数（Lavielle 等，2006），函数形式为 H

（τ，r）$+\beta pen$（τ），其中的 τ 表示的是模型中的向量结构突变点，且任意突变点所在时间点 $\tau=$（τ_1，τ_2，…，τ_{k-1}）均介于 $0\sim T$ 之间。对照函数 H（τ，r）通过测算突变点 τ 和相关时间点（τ_1，τ_2，…，τ_{k-1}）之间的拟合度，估计出每一个结构突变点的位置。而 βpen（τ）根据突变点 τ 的维数 K（τ），决定突变点数量，其中的系数 β 则是在对照函数 H（τ，r）最小值和惩罚项 βpen（τ）最小值之间寻求一个平衡参数。

Lavielle 等（2006）提出的用于检测均值结构突变效应的对照函数形式如下：

$$H_n(\tau,r) = \frac{1}{n}\sum_{k=1}^{K}\frac{r\tau_k - r\overline{\tau_k}}{\sigma_k^2}$$

用于检测方差结构突变点的对照函数形式如下：

$$H_n(\tau,r) = \frac{1}{T}\sum_{k=1}^{K}nk\log(\sigma_k^2)$$

上式中，$r\overline{\tau_k}$ 表示的是样本子区间的均值；$nk=\tau_k-\tau_{k-1}$，表示的是时间序列中的第 k 部分；$r\overline{\tau_k}$ 为样本子区间均值，表达式为 $nk\sum_{i=\tau_{k+1}}^{\tau_k}r_i$；$\sigma_k^2$ 表示的是子样本方差，$\sigma_k^2 = nk^{-1}\sum_{i=\tau_{k+1}}^{\tau_k}(r_i-\overline{r})^2$，其中$\overline{r}$为子样本均值。

确定对照函数具体形式后，需要进一步选定合适的惩罚函数 βpen（τ）和系数 β 以确定时间序列数据结构突变数量。首先，根据 LR、AIC 和 SBIC 等信息准则，确定选用 pen（τ）$=\beta pen$（τ）这一惩罚函数形式。其次，需要进一步确定合适的惩罚系数 β，Lavielle 等（2006）给出了如下定理来确定合适的系数 β 值：

定理1，存在两个序列（$K_1=1<K_2<K_3<\cdots$）和（$\beta_0=\cdots<\beta_1<\beta_2<\infty$），使其满足公式。

$$\beta_i = \frac{J_{K_i}-J_{K_{i+1}}}{P_{K_{i+1}}-P_{K_i}}i\geqslant 1$$

同时，两个序列使得 K（β）$=K$，$\forall\beta\in(\beta_i$，$\beta_{i-1})$。其中的 K（β）$=\arg\min_{K\geqslant 1}\{H(\tau_K$，$r)+\beta pen$（$\tau$）$\}$。

在满足上述设定基础上，可通过对序列K_i进行估计，从而间接获得惩罚系数 β 值。而K_i的估计步骤如下：

步骤一，计算τ_K、$H_k=H$（τ_K，r）和$p_k=pen$（τ_k），$K=1$，2，…；

步骤二，估计序列K_i和β_i，以及β_{i-1}到β_i之间的长度l_{k_i}；

步骤三，在序列K_i中，满足对于$j>i$使得l_{k_i}远大于l_{k_i}成立的最大值元素。

当结构变化不存在的情况下，序列H_k的闭合解难以获取，但根据蒙特卡洛模拟结果，$c_1 K + c_2 K \log (K)$ 为递减函数形式，拟合效果较好（R^2 一般都超过 0.999）。对此，Lavielle 等（2006）又进一步给出了估计 K 值的步骤（$i=1, 2, \cdots$）：

步骤一，将序列（H_k，$K \geqslant K_i$）拟合模型 $H_k = c_1 K + c_2 K \log (K) + e_k$，此处假设 e_k 为独立同分布的中心化高斯随机变量序列；

步骤二，测算 $H_{k_i - 1}$ 仍旧服从该模型的概率，也即如下模型条件下的概率值：

$$P_{k_i} = p(e_{k_i - 1} \geqslant H_{k_i - 1} - \hat{c_1}(K_i - 1) - \hat{c_2}(K_i - 1) \log(K_i - 1))$$

上式中的 P_{k_i} 即可被视为发生结构突变概率。基于实证检验结果显示，使得结构突变概率值 P_{k_i} 小于某一阈值 α 的最大样本分割段数 K_i，此时的阈值一般被设定为 $\alpha = 10^{-5}$，分段数 K_i 的最大值（$K_{\max}$）为 20。

（二）断点效应检验

在对国内粮食和国际原油收益率序列进行基本特征检验基础上，进一步分析观测期内收益率序列数据的断点效应。检验结果显示存在断点效应时，就可根据断点临界点对序列相关性或者价格溢出效应进行分段分析，以此考察不同水平价格相关性下的跨市场价格溢出效应；检验结果显示不存在断点效应时，说明上一小节的分析结果并不稳健，就需要对上一小节的分析结论进行重新审视。在断点效应具体检验过程中，本文借鉴了 Benavides（2009）和 Manuel 等（2021）的研究思路，将价格收益率的平方作为替代指标检验收益率序列波动的断点效应。惩罚对照函数断点效应检验结果见表 5-6。

表 5-6　国内四大粮食品种和国际原油收益率序列断点效应检验结果

原油市场 断点时间	大米市场 断点时间	玉米市场 断点时间	小麦市场 断点时间	大豆市场 断点时间
2003 年 6 月	2004 年 6 月	**2008 年 7 月**	2004 年 6 月	2004 年 5 月
2008 年 6 月	2010 年 10 月	2010 年 8 月	2012 年 9 月	**2007 年 10 月**
2011 年 4 月	2018 年 2 月	2015 年 7 月	2015 年 4 月	2012 年 12 月
2014 年 3 月	—	2017 年 3 月	2018 年 3 月	2019 年 8 月
2016 年 2 月	—	**2020 年 1 月**	2020 年 2 月	**2020 年 1 月**
2020 年 3 月	—	—	—	—

表 5-6 的断点效应检验结果显示，国际原油市场和国内四大粮食品种市场价格收益率序列普遍存在多时间点的断点效应。通过对不同时间点断点效应程度的比对发现，国际原油市场、国内大豆市场和国内玉米市场三个市场出现

断点效应的时间点多集中于 2007—2008 年全球能源危机和粮食危机期间，2020 年初全球疫情暴发期间也有所体现；对于国内的大米和小麦市场而言，断点效应相对不明显。通过与上一小节估计结果的对比，在过滤掉弱断点效应时间点后，最显著的断点效应时间点和平滑多元 GARCH 类模型的区制转移检验结果保持了一致性，仅存在具体月份方面的差异性，说明了检验结果的稳健性。此外，2020 年初爆发全球疫情，对全球的能源市场和粮食市场产生了极大的冲击，使得全球的能源市场和粮食市场价格出现了较大波动，由此也进一步导致了国际原油市场和国内粮食市场价格相关性的不稳定性，相关性水平存在显著的断点效应。

综合以上分析，本书在后续分析跨市场价格波动溢出效应时，一方面要根据不同粮食品种和原油市场价格相关性水平的区制转移时间点进行分阶段分析；另一方面要根据国家卫生健康委员会将新型冠状病毒感染纳入乙类传染病的时间点，即将 2020 年 1 月 20 日作为疫情事件的风险冲击时间点，以此考察重大风险事件冲击对跨市场价格波动溢出传导效应的影响。其中，在考察"国内玉米—国际原油"这对市场的价格波动溢出传导效应时，本书将结合平滑多元 GARCH 类模型运行结果，将总样本分割为 2001 年 1 月—2008 年 12 月和 2008 年 8 月—2021 年 12 月两个子样本，有效样本数分别为 384 个和 634 个；在考察"国内大豆—国际原油"这对市场的价格波动溢出传导效应时，将总样本分割为 2001 年 1 月—2007 年 10 月和 2007 年 2 月—2021 年 12 月两个子样本，有效样本数分别为 265 个和 770 个。之所以采用此种样本划分方式，是由于这种方式能将重叠的断点效应时期都纳入到相关子样本的分析中，从而有效避免了单一结构突变点不同市场断点效应不并存的现象。

（三）变量替换检验

为了进一步考察国内粮食市场和国际原油市场的价格相关性变动方向和国际原油市场价格涨跌是否存在方向上的一致性，本书进一步将国际原油市场价格收益率 $r\text{-}oil$ 设定为了状态转移变量。收益率本身就能较好地代表市场价格的波动方向，也能通过收益率数据测算某一市场价格的变动方向对相关联市场价格变动的影响程度和方向。根据相关的 LM 检验结果显示，本书选择国际原油价格收益率滞后一期 $r\text{-}oil_{t-1}$ 时的显著性最强。数据说明参见第五章第二小节，模型估计过程则与第五章第一小节类似，因此，本部分内容仅针对模型估计结果进行必要说明。

根据 STCC-MGARCH 模型估计，得到单平滑转移条件下的相关性估计结果。对于"国内玉米—国际原油"而言，价格相关性水平受国际原油市场价格收益率变动的显著影响，价格相关性发生显著的区制转移变化特征时的国际原油市场价格收益率临界值约为 0.366%，相关系数值由该收益率临界值之前的 0.057 上升到了收益率临界值之后的 0.076，相关性水平增强幅度约 33.33%；对于"国内大豆—国际原油"而言，价格相关性水平同样受国际原油收益率变动的显著影响，价格相关性发生显著的区制转移变化特征时的国际原油市场价格收益率临界值约为 -0.435%，相关系数值由该收益率临界值之前的 0.095 上升到了收益率临界值之后的 0.112，相关性水平增强幅度约 17.89%；对于"国内小麦—国际原油"而言，价格相关性水平受国际原油收益率变动的影响相对偏弱，价格相关性发生显著的区制转移变化特征时的国际原油市场价格收益率临界值约为 -0.029%；对于"国内大米—国际原油"而言，分析结论与前面一致，"国内大米—国际原油"价格相关系数依然偏向于常相关性，也即并未受国际原油市场价格收益率变动的显著影响。

根据 DSTCC-MGARCH 模型估计，得到双平滑转移条件下的相关性估计结果。结果显示，无论是当双状态转移变量为 t/T 和 $r-oil_{t-1}$，还是当双状态转移变量为 $p-oil_{t-1}$ 和 $r-oil_{t-1}$，不同粮食品种和国际原油的价格相关性发生区制转移变化情况与 STCC-MGARCH 模型估计结果基本一致，且更为显著。其中，"国内玉米—国际原油"和"国内大豆—国际原油"的价格相关区制转移变化特征均受国际原油价格收益率变动的显著影响。当双状态转移变量为 t/T 和 $r-oil_{t-1}$ 时，价格相关系数增长幅度分别约为 35.55% 和 7.12%；当双状态转移变量为 $p-oil_{t-1}$ 和 $r-oil_{t-1}$ 时，价格相关系数增长幅度分别约为 113.25% 和 6.83%。根据价格相关系数值的比较，"国内大豆—国际原油"的价格相关性水平虽然在临界点前后一直保持在较高水平，但增幅较玉米弱；"国内小麦—国际原油"的价格相关性水平虽然在国际原油收益率临界点前后一直保持在相对低水平，但增幅较大。对此，需要引起相关管理部门重视的是，要给予小麦市场足够的关注度，以免国际能源市场价格波动引起国内小麦市场价格的不稳定。

综合上述分析，受国际原油收益率变动影响，"国内玉米—国际原油"和"国内大豆—国际原油"的价格相关性存在强区制转移变化特征，同时"国内小麦—国际原油"价格相关性存在弱区制转移变化特征。当超过相应的国际原油收益率临界值时，上述市场的价格相关性水平呈显著增强趋势，而当低于相应的国际原油收益率临界值时，价格相关性水平则呈显著走弱趋势。通过进一步的观察，发现国际原油市场价格收益率的涨跌引起的市场价格相关性水平的变动幅度并不一致。相较国际原油价格收益率的下跌，国际原油价格收益率上涨能够为市场价格相关性水平带来更大的影响。而原油价格收益率涨跌之所以对粮食市场产生非对称性影响，French 等（2018）和 Campbell 等（2019）从市场信息波动反馈效应的角度进行了合理解释：某一市场的价格上涨，在引起关联市场价格同方向上涨的同时，还能叠加市场本身具备的价格上涨势头，在叠加效应的影响下强化市场价格的上涨幅度；某一市场的价格下跌，会引起关联市场价格同方向下跌，但价格波动信息传导所引起的价格下跌将与波动造成的当期价格上涨产生相互抵消作用，且在价格支持政策的抵消作用下削弱市场价格的下跌幅度。当然，这种不对称性的价格波动影响还与国内粮食价格支持力度和政策体系的完善度存在较大关系。对于中国而言，最低收购价政策的实施，有效稳定了粮食市场价格预期，起到了兜底保障种粮农民基本收益的作用，临时储备制度的实施，增强了政府对粮食市场的宏观调控能力，使得在粮食市场出现波动时能够及时有效地进行调节，极大地保障了国内粮食市场供给和价格的稳定性。

第六章

中国粮食市场和国际能源
市场的价格溢出效应分析

在理论分析中国粮食市场和国际能源市场的价格波动传导机制的基础上，本章内容将进一步实证分析国内粮食市场和国际能源市场的价格波动溢出效应，尤其重点探究包括国内外粮食市场、国际生物质能源市场和国际原油市场在内多元市场价格间的价格波动传导效应。具体而言，一是要直接分析国内粮食市场和国际原油市场间的价格波动溢出效应，以此分析二元市场框架下的价格传导关系；二是将生物质能源市场引入"国内粮食—国际原油"二元市场分析框架内，构建起三元市场价格分析框架，以此考察"国内粮食—国际原油—生物质能源"三元市场间的价格溢出效应，进而解答"中国粮食市场在其中扮演怎样的角色"的问题；三是根据第三章关于中国粮食市场和国际能源市场的价格相关稳定性的分析结果，分阶段开展市场间的价格波动溢出效应分析，以此考察市场间价格波动溢出效应在价格相关性发生区制转移变化前后发生的变化情况。本部分内容期望通过多角度的实证分析，能够更为全面且深入的刻画中国粮食市场和国际能源市场间的价格波动传导关系，从而有助于为相关部门进行宏观调控提供支撑，为管理部门优化资源配置提供参考，保障国家粮食安全和能源安全。

基于上述研究思路，本部分内容安排如下：首先，对中国粮食市场和国际原油市场的价格数据进行均值溢出分析，以此从价格水平的角度考察两个市场的价格传导关系；其次，对"国内粮食—国际原油"的双元市场和"国内粮食—国际原油—生物质能源"的三元市场价格波动溢出效应进行 BEKK - GARCH 模型估计，从价格波动角度考察多元市场间的价格传导关系；最后，根据市场间价格相关稳定性分析结果，对时间临界点前后的价格数据开展分阶段的波动溢出效益分析，从不同的发展阶段考察多元市场间价格传导关系的变化。

就具体的粮食品种而言，不同粮食品种携带属性的不同会导致与国际能源市场价格关联性强度存在较大差异性。其中，玉米和大豆自身具备较强的能源属性，与能源市场存在更强的价格关联性。根据第四章第二小节的相关分析，生物质能源市场价格波动会直接影响到生物质能源产能，这就会通过影响相关粮食作物的市场供求平衡进而作用于粮食市场价格水平；反之，作为生物质能源生产原料的相关粮食品种的价格波动，自然也会通过影响生产成本进而作用于生物质能源市场价格。基于国内四大主粮自身的携带属性，玉米和大豆是生物质能源生产的主要投入原料，粮食价格波动存在向能源市场传导的途径，而大米和小麦则更多体现的是食物属性，自身价格水平变动难以影响到能源市场。对此，本书提出以下的假说4和假说5。

假说4：国内的玉米和大豆市场与国际能源市场间存在双向价格波动溢出关系。

假说5：国际能源市场存在向国内大米市场和小麦市场的单向价格溢出效应。

目前，玉米和大豆作物分别为燃料乙醇和生物柴油的主要投入原料，玉米和大豆市场价格的波动将会引起相应生物燃料生产成本的变化，进而影响到燃料乙醇和生物柴油的市场价格水平。对此，本书进一步提出以下两项假说。

假说6：国内的玉米市场和燃料乙醇市场间存在双向价格溢出关系。

假说7：国内的大豆市场和生物柴油市场间存在双向价格溢出关系。

一、实证研究思路及模型构建说明

(一) 实证研究思路

本章内容主要是从价格水平、价格波动以及不同区制等多方面考察中国粮食市场和国际能源市场的价格关联性。具体的分析说明作如下安排：第一，对市场价格数据进行 ADF 单位根检验，在判断时间序列数据的平稳性基础上，进一步开展 Johansen 协整检验；第二，根据检验结果选取适用的具体模型，如果通过 ADF 检验确定时间序列平稳，可以直接使用平稳时间序列模型进行分析，如果时间序列非平稳但通过 Johansen 协整检验且发现存在协整关系，那么可以建立 VECM 误差修正模型，如果未能通过协整检验，则可采用差分后序列建立 VAR 模型，进而对市场价格开展均值溢出效应的分析；第三，在均值溢出效应分析基础上，进一步对"国内粮食—国际原油"的双元市场和"国内粮食—国际原油—生物质能源"的三元市场价格波动溢出效应进行 BEKK - GARCH 模型估计，且对比两种情况的分析结论；第四，对价格相关稳定性区制转移变化特征发生的时间临界点前后样本数据分阶段开展价格溢出效应的 BEKK - GARCH 模型估计，考察多元市场价格波动溢出关系发生的变化；第五，针对前述分析结果剖析原因。

（二）模型设定

1. VAR 模型和 VECM 模型

两个市场间的价格溢出效应，可以进一步细分为均值溢出效应和波动溢出效应。其中，均值溢出效应主要反映在两个市场之间，一个市场的平均价格（均值）变化对另一个市场平均价格（均值）产生的影响。例如，在股票市场和债券市场之间，如果股票市场的平均价格上涨（或下跌），导致债券市场的平均价格也随之上涨（或下跌），这种从一个市场的均值变化传导到另一个市场均值变化的现象就是均值溢出效应。而波动溢出效应是指一个市场的价格波动（通常用方差或标准差来衡量）对另一个市场价格波动产生的影响。例如，股票市场的大幅波动（如股市暴跌或暴涨），可能会引起外汇市场的汇率波动加剧，这种从一个市场的波动传导到另一个市场的现象就是波动溢出效应。相比之下，均值溢出效应更多考察的是一个市场价格波动对另一个市场价格波动的影响方向，而波动溢出效应更多考察的是一个市场价格波动对另一个市场价格波动的影响程度。在后续检验过程中，本书主要采用 VAR 模型和 VECM 模型分析不同市场价格的均值溢出效应，采用 GARCH - BEEK 模型分析不同市场价格的波动溢出效应。

VAR 模型，也称向量自回归模型，是一种常用的计量经济模型。考察两个市场价格调整的大小和速度，需建立一个滞后 k 阶的向量自回归模型（VAR 模型），模型结构如下所示：

$$P_t = \varphi_0 + \varphi_1 P_{t-1} + \varphi_2 P_{t-2} + \cdots + \varphi_k P_{t-k} + \varepsilon_t \qquad (6.1)$$

其中，$P_t = (P_{1t}, P_{2t})'$，P_{1t} 和 P_{2t} 分别为两个市场价格。ε_t 为扰动项，其服从于均值为 0 且方差为 δ 的正态分布。通过添项和减项，可将上式（6.1）调整为：

$$\Delta P_t = \prod P_{t-1} + \sum_{i=1}^{k} \Gamma_i \Delta P_{t-i} + \varepsilon_t \qquad (6.2)$$

基于式（6.2），若两个市场价格 P_{1t} 和 P_{2t} 均为 d 阶单整，同时满足 $P_{1t} - \beta P_{2t} = \mu_t$，则说明两个市场价格之间存在协整关系，其中的 β 为协整系数。Engle & Granger（1987）将协整与误差修正模型结合起来，建立起了向量误差修正模型。对此，如果两个市场价格存在协整关系，那么，就能用向量误差修正模型来描述两者间的关系。在上式中，$\prod P_{t-1}$ 描述的就是变量间长期的均衡关系，矩阵 π 则可进一步被分解为 $\alpha\beta'$。相应地，$\prod P_{t-1}$ 可变形为 $\alpha\beta' P_{t-1}$，其中，$\beta' P_{t-1}$ 为误差修正向量，相应的矩阵如下所示：

$$\begin{pmatrix} \Delta P_{1t} \\ \Delta P_{2t} \end{pmatrix} = \begin{pmatrix} \alpha_1 \\ \alpha_2 \end{pmatrix} (P_{1t-1} - \beta P_{2t-1}) + \sum_{i=1}^{k} \Gamma_i \begin{pmatrix} \Delta P_{1t-i} \\ \Delta P_{2t-i} \end{pmatrix} + \begin{pmatrix} \varepsilon_{1t} \\ \varepsilon_{2t} \end{pmatrix}$$

(6.3)

式（4.3）中，$(P_{1t-1} - \beta P_{2t-1})$ 为误差修正项，反映的是两个市场价格脱离长期均衡关系的程度。α_1 和 α_2 为误差修正项系数，反映的是两个市场价格在脱离长期均衡状态后调整回均衡状态的速度，也即两个市场价格在受到外部冲击后回归到原来水平的力度。由于两个市场价格在受到短期冲击后将会回归长期均衡价格附近，因此，向量误差修正模型可以被用于测量价格调整的方向和力度。

针对不存在长期协整关系的两组时间序列数据，采用 VAR 模型估计国内外市场间的均值溢出效应较为合适。

$$P_t = \varphi_0 + \varphi_1 P_{t-1} + \varphi_2 P_{t-2} + \cdots + \varphi_k P_{t-k} + \varepsilon_t \qquad (6.4)$$

其中，$P_t = (P_{1t}, P_{2t})'$，P_{1t}、P_{2t} 分别为两组市场价格，P_t 为两组市场价格的向量表示。ε_t 则为扰动项，其服从于均值为 0 且方差为 δ 的正态分布。

针对存在长期协整关系的两组时间序列数据，适合采用 VECM 模型估计国内外市场间的均值溢出效应。

$$\Delta P_t = \prod P_{t-1} + \sum_{i=1}^{k} \Gamma_i \Delta P_{t-i} + \varepsilon_t \qquad (6.5)$$

其中，$\prod P_{t-1}$ 描述的就是变量间长期的均衡关系，矩阵 $\prod$ 则可进一步被分解为 $\alpha \beta'$。相应地，$\prod P_{t-1}$ 可变形为 $\alpha \beta' P_{t-1}$，其中，$\beta' P_{t-1}$ 为误差修正向量，相应的矩阵表示如下所示：

$$\begin{pmatrix} \Delta P_{1t} \\ \Delta P_{2t} \end{pmatrix} = \begin{pmatrix} \alpha_1 \\ \alpha_2 \end{pmatrix} (P_{1t-1} - \beta P_{2t-1}) + \sum_{i=1}^{k} \Gamma_i \begin{pmatrix} \Delta P_{1t-i} \\ \Delta P_{2t-i} \end{pmatrix} + \begin{pmatrix} \varepsilon_{1t} \\ \varepsilon_{2t} \end{pmatrix}$$

(6.6)

式（6.6）中，$(P_{1t-1} - \beta P_{2t-1})$ 为误差修正项，反映的是两个市场价格脱离长期均衡关系的程度。α_1 和 α_2 为误差修正项系数，反映的是两个市场价格在脱离长期均衡状态后调整回均衡状态的速度，也即两个市场价格在受到外部冲击后回归到原来水平的速度。

2. BEKK - GARCH（1，1）模型

由于 VEC 考察的是变量的条件期望均值，因此，为了分析两个市场之间的价格溢出效应，假定 VEC 模型中的扰动项 ε_t 满足广义自回归条件异方差（GARCH）模型。Engle & Kroner（1995）在 VEC 模型的基础上，进一步提出了多元 GARCH - BEKK 模型。GARCH - BEKK 模型含有较少的待估参

数，且能在较弱的条件下便捷有效地描述时间序列具有的波动特征，能有效描述两个市场间的价格波动溢出效应。基于前述分析的基础，本文设定的 BEKK-GARCH（1，1）模型如下：

$$P_t = \varphi_0 \, P_{t-1} + \varepsilon_t \quad \varepsilon_t \sim N(0, H_t) \tag{6.7}$$

式（6.7）为以向量形式表示的均值方程。其中，H_t 为残差 ε_t 的条件方差—协方差矩阵，将其展开成如下公式：

$$H_t = CC' + A(\varepsilon_{t-1} \, \varepsilon'_{t-1}) \, A' + B \, H_{t-1} \, B' \tag{6.8}$$

式（6.8）中，$A=(a_{ij})_3$ 是 ARCH 项的系数矩阵，$B=(b_{ij})_3$ 是 GARCH 项的系数矩阵，而 $C=(c_{ij})_3$ 是下三角矩阵。矩阵 A 和 B 的对角元素 a_{ii} 和 b_{ii} 分别表示 i 市场价格受自身往期市场价格的 ARCH 型波动溢出效应和 GARCH 型波动溢出效应，而非对角线元素 a_{ij} 和 b_{ij} 则分别表示市场价格 j 对市场价格 i 的 ARCH 型波动溢出效应和 GARCH 型波动溢出效应。将方差方程转为矩阵形式：

$$
\begin{bmatrix} h_{11,t} & h_{12,t} \\ h_{21,t} & h_{22,t} \end{bmatrix}
= \begin{bmatrix} c_{11} & 0 \\ c_{21} & c_{22} \end{bmatrix}
\begin{bmatrix} c_{11} & 0 \\ c_{21} & c_{22} \end{bmatrix}'
$$
$$
+ \begin{bmatrix} a_{11} & a_{12} \\ a_{21} & a_{22} \end{bmatrix}
\begin{bmatrix} \varepsilon_{1,t-1}^2 & \varepsilon_{1,t-1}\,\varepsilon_{2,t-1} \\ \varepsilon_{1,t-1}\,\varepsilon_{2,t-1} & \varepsilon_{2,t-1}^2 \end{bmatrix}
\begin{bmatrix} a_{11} & a_{12} \\ a_{21} & a_{22} \end{bmatrix}'
$$
$$
+ \begin{bmatrix} b_{11} & b_{12} \\ b_{21} & b_{22} \end{bmatrix}
\begin{bmatrix} h_{11,t-1} & h_{12,t-1} \\ h_{21,t-1} & h_{22,t-1} \end{bmatrix}
\begin{bmatrix} b_{11} & b_{12} \\ b_{21} & b_{22} \end{bmatrix}' \tag{6.9}
$$

进一步地，式（6.9）中的条件方差—协方差矩阵的 H_t 可进一步展开表示为：

$$h_{11,t} = c_{11}^2 + a_{11}^2 \varepsilon_{1,t-1}^2 + 2 a_{11} a_{12} \varepsilon_{1,t-1} \varepsilon_{2,t-1} + a_{12}^2 \varepsilon_{2,t-1}^2 + b_{11}^2 h_{11,t-1}$$
$$+ 2 b_{11} b_{12} h_{21,t-1} + b_{12}^2 h_{22,t-1} \tag{6.10}$$

$$h_{22,t} = c_{21}^2 + c_{22}^2 + a_{21}^2 \varepsilon_{1,t-1}^2 + 2 a_{21} a_{22} \varepsilon_{1,t-1} \varepsilon_{2,t-1} + a_{22}^2 \varepsilon_{2,t-1}^2$$
$$+ b_{21}^2 h_{11,t-1} + 2 b_{21} b_{22} h_{21,t-1} + b_{22}^2 h_{22,t-1} \tag{6.11}$$

$$h_{12,t} \text{ 或} h_{21,t} = c_{11} c_{21} + a_{11} a_{21} \varepsilon_{1,t-1}^2 + (a_{11} a_{22} + a_{12} a_{21}) \varepsilon_{1,t-1} \varepsilon_{2,t-1} + a_{12} a_{22} \varepsilon_{2,t-1}^2$$
$$+ b_{11} b_{21} h_{11,t-1} + (b_{11} b_{22} + b_{12} b_{21}) h_{12,t-1} + b_{12} b_{22} h_{22,t-1} \tag{6.12}$$

在上述式子中，$h_{11,t}$ 和 $h_{22,t}$ 分别表示国内外粮价在 t 时刻的方差，而 $h_{12,t}$ 和 $h_{21,t}$ 则分别表示国内外粮价在 t 时刻的协方差。ε_{t-1} 是 VAR 模型或者 VECM 模型中的滞后一阶残差矩阵变量，ε_{t-2} 是 VAR 模型或者 VECM 模型中的滞后二阶残差矩阵变量。进一步地，本书拟采用如下极大似然法估计 BEKK-GARCH（1，1）模型参数：

$$I(\theta) = -\frac{1}{2} \left[TN\ln(2\pi) + \sum_{t=1}^{T} \left(\ln | H_{t-1} | + \varepsilon'_t H_t^{-1} \varepsilon_t \right) \right] \tag{6.13}$$

在上式（6.13）中，假设 θ 为待估参数，ε_t 服从二元条件正态分布，T 为样本量，N 为序列数。那么，如何运用构建的函数模型检验国内粮食市场和国际原油市场是否存在相互间的价格波动溢出效应？就某一市场价格而言，价格波动主要来源于两个方向：一方面是自身市场和其他市场价格的滞后绝对残差 $\varepsilon_{1,t-1}^2$、$\varepsilon_{2,t-1}^2$ 以及两个市场间的相互影响 $\varepsilon_{1,t-1}\varepsilon_{2,t-1}$；另一方面是来自自身市场和其他市场滞后价格的波动 $h_{11,t-1}$、$h_{22,t-1}$ 以及彼此间的协方差 $h_{21,t-1}$。具体而言，以国内粮食市场和国际原油市场为例，如 $a_{12}=b_{12}=0$，式（6.10）可变形为 $h_{11,t}=c_{11}^2+a_{11}^2\varepsilon_{1,t-1}^2+b_{11}^2h_{11,t-1}$，这表示国内粮食市场价格的条件方差仅受自身市场的滞后绝对残差值和前期波动的影响，不受国际原油市场的滞后绝对残差值和前期波动影响，也即国际原油市场对国内粮食市场并未存在价格波动溢出效应。反之，如存在 $a_{12}\neq0$ 或 $b_{12}\neq0$，则表示国际原油市场存在对国内粮食市场价格的波动溢出效应。如果 $a_{21}=b_{21}=0$，式（6.11）可变形为 $h_{22,t}=c_{21}^2+c_{22}^2+a_{22}^2\varepsilon_{2,t-1}^2+b_{22}^2h_{22,t-1}$，这表示国内粮食市场并未存在对国际原油市场的价格波动溢出效应；反之，如存在 $a_{21}\neq0$ 或 $b_{21}\neq0$，则表示国内粮食市场存在对国际原油市场价格的波动溢出效应。同理，如 $a_{12}=b_{12}=a_{21}=b_{21}=0$，也即矩阵 A 和 B 非对角线元素均为 0，就表示国内粮食市场和国际原油市场间不存在相互间的价格波动溢出效应；反之，如 a_{12}、b_{12}、a_{21}、b_{21} 这四个元素中不存在同时为零的情况，说明国内粮食市场和国际原油市场间存在相互间的价格波动溢出效应。

基于上述模型的推导及说明，为了进一步检验国内粮食市场和国际原油市场是否存在相互间的价格溢出效应，本书拟设定如下原假设。

假设 1：国际原油市场不存在对国内粮食市场的价格波动溢出效应，即 H_0：$a_{12}=b_{12}=0$。

假设 2：国内粮食市场不存在对国际原油市场的价格波动溢出效应，即 H_0：$a_{21}=b_{21}=0$。

假设 3：国内粮食市场和国际原油市场不存在相互间的价格波动溢出效应，即 H_0：$a_{12}=b_{12}=a_{21}=b_{21}=0$。

针对上述原假设，本书拟将采用 wald 检验法对其进行统计意义上的验证。

3. DGC - MSV 模型

为了实现对国际原油市场和国内粮食市场间波动溢出效应的动态观察，本文参考了何启志等（2015）的研究思路，采用带 Granger 因果检验的多元随机波动模型（DGC - MSV）进行多点估计。模型构建如下：

$$r_t=diag[\exp(h_t/2)]\varepsilon_t,\varepsilon_t\sim N\left(0,\sum\varepsilon,t\right)$$

$$h_{t+1}=\mu+\Phi(h_t-s\mu)+\eta_t,\eta_t\sim N[0,diag(\sigma_{\eta oil}^2,\sigma_{\eta grain}^2)]$$

$$(6.14)$$

$$q_{t+1} = \Psi_0 + \Psi_{oilgrain}(q_t - \Psi_0) + \sigma_\rho v_t, v_t \sim N(0,1), \rho_t = \frac{exp(q_t) - 1}{exp(q_t) + 1}$$

在上述式子中，r_t 表示对数收益率序列，相应的 r_{oil} 和 r_{grain} 分别表示国际原油市场价格收益率和国内粮食市场价格收益率；$h_t = (h_{oil,t}, h_{grain,t})'$，$exp(h_t/2)$ 表示潜在波动性；ρ_t 是时变的动态系数。$\sum \varepsilon, t = \begin{bmatrix} 1 & \rho_t \\ \rho_t & 1 \end{bmatrix}$，$\Phi = \begin{bmatrix} \varphi_{oiloil} & \varphi_{oilgrain} \\ \varphi_{grainoil} & \varphi_{graingrain} \end{bmatrix}$，$\varphi_{oiloil}$ 和 $\varphi_{graingrain}$ 分别表示国际原油市场和国内粮食市场价格波动的持续性，$\varphi_{oilgrain}$ 和 $\varphi_{grainoil}$ 则分别表示国际原油市场价格波动受中国粮食市场价格波动与中国粮食市场价格波动受国际原油市场价格波动的影响程度；$\Psi_{oilgrain}$ 表示 r_{oil} 和 r_{grain} 波动相关性的持续性（Yu 和 Meyer，2020）。

公式（6.14）是由参数 $\chi = (\mu_{oil}, \mu_{grain}, \varphi_{oiloil}, \varphi_{graingrain}, \varphi_{oilgrain}, \varphi_{grainoil}, \sigma_{\eta_{oil}}^2, \sigma_{\eta_{grain}}^2, \Psi_0)$ 的先验分布确定。现假设先验参数各自服从独立分布，设定为 $p(\cdot)$，用于表示随机变量的通用概率密度函数。基于贝叶斯推断引入未知参数和潜在波动，获得联合先验分布 $\Theta = (\chi, h_1, \cdots, h_t)$，联合密度函数表达式如下：

$$p(\chi)p(h_0)\prod_{t=1}^{T} p(h_1 \mid \chi) =$$

$$p(\mu_{oil})p(\mu_{grain})p(\varphi_{oiloil})p(\varphi_{graingrain})p(\varphi_{oilgrain})p(\varphi_{grainoil})p(\sigma_{\eta_{oil}}^2)$$

$$p(\sigma_{\eta_{grain}}^2)p(\Psi_0)\prod_{t=1}^{T} p(h_1/\chi) \qquad (6.15)$$

通过观测值，联合先验概率密度函数经过迭代得到所有未知联合后验密度 $p(\Theta/r)$，$r = (r_1, \cdots, r_t)'$，在 $p(\Theta \mid r)$ 基础上进一步构造多维潜在波动率 $p(\chi/r) = \int_{h_1} \cdots \int_{h_t} p(\chi, h_1, \cdots, h_T)dh_T \cdots dh_1$。对此，本书采用贝叶斯方法估计相关参数。

4. 三元 VEC - BEKK - GARCH 模型

在检验国内粮食市场和国际原油市场间的价格溢出效应基础上，本书还进一步将国际粮食市场和生物质燃料市场纳入了研究分析框架。结合 VEC 模型和 BEKK - GARCH 模型，本文构建了三元 VEC - BEKK - GARCH 模型，进而对三个市场两两间的价格波动溢出效应进行分析。

基于三个市场两两间的价格向量，本书设定了相应的 VEC 模型：

$$\Delta Y_t = \alpha \beta' Y_{t-1} + \sum_{i=1}^{k} \Gamma_i \Delta Y_{t-i} + \varepsilon_t \qquad (6.16)$$

在式 6.16 中，Y_t 表示两两市场间的价格向量；k 表示之后阶数；ε 表示随机误差项。β 是衡量市场价格变动的直接关系及程度的系数值，$\beta' Y_{t-1}$ 表示的是长期协整的偏离度，而 Γ 则表示的是市场价格间的短期影响。均值方程如下：

$$Y_t = \varphi Y_{t-1} + \varepsilon_t, \varepsilon_t \sim N(0, H_t) \qquad (6.17)$$

上述矩阵式子可展开为：

$$
\begin{bmatrix} Y_{1,t} \\ Y_{2,t} \\ Y_{3,t} \end{bmatrix} = \begin{bmatrix} \varphi_{11} & \varphi_{21} & \varphi_{31} \\ \varphi_{12} & \varphi_{22} & \varphi_{32} \\ \varphi_{13} & \varphi_{23} & \varphi_{33} \end{bmatrix} \begin{bmatrix} Y_{1,t-1} \\ Y_{2,t-1} \\ Y_{3,t-1} \end{bmatrix} + \begin{bmatrix} \varepsilon_{1,t} \\ \varepsilon_{2,t} \\ \varepsilon_{3,t} \end{bmatrix} \qquad (6.18)
$$

式 6.18 中，$Y_{1,t}$、$Y_{2,t}$、$Y_{3,t}$ 分别表示国内粮食市场、国际粮食市场（或生物质能源市场）以及国际原油市场在 t 时期的价格；$Y_{1,t-1}$、$Y_{2,t-1}$、$Y_{3,t-1}$ 分别表示三个市场滞后一期的价格；φ_{11}、φ_{22}、φ_{33} 分别表示三个市场受其前期价格波动的影响程度；φ_{12}、φ_{21} 分别表示国际（国内）粮食价格波动对国内（国际）粮食价格波动的影响，或是生物质能源价格（国内粮食价格）波动对国内粮食价格（生物质能源价格）波动的影响；φ_{13}、φ_{31} 分别表示国际原油（国内粮食）价格波动对国内粮食（国际原油）价格变动的影响；φ_{23}、φ_{32} 分别表示国际原油（国际粮食/生物质能源）价格波动对国际粮食/生物质能源（国际原油）价格变动的影响；$\varepsilon_{1,t}$、$\varepsilon_{2,t}$、$\varepsilon_{3,t}$ 为残差项；H_t 为残差项的条件方差—协方差矩阵。式 6.18 可变形为：

$$H_t = CC' + A(\varepsilon_{t-1}\,\varepsilon_{t-1}')\,A' + B H_{t-1}\,B' \qquad (6.19)$$

上式中，假设国内粮食市场、国际粮食市场（生物质能源市场）和国际原油市场中的任意两个市场价格序列分别为 i 和 j；矩阵 A 和 B 的对角线元素 a_{ii} 和 b_{ii} 是 i 市场价格受自身前期价格的 ARCH 型和 GARCH 型波动溢出效应；矩阵 A 和 B 的非对角线元素 a_{ij} 和 b_{ij} 表示的是 j 市场对 i 市场的 ARCH 型和 GARCH 型波动溢出效应。三个市场间价格波动的 ARCH 型和 GARCH 型波动溢出效应，相应的条件方差—协方差矩阵展开如下：

$$h_{11,t} = c_{11}^2 + \sum_{j=1}^{3}\sum_{i=1}^{3} a_{1i}\,a_{1j}\,\varepsilon_{j,t-1}\,\varepsilon_{i,t-1} + \sum_{j=1}^{3}\sum_{i=1}^{3} b_{1i}\,b_{1j}\,h_{ij,t-1} \qquad (6.20)$$

$$h_{12,t} = c_{11}\,c_{21} + \sum_{j=1}^{3}\sum_{i=1}^{3} a_{1i}\,a_{2j}\,\varepsilon_{j,t-1}\,\varepsilon_{i,t-1} + \sum_{j=1}^{3}\sum_{i=1}^{3} b_{1i}\,b_{2j}\,h_{ij,t-1} \qquad (6.21)$$

$$h_{13,t} = c_{11}\,c_{31} + \sum_{j=1}^{3}\sum_{i=1}^{3} a_{1i}\,a_{3j}\,\varepsilon_{j,t-1}\,\varepsilon_{i,t-1} + \sum_{j=1}^{3}\sum_{i=1}^{3} b_{1i}\,b_{3j}\,h_{ij,t-1} \qquad (6.22)$$

$$h_{22,t} = \sum_{i=1}^{2} c_{2i}^2 + \sum_{j=1}^{3}\sum_{i=1}^{3} a_{2i}\,a_{2j}\,\varepsilon_{j,t-1}\,\varepsilon_{i,t-1} + \sum_{j=1}^{3}\sum_{i=1}^{3} b_{2i}\,b_{2j}\,h_{ij,t-1} \qquad (6.23)$$

$$h_{23,t} = \sum_{i=1}^{2} c_{2i} c_{3i} + \sum_{j=1}^{3} \sum_{i=1}^{3} a_{2i} a_{3j} \varepsilon_{j,t-1} \varepsilon_{i,t-1} + \sum_{j=1}^{3} \sum_{i=1}^{3} b_{2i} b_{3j} h_{ij,t-1}$$
$$(6.24)$$

$$h_{33,t} = \sum_{i=1}^{3} c_{3i}^{2} + \sum_{j=1}^{3} \sum_{i=1}^{3} a_{3i} a_{3j} \varepsilon_{j,t-1} \varepsilon_{i,t-1} + \sum_{j=1}^{3} \sum_{i=1}^{3} b_{3i} b_{3j} h_{ij,t-1}$$
$$(6.25)$$

基于上述 6.20—6.25 表达式，此处将采用 6.13 式的极大似然法估计 BEKK - GARCH（1，1）模型参数 θ 值。那么，如何判断国内粮食市场、国际粮食市场和国际原油市场，或是内粮食市场、国际原油市场和生物质能源市场这三个市场间存在着怎样的价格溢出效应？这就需要对不同市场价格受自身前期价格波动影响和受其他市场价格波动影响进行估计。

以 i 市场为例，当 $a_{ii} = b_{ii} = 0$ 且 $a_{ij} = b_{ij} = 0$ 时，表示 i 市场既不受自身前期价格波动影响，也不受 j 市场价格波动的影响；当 $a_{ii} \neq 0$ 或 $b_{ii} \neq 0$ 且 $a_{ij} = b_{ij} = 0$ 时，表示 i 市场仅受其前期价格变动影响，不受 j 市场价格波动的影响；当 $a_{ii} = b_{ii} = 0$ 且 $a_{ij} \neq 0$ 或 $b_{ij} \neq 0$ 时，表示 i 市场虽然不受自身前期价格波动影响，但却受 j 市场价格波动的影响；当 $a_{ii} \neq 0$ 或 $b_{ii} \neq 0$ 且 $a_{ij} \neq 0$ 或 $b_{ij} \neq 0$ 时，则表示 i 市场同时受自身前期价格变动和 j 市场价格波动的影响。对于 j 市场的分析与 i 市场类似，只要 a_{ij}、a_{ji}、b_{ij} 以及 b_{ji} 这四个非对角线元素中任意一个非 0，则表示 i 和 j 这两个市场间存在相互间的价格溢出效应。

基于上述分析，本书将进一步运用 wald 检验在统计意义上论证国内粮食市场、国际粮食市场以及国际原油市场这三个市场两两间是否存在价格溢出效应。针对两个市场间的价格溢出效应，相应假设如下。

假设 1，H'_0：$a_{ij} = b_{ij} = 0$，j 市场 j 未存在对 i 市场的价格溢出效应。

假设 2，H'_0：$a_{ji} = b_{ji} = 0$，i 市场 i 未存在对 j 市场的价格溢出效应。

假设 3，H'_0：$a_{ij} = b_{ij} = a_{ji} = b_{ji} = 0$，$i$ 市场和 j 市场之间不存在相互间的价格溢出效应。

二、市场间价格溢出效应分析

（一）描述性统计分析和协整检验

1. 描述性统计分析

本部分内容所采用的国内粮食市场价格和国际原油市场价格数据均来源于 WIND 数据库，具体说明见第四章。本书用 CPI 月度数据对国内粮食价格数据进行了折实，以消除通货膨胀的影响。同时，为降低数据的离散性对估计结果造成的不利影响，本书对国内粮食市场价格和国际原油市场价格取对数化处理。相应的描述性统计结果见表 6-1。

表 6-1 国际原油价格和国内粮食价格描述性统计分析结果

指标	国际原油	国内大米	国内小麦	国内玉米	国内大豆
均值	4.051 6	6.340 1	5.520 8	5.420 0	6.171 2
最小值	1.910 9	5.120 7	4.827 6	4.759 2	5.450 1
最大值	5.401 8	6.462 1	6.023 6	6.029 7	6.679 0
标准差	0.501 7	0.403 3	0.357 5	0.309 9	0.387 5
偏度	−0.412 6	−0.500 5	−0.382 2	−0.182 8	−0.465 6
峰值	2.510 7	1.818 2	1.660 6	1.647 8	1.888 2
JB 检验	14.253 9***	25.682 4***	22.662 8***	18.792 3***	22.690 2***
Q 统计	2 571.682 9***	64.889 4***	46.300 5***	53.454 5***	36.879 2***
ARCH-LM (1)	53.612 6***	8.576 1***	10.436 7***	8.440 9***	67.573 3***
ARCH-LM (10)	364.447 8***	36.576 9***	49.005 7***	44.505 7***	223.567 3***
样本量	1 006	1 006	1 006	1 006	1 006

注：*、**、***分别表示10%、5%、1%的显著性水平。

根据表 6-1 的描述性统计结果显示：综合对比原油市场价格和粮食市场价格的均值、最小值和最大值，相比较而言，国际原油市场价格波动范围较国内四大粮食品种市场价格更大；对比不同市场价格标准差数值，观测期内国际原油市场价格的离散程度较粮食市场价格更大，相比粮食市场，原油市场价格的稳定性相对更差；从偏度的角度，原油市场和粮食市场价格均为左偏；从峰度的角度，国际原油市场和国内粮食市场价格数据峰度均低于3，说明数据分布均为平峰态，不存在尖峰厚尾的现象，也即数据分布比正态分布更加分散，数据在均值周围的集中程度较低，且尾部更薄；根据 JB 检验结果，国际原油价格和国内四大粮食价格变量均通过了 1% 的显著性水平检验，呈现出了非正态分布的特征；根据 Ljung-Box Q 统计量结果，国际原油价格和国内四大粮食价格变量均存在不同程度的序列自相关。此外，根据滞后 1 阶和滞后 10 阶的 ARCH-LM 检验可知，5 种价格序列数据均存在条件异方差自相关现象。

2. 国际原油价格和国内粮食价格的协整检验

在使用最小二乘法进行时间序列分析前，首先要对数据进行平稳性检验。根据对国际原油市场和国内粮食市场四大粮食品种时间序列价格数据进行

ADF 单位根检验结果显示，粮食价格的原始时间序列的自然对数均非平稳，而原始序列的一阶差分均显示平稳。具体结果见表 6-2。

表 6-2　变量平稳性 ADF 检验结果

原序列	Lnrc	Lnwt	Lncn	Lnsb	Lnoil	Lneth	Lndie
(C, T, K)	$C, T, 1$	$C, T, 1$	$C, T, 2$	$C, T, 1$	$C, T, 1$	$C, T, 4$	$C, T, 2$
平稳性	否	否	否	否	否	否	否
一阶差分序列	ΔLnrc	ΔLnwt	ΔLncn	ΔLnsb	ΔLnwoil	ΔLnweth	ΔLndie
t 统计量	-8.763 8	-5.462 9	-7.836 5	-10.431 0	-11.366 8	-12.234 1	-9.068 1
概率	0.000 2	0.004 9	0.000 4	0.003 3	0.000 5	0.007 1	0.000 4
平稳性	是	是	是	是	是	是	是

注：Lnrc、Lnwt、Lncn、Lnsb、Lnoil、Lneth 及 Lndie 分别表示国内大米、小麦、玉米、大豆、国际原油市场价格、燃料乙醇以及生物柴油价格对数值，下同；(C, T, K) 分别表示截距项、趋势项以及滞后阶数，滞后阶数以施瓦茨准则确定。

根据表 6-2 的变量平稳性 ADF 检验结果，国际原油市场和国内粮食市场价格数据均为 I（1）过程，也即满足同阶单整的条件。在此基础上，可通过进一步的 Johanson 协整检验分析两个市场价格是否存在长期协整关系。协整检验的首要目的是确定这些非平稳变量之间是否存在一种长期稳定的均衡关系，其次是能尽量避免伪回归现象的出现。综合 LR、FPE、AIC、HQIC 以及 SBIC 检验结果，确定粮食价格序列的最优滞后阶数为 2 阶。具体检验结果见表 6-3。

表 6-3　最优滞后阶检验结果

	LR	FPE	AIC	HQIC	SBIC
Lnrc	滞后 2 阶	滞后 1 阶	滞后 2 阶	滞后 2 阶	滞后 2 阶
Lnwt	滞后 2 阶	滞后 2 阶	滞后 3 阶	滞后 2 阶	滞后 2 阶
Lncn	滞后 2 阶	滞后 2 阶	滞后 2 阶	滞后 2 阶	滞后 2 阶
Lnsb	滞后 2 阶	滞后 2 阶	滞后 2 阶	滞后 2 阶	滞后 1 阶

对于非平稳时间序列数据不能直接建立 VAR 模型，而如果两个时间序列数据存在长期协整关系，则可以建立 VECM 模型。对此，在进一步检验国内粮食市场价格和国际原油市场价格之间的价格溢出效应前，有必要做相应的协整关系检验。Johansen 协整检验结果见表 6-4。

表 6 - 4　Johansen 协整检验结果

变量	原假设：协整方程个数	特征值	迹检验		最大特征根检验	
			迹统计量	P 值	最大特征根值	P 值
大米价—国际原油价	没有	0.089 4	18.316 8	0.025 6	12.998 1	0.058 7
	最多一个	0.030 0	3.200 2	0.372 3	2.455 8	0.498 3
小麦价—国际原油价	没有	0.123 7	24.066 8	0.060 8	15.968 8	0.043 1
	最多一个	0.048 8	5.660 8	0.195 5	0.060 7	0.211 3
玉米价—国际原油价	没有	0.120 9	23.853 1	0.061 7	22.220 8	0.045 8
	最多一个	0.061 2	13.377 2	0.339 3	13.978 5	0.336 3
大豆价—国际原油价	没有	0.132 4	33.873 9	0.020 5	23.863 0	0.042 8
	最多一个	0.052 8	9.433 7	0.365 3	0.072 9	0.176 9

根据表 6 - 4，"大米价—国际原油价""小麦价—国际原油价""玉米价—国际原油价"及"大豆价—国际原油价"这几组价格均至少在 10% 水平上拒绝了协整方程数为 0 的原假设，这表明它们之间存在协整关系，且协整向量的个数为 1。这种协整关系意味着尽管这些国内农产品（大米、小麦、玉米、大豆）价格和国际原油价格虽然是非平稳的时间序列，但它们之间存在一种长期稳定的均衡关系，这些变量的线性组合从长期来看是平稳的，也即国际原油市场价格和国内粮食市场价格存在长期的均衡关系。

（二）均值溢出效应和格兰杰因果检验

1. 均值溢出效应分析

本书采用向量误差修正模型（VECM）对国内粮食价格和国际原油价格间的均值溢出效应进行分析，模型估计结果见表 6 - 5。

表 6 - 5　误差修正模型检验结果

变量	国内大米—国际原油		国内麦价—国际原油		国内玉米—国际原油		国内大豆—国际原油	
	ΔPrc_t	ΔPo_t	ΔPwt_t	ΔPo_t	ΔPcn_t	ΔPo_t	ΔPsb_t	ΔPo_t
$Vecm_{t-1}$	−0.006 4*	0.005 0	−0.008 1*	−0.006 9	−0.011 8*	−0.022 0*	0.012 9*	−0.001 5
	(−1.881)	(1.131)	(−1.822)	(−1.318)	(−1.847)	(−1.869)	(1.878)	(−1.112)
ΔPg_{t-1}	0.501 1***	−0.028 3	0.038 8***	−0.005 1	−0.118 2***	0.013 8	0.182 2**	0.114 8
	(8.382)	(−1.280)	(5.026)	(−0.089)	(−5.628)	(0.859)	(3.028)	(1.105)
ΔPg_{t-2}	−0.140 2**	0.003 1	0.075 3	0.021 1	−0.003 3	0.008 1	0.004 9*	0.104 8
	(−2.433)	(0.784)	(1.127)	(1.102)	(−0.089)	(1.124)	(1.917)	(1.285)

（续）

变量	国内大米—国际原油		国内麦价—国际原油		国内玉米—国际原油		国内大豆—国际原油	
	ΔPrc_t	ΔPo_t	ΔPwt_t	ΔPo_t	ΔPcn_t	ΔPo_t	ΔPsb_t	ΔPo_t
ΔPo_{t-1}	−0.035 9	0.223 5***	−0.013 0	0.214 1***	−0.015 8**	0.283 7***	−0.030 5**	0.216 2***
	(−0.917)	(7.417)	(−1.142)	(4.422)	(−2.569)	(4.422)	(−2.613)	(4.348)
ΔPo_{t-2}	0.004 9	0.044 2	0.024 0	0.017 8*	−0.016 2	0.142 5	0.104 7	0.078 3
	(0.122)	(1.131)	(0.708)	(1.635)	(−1.173)	(1.351)	(1.353)	(1.285)

注：ΔPg 和 ΔPo 分别表示模型中相应的国内粮食价格和国际原油价格的一阶差分；括号内为 t 统计量。*、**和***分别表示 10％、5％和 1％的显著性水平。

根据表 6-5 的误差修正模型检验结果，"国内大米—国际原油""国内麦价—国际原油""国内玉米—国际原油"以及"国内大豆—国际原油"这四组价格关系中仅部分误差修正项通过了显著性水平检验。其中，国际原油市场价格变动对国内四大粮食品种价格的影响的误差修正系数在四个方程中均在 10％显著性水平上起到了偏差调整作用，使得粮食市场价格能逐步回归到均衡水平。通过对四个方程误差修正系数进一步的观察，"国内大米—国际原油""国内麦价—国际原油"及"国内玉米—国际原油"方程中的系数值为负，而"国内大豆—国际原油"方程中的系数值为正。根据系数值的正负方向，原油市场价格波动对国内的大米、小麦及玉米价格的短期冲击会引起粮食市场价格高于长期均衡价格水平，从而会引起国内大豆市场价格低于长期均衡价格。结合系数值，当粮食市场受到国际原油市场价格波动的短期冲击时，国内的大米、小麦、玉米和大豆市场的误差修正项将分别以 0.006 4、0.008 1、0.011 8 和 0.012 9 的力度回调价格，使其逐步回归长期均衡水平。

对于国际原油市场而言，国内粮食市场价格波动对国际原油市场价格的影响中，仅"国内玉米—国际原油"误差修正项系数通过了 10％水平的显著性检验。当受到短期价格波动冲击时，国际原油市场价格将会高于长期均衡水平，此时误差修正项将会以 0.022 0 的调整力度促使其回归长期均衡价格水平状态。相比较而言，国际原油市场价格波动对国内粮食市场价格的影响比后者对前者的影响普遍更强。综合表 6-11 中的误差修正项系数值大小和显著性水平，仅"国内玉米—国际原油"这组市场存在相对较强的双向价格引导关系。此外，从价格影响的滞后性角度，相比滞后二阶，滞后一阶的国际原油市场价格对粮食市场的冲击影响相对更大，尤其是对国内的玉米市场价格和大豆市场价格影响较为显著。

2. 格兰杰因果检验

为了进一步检验国际原油市场和国内粮食市场价格波动之间的因果关系，

在均值溢出效应检验基础上，有必要作进一步的格兰杰因果检验。根据前文表 6-8 中的 ADF 检验结果，国际原油市场价格和国内粮食市场价格原始序列的自然对数均非平稳，在作一阶差分后则均显示平稳。同时，根据 LR 和 AIC 准则确定滞后阶数为 2。相应的格兰杰非因果关系检验结果如表 6-6 所示。

表 6-6　国际原油价和国内粮价间的格兰杰因果检验结果

Granger 因果检验原假设	显著性水平（P 值）
国内大米价格波动不是国际原油价格波动的原因	0.748 2
国际原油价格波动不是国内大米价格波动的原因	0.301 8
国内小麦价格波动不是国际原油价格波动的原因	0.715 7
国际原油价格波动不是国内小麦价格波动的原因	0.103 7
国内玉米价格波动不是国际原油价格波动的原因	0.101 0
国际原油价格波动不是国内玉米价格波动的原因	0.042 5
国内大豆价格波动不是国际原油价格波动的原因	0.183 9
国际原油价格波动不是国内大豆价格波动的原因	0.052 4

根据表 6-6 的格兰杰因果检验结果：对于"国内大米—国际原油"这组市场而言，"国内大米价格波动不是国际原油价格波动的原因"和"国际原油价格波动不是国内大米价格波动的原因"的 P 值分别为 0.748 2 和 0.301 8，均大于 10%，接受原假设，也即两者互不为格兰杰因果关系；对于"国内小麦—国际原油"这组市场而言，"国内小麦价格波动不是国际原油价格波动的原因"和"国际原油价格波动不是国内小麦价格波动的原因"的 P 值虽然同样未通过显著性水平检验，两者同样互不为格兰杰因果关系，但后者 P 值已经较为接近 10% 的水平；对于"国内玉米—国际原油"这组市场而言，"国内玉米价格波动不是国际原油价格波动的原因"和"国际原油价格波动不是国内玉米价格波动的原因"的 P 值分别为 0.101 0 和 0.042 5，国际原油市场价格波动能在 5% 显著性水平上引起国内玉米市场价格的波动，而后者对前者的影响未能通过显著性水平检验，表现出了国际原油市场价格对国内玉米市场价格单向的格兰杰因果关系；对于"国内大豆—国际原油"这组市场而言，"国内大豆价格波动不是国际原油价格波动的原因"和"国际原油价格波动不是国内大豆价格波动的原因"的 P 值分别为 0.183 9 和 0.052 4，两者同样显示出了国际原油市场价格对国内玉米市场价格单向的格兰杰因果关系。

根据国际原油市场价格和国内粮食市场价格的格兰杰因果检验结果，相比大米和小麦，玉米和大豆价格与国际原油价格的关系相对更为紧密，这与前面所述结论相一致。其中，对于"国内大米—国际原油"和"国内小麦—国际原油"而言，无论是大米和小麦价格波动还是国际原油市场价格波动，均不能对对方市场产生显著影响；对于"国内玉米—国际原油"和"国内大豆—国际原油"而言，国际原油市场价格波动是国内玉米和大豆价格波动的"因"，反之则不成立。总体上，格兰杰因果检验结果与 VECM 估计结果总体相一致。

(三) BEKK‐GARCH (1，1) 模型估计

由于协整检验主要是用于检验非平稳时间序列之间是否存在长期稳定的均衡关系，误差修正模型是在协整关系的基础上建立起来的，它能够捕捉变量之间短期偏离长期均衡关系时的调整机制。虽然误差修正模型考虑了短期动态，但重点仍然是在均衡关系的偏离和调整上，对于波动的方差和协方差等波动特征的描述不够全面，无法深入分析波动溢出效应这种复杂的动态关系。BEKK‐GARCH (1，1) 模型是一种多元广义自回归条件异方差模型，可以很好地刻画时间序列的条件方差（波动）随时间变化的特征。对于市场间价格波动溢出效应的研究，该模型不仅能够捕捉到一个市场价格波动如何影响另一个市场价格波动的动态过程，通过估计模型中的参数来确定波动溢出的方向和强度，还能同时分析多个市场价格波动之间的相互影响，较为匹配本书的研究。对此，在前面分析基础上，本部分内容将通过 BEKK‐GARCH (1，1) 模型进一步分析市场间的价格波动溢出效应。

基于极大似然法，通过对原数据序列的差分处理，构建 BEKK‐GARCH (1，1) 模型，评估国内粮食市场和国际原油市场相互间的价格波动溢出效应。具体而言，BEKK 模型分析的是 ARCH 和 GARCH 波动效应，前者主要衡量市场价格波动中的短期冲击效应，即当前的市场价格波动受到前期市场价格冲击的影响程度，它反映了市场对新信息的反应速度和敏感性；后者主要捕捉市场价格波动中的长期记忆性和持续性，即前期的波动会在多大程度上持续影响未来的市场价格波动，它体现了市场价格波动的长期动态特征。也即，BEKK 模型能够有效地捕捉国内粮食市场和国际原油市场之间的波动传导机制。通过对模型参数的估计，可以量化两个市场之间价格波动溢出的方向和强度，判断是单向溢出还是双向溢出，进而深入理解市场间的动态关系。

本部分内容重点考察的是国内粮食市场价格和国际原油市场价格在二阶矩上的关联性。对此，本部分内容将采用 Winrats8.0 软件对 BEKK‐GARCH (1，1) 模型及相关参数进行估计，相应估计结果见表 6‐7。

表 6 - 7　国内粮价和国际油价 BEKK - GARCH（1，1）模型估计结果

矩阵元素	国内大米—国际原油	国内小麦—国际原油	国内玉米—国际原油	国内大豆—国际原油
C（1，1）	0.001 7	−0.107 2***	0.024 1**	0.062 6**
C（2，1）	−0.029 5**	0.002 8***	−0.004 1	−0.017 9
C（2，2）	−0.001 4	0.000 6	−0.042 8***	0.005 9
A（1，1）	0.138 5***	−0.582 2***	0.506 3***	−0.810 5***
A（1，2）	−0.522 6	−0.034 3	−0.038 8**	0.036 2*
A（2，1）	−0.076 0	0.062 5	−0.044 7	0.065 2
A（2，2）	0.020 6**	−0.046 7**	0.640 5***	−0.866 8***
B（1，1）	0.035 2**	0.300 2***	0.680 3***	−0.055 8**
B（1，2）	−0.096 6	−0.003 9	0.137 7**	−0.046 9
B（2，1）	−0.377 7	−0.094 6	−0.178 5	0.228 4
B（2，2）	−0.109 6***	0.003 3***	0.051 1***	0.638 5***
原假设		Wald 检验		
H_0^1：$a_{12}=b_{12}=0$	1.421 2	1.076 8	4.226 7***	3.175 0*
H_0^2：$a_{21}=b_{21}=0$	3.200 2	5.607 8	2.483 1	1.447 5
H_0^3：$a_{12}=b_{12}=a_{21}=b_{21}=0$	3.284 7	2.349 2	11.600 9***	13.163 8**

　　根据表 6 - 7，相比较而言，国际原油市场对国内四大粮食品种价格普遍存在显著的价格波动溢出效应，而后者仅个别市场对前者存在价格波动溢出效应，即国际原油市场对国内粮食市场的价格波动溢出效应总体上呈现出了单向性传导特征。通过对比发现，国际原油市场对国内四大粮食品种的价格波动溢出效应存在明显的差异性，对此，本书将从单一市场不同滞后期价格波动影响和市场间的波动溢出效应影响这两个方面进行说明。

　　在单一市场不同滞后期价格波动影响方面，无论是国际原油市场，还是国内粮食市场，自身市场价格均受前期价格的显著影响。根据 BEKK - GARCH（1，1）模型估计结果，在 ARCH 型波动溢出效应方面："国内大米—国际原油""国内小麦—国际原油""国内玉米—国际原油"及"国内大豆—国际原油"的 A（1，1）均通过了 1% 的显著性水平检验，这说明前期市场价格波动对当期粮食市场价格均存在显著的影响；对于"于国内大米—国际原油"和"国内小麦—国际原油"这两组市场，A（2，2）均通过了 5% 的显著性水平检验；对于"于国内玉米—国际原油"和"国内大豆—国际原油"这两组市场，

国际原油价格的 A（2，2）更是通过了 1% 的显著性水平检验。BEKK-GARCH（1，1）模型估计结果显示，国际原油市场和国内粮食市场的前期市场价格波动程度越大（小）会直接引起本期市场价格更大（小）程度价格水平的变动，ARCH 型波动溢出效应明显，体现出了价格波动影响的集簇性特征。在 GARCH 型波动溢出效应方面：表中四组价格的 B（1，1）项系数均至少通过了 5% 的显著性水平检验，B（2，2）项系数则均通过了 1% 的显著性水平检验，体现出了价格波动影响的时变性。综上所述，国内粮食市场和国际原油市场同时存在 ARCH 型波动溢出效应和 GARCH 型波动溢出效应，这也使得两大市场价格波动具有短期可预测性。

在市场间的价格波动溢出效应方面，国际原油市场和国内粮食市场间存在不对等的传导效应。对于"国内大米—国际原油"和"国内小麦—国际原油"这两组市场而言，ARCH 项和 GARCH 项系数矩阵 A、B 的非对角线元素 A（1，2）、A（2，1）、B（1，2）及 B（2，1）项技系数均未能通过显著性水平检验，wald 检验结果也显示无法拒绝 H_0^3：$a_{12} = b_{12} = a_{21} = b_{21} = 0$ 的原假设，这就表明这两组市场的价格波动溢出效应不显著；对于"国内玉米—国际原油"这组市场而言，在 A（2，1）和 B（2，1）项系数未能通过显著性水平检验的同时，A（1，2）和 B（1，2）项系数通过了 5% 水平的显著性检验，这表明这组市场存在国际原油市场对国内玉米市场价格的波动溢出效应；对于"国内大豆—国际原油"这组市场而言，仅 A（1，2）项系数通过了 10% 的显著性水平检验，其余 A（2，1）、B（2，1）及 B（1，2）项系数则均未通过显著性水平检验，这就表明国际原油市场和国内大豆市场之间更多的是存在前者对后者的单向性价格波动溢出效应。同时，根据国内玉米和大豆市场与国际原油市场间的 wald 检验结果显示，在接受原假设 H_0^2：$a_{21} = b_{21} = 0$ 的同时，同时拒绝了原假设 H_0^1：$a_{12} = b_{12} = 0$ 和原假设 H_0^3：$a_{12} = b_{12} = a_{21} = b_{21} = 0$，这说明国际原油价格存在对国内玉米和大豆价格的单向性价格波动溢出效应，检验结果与假说 4 相悖。

根据上述分析，"国内大米—国际原油"和"国内小麦—国际原油"这两组市场的价格溢出效应不显著，而"国内玉米—国际原油"和"国内大豆—国际原油"这两组市场的价格溢出效应相对显著。"国内大米—国际原油"和"国内小麦—国际原油"这两组市场之所以不存在显著的价格波动溢出效应，可能是因为大米和小麦作为国内主要的口粮，其生产和供应在国家粮食安全战略中占据重要地位，国家通过农业补贴、最低收购价政策等一系列政策措施来保障其生产的稳定性和供应的充足性，极大弱化了这两大粮食品种市场和外部市场的价格关联性。同时，在"口粮绝对安全"政策的引导下，大米和小麦供应量相对充足，库存饱满，这也使得国际市场难以通过贸易途径对国内市场产生价格冲击影响。"国内玉米—国际原油"和"国内大豆—国际原油"这两组市场之所以存在显著的价格波动溢出效应，可能是由于玉米和大豆在生物能源领域具有重要作用。国际原油价格的波动会影响生物能源的需求和生产，进而传导至玉米和大豆市场，引起价格波动。此外，国际市场上玉米和大豆的贸易较为活跃，与国际原油市场的联系更为紧密，因此价格波动溢出效应相对显著。

从更加宏观的角度，能源市场对农业生产领域的渗透，必将导致市场间的价格溢出效应。在此过程中，市场间价格溢出效应大小、程度和方向，则要视市场间资源及资金的依存度而定。在粮食能源化趋势大背景下，粮食产业对能源产业的依存度明显高于后者对前者，这也就导致了两个市场间的价格信息总体呈单向性"传导"状态。基于此，国内在出台最低收购价格政策、制定临储制度、采取种粮补贴措施的同时，也正在积极推进粮食价格的市场化改革，在较大程度上对能源市场的价格溢出信息进行了过滤，缓解了包括能源市场在内的外部市场价格波动对国内粮食市场产生的风险冲击。

（四）DGC－MSV 模型估计

由于 BEKK－GARCH 模型只能从总体上估计两个市场间的价格溢出效应，并不能很好地呈现溢出效应的动态性变化，对此本部分内容将采用 DGC－MSV 模型对市场间的价格溢出效应进行分位点估计。参考何启志等（2015）对数据的处理方法，本小节在取得国际原油市场价格和中国粮食市场价格的周收益率数据后，再对所有数据进行取均值化处理。本小节所用国际原油市场价格数据同第四章，所用中国粮食市场价格则直接取四大粮食品种的加权平均数，以此从粮食平均价格水平的角度考察两个市场间的价格溢出关系。对变量的平稳性检验结果显示，差分后的数据均为平稳数据。

在进行数据平稳性检验后，尚需对参数的收敛性进行大致估计。一般而言，可通过计算修正的 Gelman－Rubin 统计量来判断估计的参数收敛性（Brooks & Gelman，1998）。参数收敛性估计的基本思路是以分散的初始值产生多个数据链条，通过对比数据组内和组间在链条的下半部分的变异性来评估收敛。通过 Gelman－Rubin 检验，参数的 Gelman－Rubin 检验值均接近 1，说明估计参数都呈现收敛状态。进一步地，对国际原油市场和中国粮食市场间的价格溢出效应做了 2.5%、5%、10%、中位数以及 97.5% 的分位数估计，考察不同分位点上市场间价格溢出效应的方向、程度和显著性，以更好地观察价格溢出效应的动态性变化。相应的检验结果见表 6 - 8。

表6-8　国际原油和中国粮食市场间的价格波动溢出效应检验结果（分位数）

变量名	均值	MC 误差	2.5%分位数	5%分位数	10%分位数	中位数	97.5%分位数
μ_{oil}	3.130 9	0.013 0	2.335 8	2.472 3	2.611 3	3.111 5	3.996 0
μ_{grain}	3.023 8	0.089 3	2.557 7	2.601 3	2.725 3	3.039 0	3.263 8
φ_{oiloil}	0.902 2	0.005 2	0.678 0	0.713 9	0.810 5	0.904 0	1.012 7
$\varphi_{oilgrain}$	0.112 7	0.006 7	−0.016 1	−0.008 4	0.011 1	−0.091 7	0.440 5
$\varphi_{graingrain}$	0.909 7	0.006 2	0.402 5	0.628 1	0.713 2	0.888 3	0.992 7
$\varphi_{grainoil}$	0.114 5	0.005 2	0.007 2	0.012 9	0.024 1	0.065 4	0.471 9
$\Psi_{oilgrain}$	0.731 6	0.001 2	0.882 6	0.897 1	0.913 5	0.955 0	0.999 5

根据表6-8，可以得到如下信息：国际原油市场价格的波动程度和波动持续性均大于中国粮食市场价格；在2.5%、5%、10%、中位数以及97.5%分位数点位下，$\varphi_{grainoil}$ 均为正值，说明国际原油市场价格对中国粮食市场价格存在一定程度的价格引导和价格溢出效应；相对应的 $\varphi_{oilgrain}$ 在 2.5%、5%以及中位数点位的值为负值，在 10%和97.5%分位数位置的值为正值，说明中国的粮食市场价格对国际原油市场价格未存在显著的引导和溢出关系。这表明在国际原油市场和中国粮食市场间仅存在前者对后者的单向性价格波动溢出效应，这与 BEKK-GARCH（1，1）模型分析结论一致，也与主流研究结论相一致。此外，$\Psi_{oilgrain}$ 的后验概率均值为 0.731 6，反映出国际原油市场价格和中国粮食市场价格波动相关性过程的持续性较高。

通过对表6-8中2.5%、5%、10%、中位数以及97.5%这几个分位点数值的比较，不难发现国际原油市场低水平价格波动的溢出效应显著性不强，而高水平价格波动对中国粮食市场价格的溢出效应较为显著。也即，国际原油市场价格对中国粮食市场价格的溢出效应存在方向性，国际原油市场对国内粮食市场的价格传导在油价波动程度越强烈时越顺畅，油价相对平稳时的溢出效应并不明显，这种现象的出现与我国的原油市场价格调控机制相关。根据2016年国家发改委出台的《石油价格管理办法》，国内汽柴油价格是以国际原油市场价格为基础，同时考虑国内平均加工成本和合理的税费利润进行综合确定。《石油价格管理办法》同时规定了10个交易日的调整周期，也即当国际原油市场价格波动率远高于上一周期时，国内汽柴油将迎来价格调整；当国际原油价格波动率偏低时，则无法触发国内油价的调整机制，也就无法将价格波动信息传导至粮食市场。

三、分阶段价格波动溢出效应分析

根据第五章内容，"国内玉米—国际原油"和"国内大豆—国际原油"这两组市场价格相关性受时间因素的显著影响。对此，为了能进一步观察市场间价格相关性的区制转移变化特征，有必要根据价格相关稳定性临界时间点，分阶段检验"国内玉米—国际原油"和"国内大豆—国际原油"这两组市场的价格波动溢出效应。

（一）分阶段价格波动溢出效应检验

结合前面的平滑转移多元 GARCH 类模型和惩罚对照函数的估计结果，对于"国内玉米—国际原油"这组市场而言，可将观测时间划分为 2001 年 1 月—2008 年 12 月和 2008 年 8 月—2022 年 12 月这两个阶段，有效样本数分别为 384 个和 682 个；对于"国内大豆—国际原油"这组市场而言，可将观测时间划分为 2001 年 1 月—2007 年 10 月和 2007 年 6 月—2021 年 12 月这两个阶段，有效样本数分别为 265 个和 804 个。根据样本划分时间段，分别分析国内粮食市场和国际原油市场在两个阶段的价格波动溢出效应，相应的 BEKK 模型估计结果见表 6-9。

表 6-9 分阶段价格波动溢出效应估计结果

矩阵元素	国内玉米—国际原油		国内大豆—国际原油	
	临界点前	临界点后	临界点前	临界点后
$C(1, 1)$	0.012 2*	0.034 1**	0.037 2	0.042 1
$C(2, 1)$	−0.001 3	−0.005 1	−0.022 8	0.021 9
$C(2, 2)$	−0.032 2**	−0.024 8**	0.002 0	0.012 9
$A(1, 1)$	0.401 8**	0.888 6***	0.474 5**	0.731 5***
$A(1, 2)$	0.024 7	−0.049 0**	0.061 2*	0.013 1*
$A(2, 1)$	−0.010 0	0.044 7	−0.033 8	0.021 8
$A(2, 2)$	0.387 7**	0.912 3***	0.373 4***	−0.212 8**
$B(1, 1)$	0.281 5	0.400 1**	0.206 6**	0.333 8*
$B(1, 2)$	−0.037 6	0.402 7*	−0.035 5	0.013 9*
$B(2, 1)$	0.005 1	0.021 2**	−0.042 2	−0.102 0
$B(2, 2)$	−0.015 2	0.045 7**	0.444 3***	0.515 6***

(续)

矩阵元素	国内玉米—国际原油		国内大豆—国际原油	
	临界点前	临界点后	临界点前	临界点后
原假设	Wald 检验			
$H_0^1: a_{12}=b_{12}=0$	0.613 3	3.586 7**	2.558 5*	2.636 7*
$H_0^2: a_{21}=b_{21}=0$	0.583 3	2.478 4**	0.387 2	0.763 3
$H_0^3: a_{12}=b_{12}=a_{21}=b_{21}=0$	0.885 8	3.262 5**	2.250 2*	2.322 2*

通过对比表 6-9 两个阶段的价格溢出效应，价格相关性发生区制转移变化特征时间临界点之后市场间的价格波动溢出效应较临界点之前更为显著，也即"国内玉米—国际原油"和"国内大豆—国际原油"的价格溢出效应随着时间的推移存在增强趋势。对于"国内玉米—国际原油"而言，在时间临界点之前的阶段，ARCH 项和 GARCH 项矩阵系数仅 A（1，1）和 A（2，2）通过了 5% 水平下的显著性检验，A（1，2）、A（2，1）、B（1，2）及 B（2，1）项系数均未通过 10% 的显著性水平检验，也即国际原油市场和国内玉米市场价格均只受自身前期市场价格波动的影响，跨市场的价格波动溢出效应显著性不强，相应的 Wald 检验结果也都未通过显著性水平检验，偏向于接受原假设。在时间临界点之后的阶段，ARCH 项和 GARCH 项矩阵系数 A（1，1）、A（2，2）、B（1，1）及 B（2，2）均至少通过了 5% 水平下的显著性检验，同时 A（1，2）、B（1，2）及 B（2，1）项系数也均至少通过了 10% 水平下显著性检验。检验结果表明，在时间临界点之后的阶段，除了受到自身市场价格的 ARCH 型效应之外，国内玉米市场和国际原油市场还受到了来自对方市场显著的 GARCH 型效应，两个市场存在显著的双向价格波动溢出效应。

通过对估计结果的进一步观察发现，国内玉米市场价格受国际原油市场价格波动的溢出效应不仅更为显著，影响程度也呈增强趋势。具体而言，相较时间临界点之前，时间临界点之后的 C（1，1）、A（1，1）、A（2，2）系数值不仅存在变大趋势，显著性也更为明显，说明当期市场价格越发受自身前期市场价格波动的影响。此外，A（1，2）、B（1，1）、B（1，2）以及 B（2，2）位置的系数值由不显著转向了显著，说明两个市场价格与前期自身市场价格粘性的上升，而且两个市场也开始出现双向的显著性价格波动溢出效应。

对于"国内大豆—国际原油"，在时间临界点之前，ARCH 项和 GARCH 项矩阵对角线系数 A（1，1）、A（2，2）、B（1，1）及 B（2，2）均至少通过了 5% 水平下的显著性检验，说明这对市场的前期价格波动均对当期市场价格产生了显著的影响。同时，对于非对角线元素而言，仅 A（1，2）通过了

10%水平的显著性水平检验，其余对角线元素 A（2，1）、B（1，2）及 B（2，1）均未通过显著性水平检验，说明国际原油市场存在向国内大豆市场显著的价格溢出效应，而后者对前者的影响并不显著。在时间临界点之后，对角线元素仍然通过了显著性检验，同时 ARCH 项和 GARCH 项矩阵非对角线元素 A（1，2）和 B（1，2）也均通过了 10%水平的显著性检验，这说明随着时间的推移，国际原油市场价格的波动不仅能对国内大豆市场价格产生聚集性影响，还存在显著的持续性波动的传导作用。相应的 Wald 检验结果显示接受原假设H_0^2，在 10%显著性水平上拒绝了原假设H_0^1和H_0^3。

通过对估计结果的进一步观察，在时间趋势临界点前后，相比国内玉米市场和国际原油市场间的价格波动溢出效应出现的明显变化，国内大豆市场和国际原油市场间的价格波动溢出效应并未出现显著变化。一方面，大部分 ARCH 项和 GARCH 项矩阵对角线和非对角线系数值并未出现较大变化，甚至诸如 C（2，1）、A（1，2）、A（2，1）、A（2，2）及 B（1，2）这几项的系数值存在降低的现象；另一方面，ARCH 项和 GARCH 项矩阵对角线和非对角线系数值的显著性也未发生显著性变化。从总体的估计结果看，国际原油—国内大豆的价格波动溢出效应未出现大的变动，国际原油市场价格波动对于国内大豆市场价格的影响始终存在聚集性和持续性波动影响。

（二）波动溢出效应估计结果的解释

根据表 6-9，分阶段的市场间价格波动溢出效应分析结果和整个观测期间内的价格波动溢出效应分析结果在系数方向性和显著性水平方面总体保持了一致性。通过对时间临界点前后估计结果的对比，"国内玉米—国际原油"和"国内大豆—国际原油"这两组市场在时间临界点之后的价格波动溢出效应较时间临界点之前更为显著。其中，对于"国内玉米—国际原油"而言，时间临界点之后两个市场呈现出了双向价格波动溢出效应，该实证结果又支持了假说4。随着时间推移，国内玉米市场和国际原油市场相互间的价格溢出效应越发显著，这表明两个市场之间的关联性在不断增强，经济全球化背景下能源市场与农产品市场的相互影响机制正逐渐深化。一方面，这种价格溢出可能是原油价格波动引发的生产成本变化在玉米生产、运输等环节传导，比如原油价格上涨导致化肥、农药等农资价格以及运输成本上升，从而影响玉米价格；另一方面，玉米作为一种重要的生物燃料原料，其价格变化也会在一定程度上影响原油市场对于替代能源需求的预期，进而对国际原油价格产生反馈作用，而且也反映出国内外市场在资源配置、产业联动等方面的融合程度在日益加深。

对于价格波动溢出效应的方向性，相比国内玉米市场向国际原油市场的价格波动溢出，后者对前者的价格波动溢出效应增强趋势更为明显。之所以出现这种现象，主要与国内玉米市场的进出口量变化相关。根据海关总署披露的数据显示，2001—2009 年的国内玉米市场进口量始终在 6 万吨以下，玉米进口量占国内产量的比例在 0.05% 以下，占粮食进口总量的比例也保持在 0.2% 以内。可见，2009 年之前的玉米进口量普遍较低，与国内每年 11 400 万～17 500 万吨的产能相比，这阶段由玉米进口引起的对国内玉米市场价格的冲击尚难以产生明显的作用。随着国内在燃料乙醇生产方面对玉米需求的增加，在全球粮食危机前夕，国内玉米市场开始出现供需偏紧的现象。2009 年，作为粮食主产区的东北地区发生了严重的自然灾害，导致粮食产量出现较大程度的下降，而下游用粮企业的消费需求却呈持续增长态势，由此造成了供给不足需求旺盛的局面，供需不平衡现象越发明显。对此，为满足加工企业对玉米日益增长的需求，国内市场加大了对玉米的进口，进口量由 2009 年的 8.5 万吨快速上升到了 2010 年的 157.3 万吨，相应的出口却从 12.9 万吨锐减到 4 万吨，自此我国开始由玉米的净出口国转为了净进口国。在 2010—2021 年，国内玉米市场进口量由 2010 年的 157.31 万吨上升到了 2015 年的 473.4 万吨和 2021 年的 2 835 万吨，实现了 243.43 万吨的年均增长量。在此期间，玉米进口量占国内产量的比例上升到了 2% 左右，占粮食进口总量的比例也攀升到了 7% 左右，2023 年这两个指标更是分别达 9.38% 和 16.73%。随着玉米进口量的逐年增加，进口占比的不断上升，由玉米及其替代品进口产生的对国内玉米市场的冲击变得越发显著。2001—2023 年国内玉米产量及进口占比情况见图 6-1。

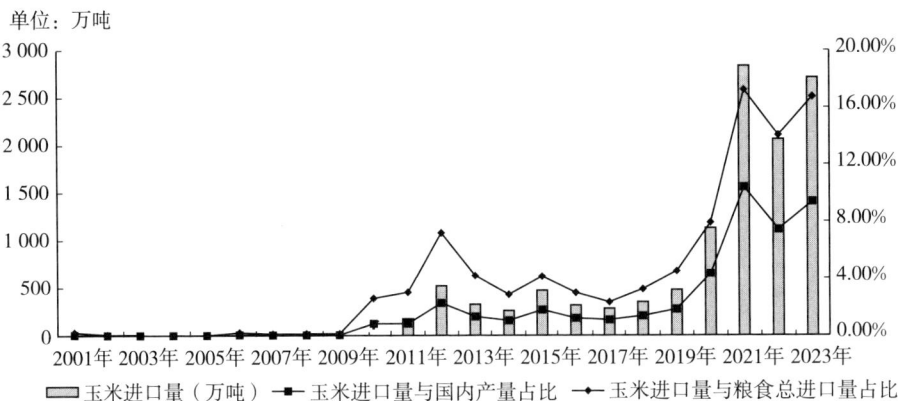

图 6-1　2001—2023 年玉米进口量及其占比情况

虽然观测期间国内大豆市场进口量始终位居四大主粮之首，但表 6-15 中估计结果显示临界时间点前后国内大豆市场和国际原油市场的价格波动溢出效应却并未出现显著的变化。表 6-15 中国内大豆—国际原油的价格波动溢出效应变化趋势之所以和国内玉米—国际原油不同，主要在于国内大豆进出口量变化和国内玉米市场存在较大的差异。一方面随着国内人口的增长和畜牧业的快速发展，我国对大豆的需求不断增加，另一方面阿根廷、巴西、美国等国家大力推广转基因大豆，单产大幅度提高，成本急剧下降，使得国际市场的大豆价格极具竞争力，两方面原因使得国内大豆市场需要通过大规模进口满足国内市场的需求。在 2001—2023 年，国内大豆市场的进口量呈现了快速上升的势头，进口量由 2001 年的 1 642 万吨上升到了 2023 年的 9 941 万吨，大豆进口量占国内产量比例由 106.60% 上升到了 477.02%，大豆进口量占粮食总进口量的规模普遍介于 70%～90% 之间，始终保持着较高水平的进口规模。国内大豆市场对外的长期大规模进口，使得国际粮食市场和国际原油市场价格信息得以顺畅地通过大豆贸易行为传导至国内市场，进而对国内大豆市场产生显著的波动溢出效应。由于大豆的进口规模未发生实质性变化，因此也就未能使得市场间的价格波动溢出效应出现明显的变化。2001—2023 年国内大豆产量及进口占比情况见图 6-2。

单位：万吨

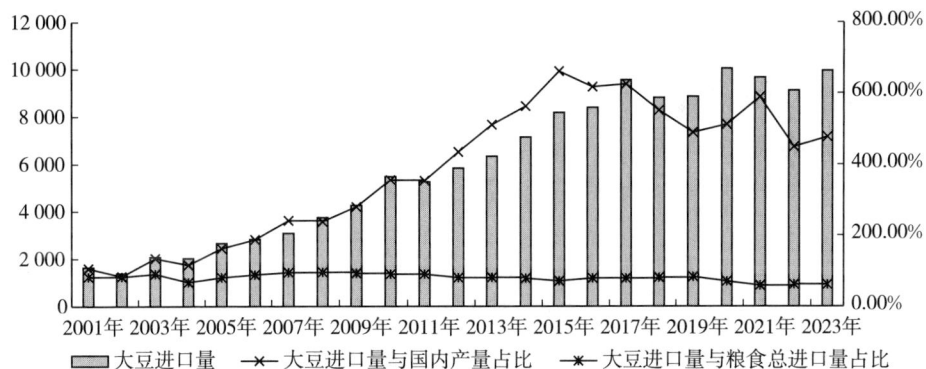

图 6-2　2001—2023 年大豆进口量及其占比情况

四、三元 VEC-BEKK-GARCH（1，1）模型估计

在探讨国内粮食市场和国际能源市场的二元市场价格波动溢出价格关系基础上，本部分内容基于更为复杂的现实情况，进一步将生物质能源市场和国际粮食市场纳入到了分析框架，以此针对国内粮食市场、国际粮食市场、国际原油市场以及国际生物质能源市场开展多元市场间的价格波动溢出效应的分析。

具体而言，一是针对"国内粮食—国际原油—国际生物质能源"进行三元 VEC - BEKK - GARCH（1，1）模型估计，二是针对"国内粮食—国际粮食—国际原油"进行三元 VEC - BEKK - GARCH（1，1）模型估计，以此从多元市场关联视角考察国际原油市场价格波动对国内粮食市场的影响。

（一）国际能源市场和国内粮食市场间的价格溢出效应

1. 数据特征说明

本书所述国际能源市场主要以国际原油市场和国际生物质能源市场为代表，国际原油价格数据已在第四章进行了说明，本部分不再进行赘述，仅对生物质能源市场价格作相应解释。根据欧洲环境署发布的《2020 欧洲可再生能源发展报告》显示，美国不仅生物质能源生产技术全球领先，而且在生物质能源的应用推广、产业规模、政策支持等方面也有突出表现，是世界上主要的燃料乙醇生产国和消费国，生物质能发电累计装机容量仅次于欧洲。2022 年美国燃料乙醇产量增加到 154 亿加仑（约 4 600 万吨），占全球产量的比重高达 55%，为全球最高。对此，考虑到数据的可获得性和代表性，本部分内容采用美国燃料乙醇价格和生物柴油价格作为国际生物质能源市场价格的代表，相关数据均来源于美国能源信息署。根据针对燃料乙醇价格和生物柴油价格时间序列数据的描述性统计结果，燃料乙醇的偏度和峰值分别为 0.465 3 和 2.551 2，生物柴油的偏度和峰值分别为 -0.686 6 和 2.570 1，峰值均小于 3，说明数据分布不存在尖峰厚尾的现象。而根据 JB 检验结果，燃料乙醇和生物柴油价格时间序列数据均通过了 5% 的显著性水平检验，也即呈现出了非正态分布的特征。

第六章表 6 - 3 和表 6 - 4 显示生物质能源价格和国际原油市场价格、国内粮食价格均是 I（1）序列。约翰森协整检验结果显示，"国内玉米—燃料乙醇—国际原油"和"国内大豆—生物柴油—国际原油"这两组市场均存在显著的长期协整关系。要说明的是，小麦虽然同样可作为燃料乙醇的用料，前面的价格相关性分析结果也显示小麦与国际能源市场存在一定的相关性，但由于小麦主要用于粮食和食品加工等领域，并非生物质能源的主要原料，且其价格主要受粮食供需关系、种植面积、气候条件等因素的影响，与国际能源市场的供需关系和价格波动因素差异较大，所以国内小麦市场和国际能源市场不存在强相关性。中国燃料乙醇产业在发展过程中曾消耗过小麦，但随着产业的不断发展和政策的引导，小麦在燃料乙醇生产中的使用占比逐渐降低，《粮食行业统计资料》公布的数据显示，2022 年中国燃料乙醇消耗小麦量低于 20 万吨，占国内产量的比重也在 0.1% 以内，可见国内的小麦市场和乙醇市场同样不存在强相关性的市场基础。

2. 国内玉米—燃料乙醇—国际原油间价格溢出效应分析

"国内玉米—燃料乙醇—国际原油"三个市场间的三元 BEKK‑GARCH（1，1）模型估计结果见表 6‑10。

表 6‑10　玉米—燃料乙醇—原油三元 BEKK‑GARCH（1，1）模型估计结果

参数	原油价格（$i=1$）	玉米价格（$i=2$）	燃料乙醇（$i=3$）
	条件均值方程		
C	0.004 5** （0.041）	0.001 5*** （0.002）	−0.003 1 （0.278）
$ar(1)_{1i}$	0.016 1*** （0.004）	0.018 1** （0.036）	−0.002 2 （0.302）
$ar(1)_{2i}$	0.041 8 （0.441）	0.085 5*** （0.005）	0.010 1 （0.244）
$ar(1)_{3i}$	−0.054 2 （0.263）	0.012 2 （0.152）	−0.327 8*** （0.000）
	条件方差—协方差方程		
c_{1i}	0.007 8** （0.036）	—	—
c_{2i}	−0.006 2*** （0.000）	−0.000 1 （0.553）	—
c_{3i}	−0.000 2 （0.436）	−0.000 1 （0.527）	−0.000 0 （0.977）
a_{1i}	0.270 8*** （0.001）	0.049 1*** （0.002）	0.031 9*** （0.002）
a_{2i}	−0.347 0 （0.118）	0.194 3** （0.028）	0.004 6 （0.311）
a_{3i}	0.038 4 （0.523）	−0.057 6** （0.024）	0.655 8*** （0.000）
b_{1i}	0.866 6*** （0.001）	−0.034 8*** （0.000）	−0.018 0 （0.318）
b_{2i}	0.133 5*** （0.000）	0.665 4*** （0.000）	0.006 8 （0.632）
b_{3i}	0.062 6 （0.527）	−0.032 5 （0.335）	0.103 0*** （0.000）
	模型标准化残差检验（H_0：无自相关）		
$LB(6)$	3.873 15 （0.402）	14.103 2*** （0.003）	3.660 5 （0.655）
$LB(12)$	4.965 8 （0.723）	20.100 6** （0.033）	11.807 8 （0.177）
对数似然函数值	3 183.182 5		
有效样本个数	252		

注：***、**、* 分别表示在 1%、5%、10% 水平上的显著性；括号内数字表示的是 P 值。

在表 6‑10 中 $LB(6)$ 和 $LB(12)$ 系数的估计结果表明滞后 6 阶和滞后 12 阶模型标准化残差序列基本不存在自相关，表明三元 BEKK‑GARCH（1，1）模型拟合效果较好。根据估计结果，在条件均值方程中：在受自身市场价格影响方面，$ar(1)_{11}$、$ar(1)_{22}$、$ar(1)_{33}$均通过了 1% 的显著性水平检验，这表明国内玉米市场、国际燃料乙醇市场以及国际原油市场的当前市场价格水平均受自身市场前期价格波动的显著影响；在跨市场的价格波动影响方面，仅 $ar(1)_{12}$ 通过了显著性水平检验，表明仅存在原油市场向玉米市场的单向价格波动溢出效应。根据条件方差参数估计结果，系数 a_{11}、a_{22} 和 a_{33} 值分别为 0.270 8、0.194 3 和 0.655 8，且均至少通过了 5% 水平下的显著性检验，这表明三个市场价格波动均呈现了显著的 ARCH 效应，表明市场价格波动程度并不恒定，当期价格水平受前期价格波动影响存在一定的时变性特征；b_{11}、b_{22} 和 b_{33} 项系数的值分别为 0.866 6、0.665 4 和 0.103 0，且均通过了 1% 水平下的显著性检验，这表明三个市场价格波动还呈现出了显著的 GARCH 效应，也即市场的跨期价格影响具有较强的持久性。

在跨市场价格影响方面，三个市场之间在整体上存在价格波动溢出关系。对于"国内玉米—国际原油"这组市场而言，系数 a_{12}、b_{12}、b_{21} 均通过了 1% 水平的显著性检验，这表明两个市场之间存在显著的双向波动溢出效应，估计结果与前文分析保持了一致，验证了假说 3。对于"国际原油—燃料乙醇"这组市场而言，仅 a_{13} 通过了 1% 水平的显著性检验，其余系数 a_{31}、b_{13}、b_{31} 均未能通过显著性水平检验，这说明国际原油市场存在对燃料乙醇市场的价格波动溢出效应，而后者对前者的价格波动溢出效应并不明显。对于"国内玉米—燃料乙醇"这组市场而言，仅系数 a_{32} 通过了 5% 水平的显著性检验，而 a_{23}、b_{23}、b_{32} 均未能通过显著性水平检验，也即仅存在燃料乙醇市场对国内玉米市场的单向性价格波动溢出效应。上述估计结果拒绝了假说 6，也即国内玉米市场和燃料乙醇市场之间并不存在双向价格波动溢出效应。

综合上述分析可知，国内玉米市场和国际原油市场以及燃料乙醇市场之间均不存在双向价格波动溢出效应，从而拒绝假说 4。国内玉米市场之所以无法对国际能源市场产生显著的价格波动溢出效应，原因主要在于其自身特性及与国际能源市场的关联程度有限。一方面，国内玉米市场主要围绕国内供需关系运行，其消费以饲料、食品加工等为主，与能源市场的直接产业联系不紧密，即使在生物能源领域有一定关联，但规模相对较小，不足以对国际能源市场形成有力冲击。另一方面，国内玉米市场受国内政策调控影响较大，政策旨在保障国内玉米市场的稳定，减少外部市场波动的干扰，这也阻隔了其对国际能源市场的价格波动传导。

3. 国内大豆—生物柴油—国际原油间的价格溢出效应分析

"国内大豆—生物柴油—国际原油"三个市场间的三元 BEKK - GARCH（1，1）模型估计结果见下表 6 - 11。

表 6 - 11　大豆—生物柴油—原油三元 BEKK - GARCH（1，1）模型估计结果

参数	原油价格（$i=1$）	大豆价格（$i=2$）	生物柴油（$i=3$）
	条件均值方程		
C	0.002 4* (0.078)	0.002 3** (0.055)	0.001 8 (0.305)
$ar(1)_{1i}$	0.005 2** (0.042)	0.016 9** (0.041)	−0.002 2 (0.553)
$ar(1)_{2i}$	0.043 0 (0.685)	0.088 7*** (0.005)	0.008 3 (0.436)
$ar(1)_{3i}$	−0.014 1 (0.248)	0.012 2 (0.208)	−0.143 8*** (0.000)
	条件方差—协方差方程		
c_{1i}	0.005 2* (0.057)	—	—
c_{2i}	0.003 0*** (0.000)	−0.001 2 (0.908)	—
c_{3i}	−0.000 4 (0.478)	−0.000 1 (0.904)	−0.000 0 (0.999)
a_{1i}	0.302 9*** (0.000)	0.069 5*** (0.003)	0.111 8*** (0.001)
a_{2i}	0.251 8 (0.304)	0.212 1*** (0.002)	0.024 8* (0.075)
a_{3i}	−0.025 1 (0.327)	0.002 8 (0.329)	0.588 0*** (0.001)
b_{1i}	0.802 9*** (0.000)	0.027 7** (0.060)	−0.012 5 (0.261)
b_{2i}	0.001 2* (0.094)	0.728 4*** (0.000)	0.001 0 (0.663)
b_{3i}	0.033 9 (0.436)	−0.008 0 (0.266)	0.063 0*** (0.001)
	模型标准化残差检验（H_0：无自相关）		
$LB(6)$	4.128 8 (0.472)	5.018 2 (0.407)	6.145 7 (0.652)
$LB(12)$	5.017 8 (0.742)	10.112 4 (0.226)	11.233 6 (0.348)
对数似然函数值	2 187.252 7		
有效样本个数	252		

表 6 - 11 中 $LB(6)$ 和 $LB(12)$ 系数的估计结果表明，滞后 6 阶和滞后 12 阶模型标准化残差序列基本不存在自相关，表明三元 BEKK - GARCH（1，1）模型对于"国内大豆—生物柴油—国际原油"三个市场间的价格波动溢出效应的拟合效果较好。根据估计结果，在条件均值方程中：在受自身市场价格影响方面，$ar(1)_{11}$、$ar(1)_{22}$ 及 $ar(1)_{33}$ 项系数值分别为 0.005 2、0.088 7 及 −0.143 8，且均至少通过了 5% 水平的显著性检验，这表明国内大豆市场、国际燃料乙醇市场以及国际原油市场的当前市场价格水平均受自身市场前期价格波动的显著影响；在跨市场的价格波动影响方面，仅 $ar(1)_{12}$ 通过了显著性水平检验，表明仅存在原油市场向大豆市场的单向性价格波动溢出效应。根据条件方差参数估计结果，a_{11}、a_{22} 及 a_{33} 项系数值分别为 0.302 9、0.212 1 及

0.588 0,且均通过了1%水平下的显著性检验,这表明三个市场价格波动均呈现了显著的ARCH效应,市场价格波动程度并不恒定,当期价格水平受前期价格波动影响存在较强的时变性特征;b_{11}、b_{22} 和 b_{33} 项系数的值分别为0.802 9、0.728 4 及 0.063 0,且均通过了1%水平下的显著性检验,这表明三个市场价格波动还呈现出了显著的GARCH效应,也即市场的跨期价格影响具有较强的持久性,容易受外部因素的影响。

在跨市场价格影响方面,三个市场之间在整体上同样存在价格波动溢出关系。对于"国内大豆—国际原油"这组市场而言,系数 a_{12} 和 b_{12} 均至少通过了5%水平的显著性检验,系数 b_{21} 虽然勉强通过 10%水平的显著性检验,具备统计学意义但经济学意义不明显,这表明在国内大豆市场和国际原油市场之间总体上存在后者对前者的单向价格溢出效应。对于"国际原油—生物柴油"这组市场而言,表 6-11 估计结果与表 6-10 的估计结果保持了一致,仅 a_{13} 通过了 1%水平下的显著性检验,其余系数 a_{31}、b_{13}、b_{31} 均未能通过显著性水平检验,这说明国际原油市场存在对燃料乙醇市场的价格波动溢出效应,而后者对前者的价格波动溢出效应并不明显。对于"国内大豆—生物柴油"这组市场而言,与玉米市场不同,仅 a_{23} 项系数通过了 10%水平下的显著性检验,而 a_{32}、b_{23}、b_{32} 均未能通过显著性水平检验,也即仅存在国内大豆市场对生物柴油市场的单向价格波动溢出效应。与玉米市场分析类似,国内大豆市场和生物柴油市场之间并不存在双向价格波动溢出效应,从而拒绝了假说7。

综合上述分析可知,国内大豆市场和国际原油市场以及生物柴油市场之间均不存在双向价格波动溢出效应,从而拒绝假说4。国内大豆市场和其他两个市场不存在双向价格波动溢出效应,主要是因为市场特性和关联机制的差异。国际原油市场对国内大豆市场存在单向溢出效应,可能是由于原油作为重要的能源物资,其价格波动会通过一系列传导途径影响到大豆市场。一方面,原油价格上涨会增加农业生产的运输成本和农业机械使用成本,间接影响大豆的种植成本和价格。另一方面,原油价格的变化也会对生物柴油产业产生直接影响,而生物柴油产业部分原料来源于大豆等农作物。国内大豆市场对国际生物柴油市场存在单向溢出效应,是因为中国作为大豆的主要生产和消费国之一,其大豆价格的波动会影响到以大豆为原料的生物柴油生产成本。当国内大豆价格变化时,生物柴油生产商在国际市场上的原料采购价格预期随之改变,进而影响国际生物柴油市场价格,但是这种影响没有形成反馈机制使得国际生物柴油市场反过来影响国内大豆市场,从而造成单向的价格波动溢出效应。

4. 三元市场价格波动溢出效应的分阶段估计

根据前文分析,"国内玉米—国际原油"和"国内大豆—国际原油"这两组市场的价格相关稳定性存在区制转移变化特征，价格相关稳定性受时间趋势变化的显著影响。对此，为了能更准确地把握市场间的动态关系，为相关政策制定和市场参与者提供更有针对性的决策依据，有必要分阶段对"国内玉米—国际原油"和"国内大豆—国际原油"这两组市场的价格波动溢出效应进行分析。

基于市场间价格相关区制转移变化特征的检验结果，在对"国内玉米—燃料乙醇—国际原油"三个市场的价格溢出效应进行分阶段估计时，可将观测期分割为 2001 年 1 月—2008 年 12 月和 2008 年 8 月—2022 年 12 月这两个阶段。这一对样本的划分方式可将重叠的断点效应时期都纳入到相关子样本的分析中，从而有效避免了单一结构突变点时期内不同市场断点效应不并存的状况。时间临界点前后两个阶段的估计结果见表 6-12。

表 6-12　国内玉米—燃料乙醇—国际原油三市场分阶段价格溢出效应估计

				原油—玉米				
指标	$a11$	$a22$	$a12$	$a21$	$b11$	$b22$	$b12$	$b21$
临界点前	0.435 3**	0.102 8**	0.026 0	−0.010 8	0.781 5*	−0.215 1**	−0.037 7	0.083 1
临界点后	0.232 6***	0.302 9***	0.130 8**	0.047 7	0.800 5**	0.676 6**	−0.402 7*	0.217 8**

				玉米—燃料乙醇				
指标	$a22$	$a33$	$a23$	$a32$	$b22$	$b33$	$b23$	$b32$
临界点前	0.101 9**	0.538 8**	0.032 4	0.010 6	−0.213 7**	0.067 2	0.004 2	−0.008 6
临界点后	0.302 7***	0.658 8**	0.052 1	−0.068 1**	0.688 0**	0.117 5	0.007 1	−0.040 2

				原油—燃料乙醇				
指标	$a11$	$a33$	$a13$	$a31$	$b11$	$b33$	$b13$	$b31$
临界点前	0.435 8**	0.539 5**	0.053 0*	0.004 2	0.783 1*	0.068 8	0.005 7	0.002 8
临界点后	0.232 8***	0.661 9**	0.381 7***	0.026 5	0.799 5**	0.117 0	−0.032 6*	0.093 3*

根据表 6-12 的估计结果，"国内玉米—燃料乙醇—国际原油"三个市场间的价格溢出效应在区制转移时间临界点前后呈现出了明显的增强趋势，从而支持了假说 3。

对于"国内玉米—国际原油"这组市场而言：a_{22} 和 b_{11} 项系数值由时间临界点前的 0.102 8 和 0.781 5 上升到了时间临界点后的 0.302 9 和 0.800 5，系数值在增大的同时也更为显著，这表明两个市场价格波动的 ARCH 效应在增强；a_{12}、b_{12} 和 b_{21} 项系数值则分别由时间临界点前的 0.026 0、−0.037 7 及 0.083 1 上升到了时间临界点后的 0.130 8、−0.402 7 及 0.217 8，系数均由不显著转为了显著，GARCH 效应增强明显。对于"国内玉米—燃料乙醇"这组市场而言：a_{32} 项系数由时间临界点前的 0.010 6 变为了时间临界点后的 —0.068 1，系数由不显著转为了显著，其余项系数均未发生根本性改变，表明时间趋势变化并未对两个市场的价格波动溢出效应产生显著的影响。对于"国际原油—燃料乙醇"这组市场而言：时间临界点之前的 ARCH 项 a_{13} 系数值为 0.053 0，通过了 10% 水平下的显著性检验，时间临界点后系数值上升到了 0.381 7，更是通过了 1% 水平下的显著性检验；b_{13} 和 b_{31} 的系数值则由时间临界点前的 0.005 7 和 0.002 8 变为了时间临界点后的 —0.032 6 和 0.093 3，显著性的变化表明原油（燃料乙醇）市场上一期的条件方差对燃料乙醇（原油）市场当期波动的条件方差影响由不显著转为了显著。

上述估计结果说明，随着时间的推移，"国际原油—燃料乙醇"这组市场的双向价格波动溢出效应越发明显。一方面，随着全球能源结构的调整和对可再生能源的重视程度不断提高，燃料乙醇作为一种清洁的生物燃料，其与国际原油的替代关系愈发紧密。原油价格的波动会直接影响到燃料乙醇在能源市场中的相对竞争力，当原油价格上升时，燃料乙醇的需求增加，价格也随之上升，反之亦然，这种相互影响导致了双向价格波动溢出效应越发明显。另一方面，在市场一体化和国际贸易的推动下，原油和燃料乙醇市场之间的联系渠道不断拓宽和深化。信息在两个市场之间的传递更加迅速和充分，无论是原油市场的供应变化、地缘政治因素，还是燃料乙醇的生产技术改进、产量调整等信息，都能快速在两个市场之间产生连锁反应，使得价格波动在两个市场之间更容易相互传导，从而双向价格波动溢出效应更加显著。临界点之后的检验结果支持了假说 2。

在对"国内大豆—燃料乙醇—国际原油"三个市场的价格溢出效应进行分阶段估计时，可将观测期分割为 2001 年 1 月—2007 年 10 月和 2007 年 6 月—2021 年 12 月这两个阶段。估计结果见表 6 - 13。

表 6 - 13　国内大豆—燃料乙醇—国际原油三市场分阶段价格溢出效应估计

原油—大豆							
指标	a_{11}	a_{22}	a_{12}	a_{21}	b_{11}	b_{22}	b_{12}	b_{21}
临界点前	0.235 8***	0.166 9**	0.036 7***	—0.072	0.831 1***	0.537 7**	0.017 9	0.003 8
临界点后	0.315 0***	0.252 8***	0.082 7**	0.054 9	0.736 7**	0.770 4***	0.035 2**	—0.007 3

大豆—生物柴油							
指标	a_{22}	a_{33}	a_{23}	a_{32}	b_{22}	b_{33}	b_{23}	b_{32}
临界点前	0.166 6**	0.482 7**	—0.031 8	0.006 7	0.539 2**	0.048 6	0.003 8	—0.007 0
临界点后	0.254 1***	0.576 8**	0.031 09*	—0.002 5	0.772 2***	0.085 72**	0.014 2*	—0.002 3

（续）

				原油—生物柴油				
指标	$a11$	$a33$	$a13$	$a31$	$b11$	$b33$	$b13$	$b31$
临界点前	0.235 8***	0.484 1**	0.087 9*	0.006 1	0.829 8***	0.049 1	0.007 5	0.000 0
临界点后	0.313 8***	0.576 9**	0.202 8***	−0.026 7	0.736 8**	0.085 72**	0.010 8*	0.003 5

根据表 6-12 的估计结果，"国内大豆—燃料乙醇—国际原油"三个市场间的价格溢出效应在区制转移时间临界点前后呈现出了明显的增强趋势，从而支持了假说 3。

对于"国内大豆—国际原油"这组市场而言：a_{11}、a_{22}、b_{11} 和 b_{22} 项系数值由时间临界点前的 0.235 8、0.166 9、0.831 1 和 0.537 7 分别上升到了时间临界点后的 0.315 0、0.252 8、0.736 7 和 0.770 4，两个市场价格波动的 ARCH 效应持续增强；a_{12} 和 b_{12} 项系数值则分别由时间临界点前的 0.036 7 和 0.017 9 上升到了时间临界点后的 0.082 7 和 0.035 2，b_{12} 项系数由不显著转为了显著，GARCH 效应增强也较为明显。对于"国内大豆—燃料乙醇"这组市场而言：a_{23} 和 b_{23} 项系数由时间临界点前的 −0.031 8 和 0.003 8 上升到了时间临界点后的 0.031 09 和 0.014 2，系数也由不显著转为了显著，其余项系数均未发生根本性改变，随着国内大豆进口规模的持续攀升，大豆市场价格波动对生物柴油市场价格的影响开始显现。对于"国际原油—燃料乙醇"这组市场而言：时间临界点之前的 ARCH 项 a_{13} 系数值为 0.087 9，通过了 10% 水平下的显著性检验，时间临界点后系数值上升到了 0.202 8，更是通过了 1% 水平下的显著性检验；b_{13} 的系数值则由时间临界点前的 0.007 5 上升为了时间临界点后的 0.010 8，虽然显著性有所增强，但系数项 a_{31} 和系数项 b_{31} 仍然未能通过显著性水平检验。可见，时间临界点之后两个市场间仍然只存在原油市场向生物柴油市场的单向价格溢出效应。

综合表 6-10 至表 6-13 的分析结果，国内玉米、大豆市场与国际原油、燃料乙醇（生物柴油）市场之间存在复杂的价格波动溢出关系。整体上，国内农产品市场与国际能源市场的双向价格波动溢出效应并不明显，主要表现为国际原油市场对国内玉米、大豆市场的单向溢出以及国内玉米、大豆市场对燃料乙醇（生物柴油）市场的部分单向溢出。分阶段估计进一步表明，随着时间推移，部分市场间的价格溢出效应有所增强，尤其是国际原油与燃料乙醇市场之间的双向价格波动溢出效应越发显著，这与全球能源结构调整、市场一体化以及对可再生能源的重视程度提高密切相关。然而，国内农产品市场由于自身特性以及与国际能源市场关联程度有限等原因，在价格波动传导中处于相对被动地位，这也使得复杂环境背景下中国粮食市场乃至整个农业市场都面临着愈发明显的国际能源市场价格波动的输入型风险。上述结论为政策制定者和市场参与者提供了重要的参考依据，有助于更好地理解和应对不同市场之间的价格波动风险，合理制定相关政策和投资决策。

5. 原因分析

相较大米和小麦，玉米和大豆与国际能源市场间的关系更为密切。一方面，玉米和大豆在生物能源领域的应用更为广泛，是生产生物柴油、燃料乙醇等生物能源的重要原料，这使得它们与国际能源市场建立了直接的产业关联；另一方面，国际原油价格的波动会通过成本传导和市场预期等途径，对玉米和大豆的种植、加工以及相关产品的价格产生明显影响，这种相互作用加强了它们与国际能源市场的紧密联系。国内外玉米（大豆）与国际原油存在市场间的价格联动机制，具体见图 6-3。

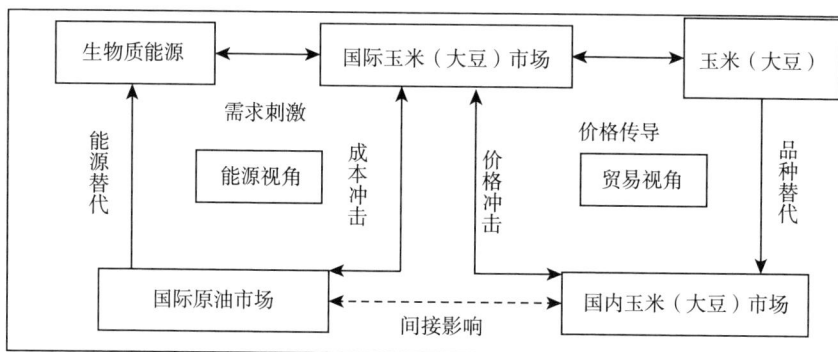

图 6-3　国内外玉米（大豆）与国际原油市场间的价格联动机制

相较大米和小麦，玉米和大豆具备相对较强的生物能源属性，全球生物燃料产量的攀升更是加强了国内粮食市场价格和国际能源市场价格的关联性。2023 年，全球生物燃料产量相较 2022 年实现 8% 以上的增长，达到约 210 万桶/日（换算后接近 2 000 千桶油当量/天）。从地区分布看，全球生物燃料产区主要集中在北美洲、中南美洲地区。其中，北美洲产量占比较高，接近全球的 40%；中南美洲产量占比在 25% 左右。美国和巴西的生物燃料产量增长幅度较大，对全球生物燃料产量增长贡献突出。从品种看，2023 年全球生物乙醇产量达到 8 897 万吨，玉米是燃料乙醇的主要生产原料；根据德国汉堡的行业刊物《油世界》的数据，2023 年全球生物柴油产量可能增至 5 620 万吨，而大豆则是生物柴油的主要生产原料。

以燃料乙醇和生物柴油为代表的全球生物能源产能的不断提升，主要基于以下三个方面。其一，环境保护的迫切需求。随着全球对气候变化和环境污染问题的关注度日益提高，减少温室气体排放、改善空气质量成为各国的重要任务。生物能源作为一种相对清洁的能源，其燃烧过程中产生的二氧化碳排放量相对传统化石能源更低，甚至在部分情况下可以实现碳循环平衡，因此受到广泛青睐，推动了产能的扩张。其二，能源安全战略的考量。世界能源格局不断变化，对传统石油等能源的依赖存在一定风险。生物能源的原料来源广泛，包括农作物、废弃物等，可在一定程度上降低对进口石油的依赖，保障国家能源安全。许多国家纷纷制定相关政策鼓励生物能源发展，加大投资和扶持力度，促进了产能的提升。其三，技术进步的支撑。生物技术、化工技术等领域的不断创新，使得生物能源的生产效率不断提高，生产成本逐渐降低。新型的发酵技术提高了燃料乙醇的转化率，先进的油脂加工技术提升了生物柴油的品质和产量。同时，研发出更适合作为生物能源原料的作物品种，也为产能提升提供了基础保障。对此，随着全球生物质能源项目的持续开发，市场对玉米和大豆的需求量不断扩大，这对国内外粮食市场安全以及国内粮食市场与国际能源市场关联性产生了深远影响。从国内外粮食市场安全角度看，需求扩大可能导致价格波动加剧。国际上的主要生产国可能会因生物质能源需求而调整种植结构，减少其他粮食作物种植，影响全球粮食供应平衡，一旦遭遇灾害等冲击，易引发供应短缺和价格大幅波动，威胁进口国粮食安全。国内也面临价格上涨压力，影响饲料、食品等行业成本及居民消费，需要关注国内供应稳定性以保障居民基本需求。在关联性方面，国内粮食市场与国际能源市场联系更紧密。国际能源价格波动影响生物质能源生产经济性，进而影响玉米和大豆的需求和价格，贸易格局也随之变化。我国作为粮食进口大国，采购受国际能源及生物质能源发展的制约，国内价格变化也会反馈到国际市场，因此在政策制定上需综合考虑国内外因素，加强政策协调与应对机制建设。

相较国际粮食市场，国内的玉米市场和大豆市场与国际原油市场间的价格溢出效应相对偏弱，这很可能与国内能源市场采取的相关调控措施有关。为了防止国内原油价格受国际市场影响而出现过大的波动，一方面，国家发改委于2016年发布了《关于进一步完善成品油价格形成机制有关问题的通知》（〔2016〕64号），设置了原油价格40美元的下限和130美元的上限；另一方面，对油价调整周期进行了必要的管控，实行了滞后（非对称）调整期。我国在成品油市场就采用了十个交易日调价方法，以平缓石油价格波动频率。因此，我国在能源市场采取的调控措施直接削弱了国际能源市场价格波动对国内粮食市场的冲击力，特别是对大米和小麦这类"强口粮属性"的粮食品种。

此外，"国内玉米—燃料乙醇"和"国内大豆—生物柴油"两组市场间之所以只存在单向性的价格溢出效应，除了能源市场的调控措施外，还与我国生物质能源生产过程中主粮品种较低投入量相关。我国在生物质能源发展中，出于保障粮食安全的考虑，对玉米、大豆等主粮用于生物质能源生产有一定限制，投入量相对较低。根据 OECD 预测，中国每年仅消耗 0.04 亿吨玉米生产乙醇燃料，不到国内玉米总产量的 1.5%，这使得国内生物质能源生产规模受到约束，其价格波动受国际能源市场影响相对较小。同时，较低的投入量导致国内生物质能源市场对玉米、大豆价格的影响有限，难以形成有效的反向价格传导机制。国内生物质能源生产技术水平、产业布局等因素也与主粮品种投入量相互作用，共同影响着两组市场间的价格传导关系。

（二）国内粮食—国际粮食—国际能源市场间的价格溢出效应

自加入 WTO 以来，中国对外粮食的贸易规模不断扩大，对外粮食贸易在调节国内粮食供需平衡、丰富粮食市场品种、促进农业产业结构调整等方面发挥了重要的作用，国际粮食市场逐渐成为我国粮食市场资源配置的重要组成部分。有部分学者已经证实，在对外大规模粮食贸易背景下，国内粮食市场价格水平受国际市场价格波动的显著影响，且这种影响随着国内外市场的深度融合出现趋强趋势（肖小勇等，2014；郑金英和翁欣，2017；李光泗等，2018）。观测期内三个市场价格走势见图 6-4。

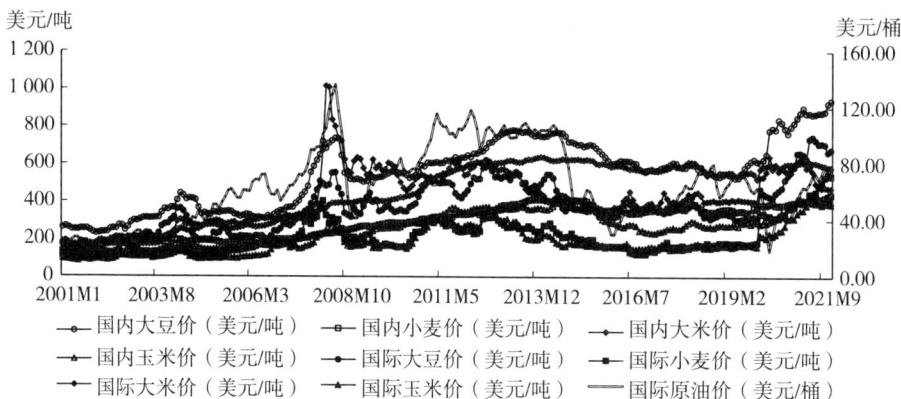

图 6-4　国内外粮食市场和国际原油市场价格走势（2001—2021）

根据图 6-4，国内粮食市场、国际粮食市场以及国际原油市场的价格走势总体上存在一定的趋同性，这种趋同性表现在价格波动的方向和幅度在一定时期内具有相似性。相对明显的是，在 2008—2009 年三个市场价格短期内同时存在"上涨—下跌"的走势，2020—2021 年则在短期内同时出现了急升势头。Fretheim（2019）、肖小勇和章胜勇（2016；2019）、张兵兵和朱晶（2016）等众多学者已经从理论和实证角度分析了不同粮食市场以及粮食市场和能源市场间的价格关联性。对此，本部分内容将进一步运用三元 VEC - BEKK - GARCH（1，1）模型从均值（一阶矩）和方差（二阶矩）这两个维度衡量国内外粮食市场和国际原油市场间的价格溢出效应。

为了保障国内主粮市场价格的稳定，采取了粮食储备调节、价格支持政策等措施，实施了农业补贴、最低收购价等制度，从而在一定程度上缓冲了外部环境带来的不利影响，相较国际粮食市场价格波动幅度更小、稳定性更高。对此，本文提出假说 8：国际能源市场价格波动对国内粮食市场价格冲击影响弱于国际粮食市场。

1. 数据说明及平稳性检验

国内粮食价格数据和国际原油价格数据已在第四章进行了说明，本部分内容不再进行赘述。国际大米价格、小麦价格、玉米价格和大豆价格分别以 5% 破碎率曼谷大米 FOB 价、美国二号硬红冬小麦 FOB 价、美国农业部公布国际玉米现货价格以及美国一号黄大豆价为代表。数据覆盖时间范围为 2001 年 1 月—2022 年 12 月。基于国内外粮食价格时间序列数据的描述性统计结果，四大粮食品种的国内外价格的峰值均小于 3，说明数据分布不存在尖峰厚尾的现象。根据 JB 检验结果，四大粮食品种国内外价格变量均至少通过了 5% 水平下的显著性检验，也即呈现出了非正态分布的特征。

根据约翰森协整检验结果显示，国内大米—国际大米—国际原油和国内小麦—国际小麦—国际原油间并未存在显著的长期协整关系，而国内玉米—国际玉米—国际原油和国内大豆—国际大豆—国际原油间存在显著的长期协整关系。

2. VEC 模型检验

本部分内容将运用 VEC 模型检验玉米、大豆的国内外价格和国际原油价格向均衡水平调整的方向和力度。国内外玉米市场和国际原油市场间的 VEC 模型检验结果见表 6 - 14。

表 6 - 14　国内外玉米市场和国际原油市场间的 VEC 模型检验结果

变量	$LP_{cn}-LP_{wcn}$		$LP_{cn}-LP_{oil}$		$LP_{wcn}-LP_{oil}$	
	ΔLP_{cn}	ΔLP_{wcn}	ΔLP_{cn}	ΔLP_{oil}	ΔLP_{wcn}	ΔLP_{oil}
$Vecm_{t-1}$	−0.003 1***	0.001 9	−0.002 8***	0.001 1	−0.003 1*	0.004 7*
	（−3.330）	（0.408）	（−3.121）	（0.538）	（−1.84）	（1.837）

（续）

变量	$LP_{cn}-LP_{wcn}$		$LP_{cn}-LP_{oil}$		$LP_{wcn}-LP_{oil}$	
	ΔLP_{cn}	ΔLP_{wcn}	ΔLP_{cn}	ΔLP_{oil}	ΔLP_{wcn}	ΔLP_{oil}
ΔPa_{t-1}	−0.119 0***	0.005 9	−1.089***	0.034 8	0.017 9***	0.029 8
	(−5.665)	(0.241)	(−5.777)	(0.886)	(6.013)	(1.252)
ΔPa_{t-2}	0.004 9**	0.006 5	−0.012 1	−0.009 8	−0.018 8	0.030 8
	(2.343)	(0.127)	(−0.198)	(−0.306)	(−1.052)	(1.228)
ΔPb_{t-1}	0.005 2*	−0.024 1***	−0.018 1	−0.164 7***	0.008 2*	−0.170 6***
	(1.798)	(−9.089)	(−1.485)	(−4.527)	(1.854)	(−8.452)
ΔPb_{t-2}	−0.014 9	−0.021 8	−0.014 1*	−0.018 8	0.006 0	−0.023 8
	(−1.067)	(−1.058)	(−1.733)	(−1.003)	(0.279)	(−1.287)
F 统计量	9.168 3	5.601 8	9.359 2	1.338 8	6.303 3	15.226 0

注：Pa 表示每组市场的第一个变量，上表中分别对应 ΔLP_{cn}、ΔLP_{cn}、ΔLP_{wcn}；Pb 表示每组市场的第二个变量，上表中分别对应 ΔLP_{wcn}、ΔLP_{oil}、ΔLP_{oil}；括号内数字为 t 值。表 6-15 有关 Pa 和 Pb 的设置与本表同。

根据表 6-14 的检验结果，对于 $LP_{cn}-LP_{wcn}$、$LP_{cn}-LP_{oil}$ 和 $LP_{wcn}-LP_{oil}$ 这三组市场，多数误差修正系数通过了显著性水平检验。其中，对于 $LP_{cn}-LP_{wcn}$ 这组市场而言，国内玉米的误差修正模型系数在 1% 水平上显著为正，这表明国内玉米市场具有相对较强的市场价格纠偏能力。当受到外部短期市场冲击时，国内外玉米市场间的长期协整关系会通过反向调节作用，使得国内玉米市场价格能够以 0.003 1 的调整力度回到均衡水平；对于 $LP_{cn}-LP_{oil}$ 这组市场而言，同样只有国内玉米的误差修正模型系数通过了显著性水平检验，也即国内玉米与国际原油市场的长期协整关系会通过反向调节作用促使国内玉米市场价格以 0.002 8 的调整力度回到均衡水平；对于 $LP_{wcn}-LP_{oil}$ 这组市场而言，两个市场的误差修正模型系数均通过了 10% 的显著性水平检验，且两者方向相反，表明短期冲击会使得国际玉米价格高于长期均衡水平，也会使国际原油价格低于长期均衡水平，前者会以 0.003 1 的调整力度回到均衡水平，而后者会以 0.004 7 的调整力度回到均衡水平。

从跨市场价格波动影响的角度，国内玉米市场价格受国际玉米市场滞后一阶价格波动和国际原油市场滞后二阶价格波动的影响均在 10% 水平上显著为正；国际玉米价格受国际原油市场滞后价格波动的显著影响，反之则不显著。可见，在均值溢出效应方面，相较"价格传播者"，国内玉米市场更多扮演的是"价格接受者"的角色。

国内外大豆和国际原油市场间的 VEC 模型检验结果见表 6-15。

表 6 - 15 国内外大豆和国际原油市场间的 VEC 模型检验结果

变量	$LP_{sb}-LP_{wsb}$		$LP_{sb}-LP_{oil}$		$LP_{wsb}-LP_{oil}$	
	ΔLP_{sb}	ΔLP_{wsb}	ΔLP_{sb}	ΔLP_{oil}	ΔLP_{wsb}	ΔLP_{oil}
$Vecm_{t-1}$	−0.046 1*	0.179 3***	−0.002 5**	0.002 6	−0.007 0*	0.002 1*
	(1.783)	(4.061)	(2.232)	(0.540)	(−1.878)	(1.541)
ΔPa_{t-1}	0.078 1***	−0.148 6	0.028 8***	0.024 5	0.057 2***	0.014 7
	(4.125)	(1.012)	(4.287)	(0.308)	(3.758)	(1.125)
ΔPa_{t-2}	0.024 2	0.162 7	0.011 4*	−0.009 2	0.016 8**	0.008 8
	(1.138)	(0.135)	(1.788)	(−0.297)	(2.345)	(0.091)
ΔPb_{t-1}	0.130 1***	0.152 8**	−0.114 7***	−0.020 2**	−0.151 3***	−0.025 2***
	(5.102)	(2.295)	(−6.283)	(−2.318)	(−7.157)	(−4.608)
ΔPb_{t-2}	0.058 3	0.034 4	−0.035 2	−0.014 7	−0.112 7*	0.006 2*
	(0.658)	(0.370)	(−0.951)	(−1.118)	(−1.828)	(1.836)
F 统计量	17.750 8	12.353 7	1.344 5	6.433 7	1.466 8	13.251 9

根据表 6 - 15 的检验结果，对于 $LP_{sb}-LP_{wsb}$、$LP_{sb}-LP_{oil}$ 和 $LP_{wsb}-LP_{oil}$ 这三组市场，多数误差修正系数通过了显著性水平检验。其中，对于 $LP_{sb}-LP_{wsb}$ 这组市场而言，国内外大豆的误差修正模型系数均至少通过了 10% 水平的显著性检验，表明国内外大豆市场均具有较强的价格纠偏能力。当受到外部短期市场冲击时，国内外大豆市场间的长期协整关系会通过反向调节作用，使得国内大豆市场价格能够以 0.046 1 的调整力度回到均衡水平，使得国际大豆市场价格能够以 0.179 3 的调整力度回到均衡水平；对于 $LP_{sb}-LP_{oil}$ 这组市场而言，只有国内大豆的误差修正模型系数通过了显著性水平检验，也即国内玉米与国际原油市场的长期协整关系会通过反向调节作用促使国内玉米市场价格以 0.002 5 的调整力度回到均衡水平；对于 $LP_{wsb}-LP_{oil}$ 这组市场而言，两个市场的误差修正模型系数均通过了 10% 水平的显著性检验，且两者方向相反，在受到外部短期冲击后，均衡关系会将两者价格反向调整至均衡水平。可见，国际大豆市场和国际原油市场间存在明显的双向调节作用，且都存在对国内大豆市场显著的调节作用。与玉米市场类似，均值溢出效应检验结果显示国内大豆市场更多扮演的也是"价格接受者"角色。

3. 三个市场间的价格波动溢出效应

本部分内容同样运用 BEKK - GARCH（1，1）模型估计国内外粮食市场以及国际原油市场间的价格波动溢出效应。其中，国内外玉米和国际原油市场的 BEKK - GARCH（1，1）模型估计结果见表 6 - 16。

表 6 - 16　国内外玉米和国际原油市场的 BEKK - GARCH（1，1）模型估计结果

变量	参数	变量	参数	变量	参数
C (1, 1)	−0.001 4 (0.341)	A (1, 1)	0.377 8*** (0.005)	B (1, 1)	0.618 1* (0.078)
C (2, 1)	−0.002 3*** (0.005)	A (1, 2)	−0.080 8* (0.070)	B (1, 2)	−0.289 3** (0.031)
C (2, 2)	−0.002 4** (0.036)	A (1, 3)	0.024 1* (0.064)	B (1, 3)	−0.012 2* (0.083)
C (3, 1)	−0.002 9 (0.711)	A (2, 1)	0.003 5 (0.293)	B (2, 1)	0.006 8** (0.028)
C (3, 2)	−0.003 2*** (0.001)	A (2, 2)	0.331 1** (0.032)	B (2, 2)	0.534 8*** (0.008)
C (3, 3)	0.001 7*** (0.004)	A (2, 3)	−0.033 5*** (0.007)	B (2, 3)	0.078 7*** (0.008)
		A (3, 1)	0.012 9* (0.081)	B (3, 1)	−0.036 6 (0.715)
		A (3, 2)	0.059 8*** (0.008)	B (3, 2)	0.001 2 (0.195)
		A (3, 3)	0.288 5*** (0.008)	B (3, 3)	0.784 8** (0.041)
LP_{cn}-LP_{wcn}	H_{10}：$a_{12}=b_{12}=0$				Wald＝78.551 2***
	H_{20}：$a_{21}=b_{21}=0$				Wald＝24.321 5***
	H_{30}：$a_{12}=b_{12}=a_{21}=b_{21}=0$				Wald＝103.211 3***
LP_{cn}-LP_{oil}	H_{10}：$a_{13}=b_{13}=0$				Wald＝113.150 0***
	H_{20}：$a_{31}=b_{31}=0$				Wald＝133.334 2*
	H_{30}：$a_{13}=b_{13}=a_{31}=b_{31}=0$				Wald＝158.634 5***
LP_{wcn}-LP_{oil}	H_{10}：$a_{23}=b_{23}=0$				Wald＝140.385 1***
	H_{20}：$a_{32}=b_{32}=0$				Wald＝91.602 9***
	H_{30}：$a_{23}=b_{23}=a_{32}=b_{32}=0$				Wald＝164.542 6***

注：括号内为 P 值，表 6 - 23 同说明。

　　根据表 6 - 16 的估计结果，三个市场 A 矩阵对角元素均至少通过了 5% 水平的显著性检验，表明三个市场的滞后期价格水平对当期价格存在显著影响，

ARCH 型价格波动溢出效应显著；三个市场 GARCH 项系数矩阵 B 的对角线元素 B（1，1）、B（2，2）、B（3，3）也均至少通过了 10％ 水平的显著性检验，说明三个市场的价格水平波动具有持久性。相比国内玉米价格，国际玉米市场和国际原油市场的 GARCH 型价格波动溢出效应更为显著。总体而言，国内外的玉米价格和国际原油价格同时受滞后绝对残差和滞后价格波动的显著影响，也即三个市场价格波动均具备较强的聚集性和持久性。

在国际原油市场和国内粮食市场间的跨市场价格影响方面，A 矩阵和 B 矩阵对角线元素 A（1，3）、A（3，1）、B（1，3）均通过了至少 10％ 水平的显著性检验，这表明国内玉米价格和国际原油价格存在双向价格波动溢出效应，且国际原油市场对国内玉米市场同时存在 ARCH 型和 GARCH 型波动溢出效应，而后者对前者仅存在 ARCH 型效应。上述分析结果表明，国际原油市场价格波动不仅能引起国内玉米市场价格的时变性波动，而且这种波动性存在持久性，而国内玉米市场仅能引起国际原油市场的时变性波动，这与前文实证分析结果基本保持了一致。

在影响程度上，根据矩阵元素的绝对值大小，相比国内粮食市场和国际原油市场间的价格波动溢出效应，国际粮食市场和国际原油市场间的价格溢出效应更为显著。在 A 矩阵和 B 矩阵对角线元素中，仅 B（3，2）未能通过显著性水平检验，也即国际原油市场价格波动会引起国际玉米市场价格的时变性波动和持久性波动，而后者对前者仅存在 ARCH 型波动溢出效应。

表 6-16 中的 wald 检验结果显示，各 wald 统计量均通过了显著性水平检验，由此拒绝了原假设 H_{10}、H_{20} 和 H_{30}。wald 检验结果，再次验证了上述有关国内玉米和国际原油价格间、国际玉米和国际原油价格间存在双向波动溢出效应的结论。上述三元市场间的价格波动溢出效应检验结果，就玉米市场而言支持假说 4，总体上与二元市场间的价格波动溢出效应检验结果保持了一致。

在国内外粮价间的波动溢出效应方面，国内外玉米价格均存在双向价格波动溢出效应。具体而言，对于"国内玉米—国际玉米"这组市场而言，A 矩阵和 B 矩阵对角线元素 A（1，2）、B（1，2）、B（2，1）均通过了至少 10％ 水平下的显著性检验。"国内玉米—国际玉米"这组市场的 wald 统计量也均通过了 1％ 水平下的显著性检验，也即国内外市场间存在显著的双向价格波动溢出效应。对比对角线元素绝对值大小，国际玉米市场对国内玉米市场的价格波动溢出效应要强于后者对前者的价格波动溢出效应。

国内外大豆和国际原油市场的 BEKK-GARCH（1，1）模型估计结果见表 6-17。

表 6 - 17　国内外大豆和国际原油市场的 BEKK - GARCH（1，1）模型估计结果

变量	参数	变量	参数	变量	参数
C（1，1）	$-0.026\,8$ (0.622)	A（1，1）	$0.409\,5^{***}$ (0.000)	B（1，1）	$-0.534\,8^{*}$ (0.085)
C（2，1）	$-0.012\,4$ (0.286)	A（1，2）	$0.489\,0^{***}$ (0.004)	B（1，2）	$-0.241\,8^{**}$ (0.031)
C（2，2）	$-0.016\,1^{*}$ (0.080)	A（1，3）	$0.034\,1$ (0.345)	B（1，3）	$0.017\,1^{*}$ (0.078)
C（3，1）	$-0.001\,1$ (0.415)	A（2，1）	$0.143\,3^{***}$ (0.003)	B（2，1）	$-0.017\,8^{*}$ (0.095)
C（3，2）	$-0.020\,3^{**}$ (0.032)	A（2，2）	$-0.312\,5^{***}$ (0.003)	B（2，2）	$-0.692\,9^{**}$ (0.071)
C（3，3）	$0.001\,1$ (0.422)	A（2，3）	$0.038\,6^{***}$ (0.003)	B（2，3）	$0.071\,8^{*}$ (0.074)
		A（3，1）	$0.008\,5$ (0.344)	B（3，1）	$-0.003\,2$ (0.230)
		A（3，2）	$0.063\,5^{*}$ (0.085)	B（3，2）	$0.011\,5$ (0.742)
		A（3，3）	$0.468\,8^{***}$ (0.002)	B（3，3）	$0.528\,7^{**}$ (0.032)

	H_{10}：$a_{12}=b_{12}=0$	Wald$=44.192\,5^{**}$
$LP_{sb}-LP_{wsb}$	H_{20}：$a_{21}=b_{21}=0$	Wald$=24.468\,9^{***}$
	H_{30}：$a_{12}=b_{12}=a_{21}=b_{21}=0$	Wald$=58.260\,5^{***}$
	H_{10}：$a_{13}=b_{13}=0$	Wald$=14.150\,0^{*}$
$LP_{sb}-LP_{oil}$	H_{20}：$a_{31}=b_{31}=0$	Wald$=1.241\,4$
	H_{30}：$a_{13}=b_{13}=a_{31}=b_{31}=0$	Wald$=19.458\,3^{*}$
	H_{10}：$a_{23}=b_{23}=0$	Wald$=59.152\,6^{***}$
$LP_{wsb}-LP_{oil}$	H_{20}：$a_{32}=b_{32}=0$	Wald$=19.535\,5^{**}$
	H_{30}：$a_{23}=b_{23}=a_{32}=b_{32}=0$	Wald$=66.218\,2^{***}$

　　根据表 6 - 17 的估计结果，三个市场 A 矩阵对角元素均至少通过了 5% 水平的显著性检验，表明三个市场的滞后期价格水平对当期价格存在显著性影响，ARCH 型价格波动溢出效应显著；三个市场 GARCH 项系数矩阵 B 的对

角线元素 $B(1,1)$、$B(2,2)$、$B(3,3)$ 也均至少通过了 10％ 水平下的显著性检验，说明三个市场的价格水平波动具有持久性。相比国内大豆价格，国际大豆市场和国际原油市场的价格波动更具持久性，GARCH 型价格波动溢出效应更为显著。总体而言，国内外的大豆价格和国际原油价格同时受滞后绝对残差和滞后价格波动的显著影响，也即三个市场价格波动均具备较强的聚集性和持久性，这与玉米市场和能源市场的价格溢出效应估计结果类似。

在国际原油市场和国内粮食市场间的跨市场价格影响方面，A 矩阵和 B 矩阵对角线元素 $A(1,3)$、$A(3,1)$、$B(3,1)$ 均未通过显著性检验，仅 B 矩阵对角线元素 $B(1,3)$ 通过了 10％ 水平的显著性检验，这表明国内大豆市场和国际原油市场仅存在后者向前者的单向价格波动溢出效应，这与前文实证分析结果基本保持了一致。

在影响程度上，根据矩阵元素的绝对值大小，相比国内粮食市场和国际原油市场间的价格波动溢出效应，国际粮食市场和国际原油市场间的价格溢出效应更为显著。对于"国际大豆—国际能源"这组市场而言，$A(2,3)$、$A(3,2)$ 和 $B(2,3)$ 均至少通过了 10％ 水平下的显著性检验，仅 $B(3,2)$ 未通过显著性检验，这就表明国际原油价格波动会显著引起国际大豆价格波动的时变性和持久性，而后者价格波动仅会对前者产生 ARCH 型波动溢出效应。

表 6-17 中的 wald 检验结果显示，多数 wald 统计量通过了显著性水平检验。其中，国内大豆和国际原油市场间的 H_{10} 和 H_{30} wald 统计量通过了显著性水平检验，而 H_{20} 的 wald 统计量未通过显著性水平检验；国际大豆和国际原油市场间的 wald 统计量概率，同样均显著拒绝了原假设 H_{10}、H_{20} 和 H_{30}。wald 检验结果支持了上述有关国际大豆和国际原油价格间存在双向波动溢出效应的结论，也验证了国际原油价格存在向国内大豆的单向性价格波动溢出效应的结论。上述三元市场间的价格波动溢出效应检验结果，就大豆市场而言则显示拒绝假说 4，总体上与二元市场间的价格波动溢出效应检验结果保持了一致。

在国内外粮价间的波动溢出效应方面，A 矩阵和 B 矩阵对角线元素均通过了显著性水平检验，这表明国内外大豆价格间均存在显著的双向价格波动溢出效应。根据对角线元素绝对值大小，国际粮食市场对国内粮食市场的价格波动溢出效应要强于后者对前者的价格波动溢出效应。与玉米市场类似，国内大豆市场在国际市场更多扮演的是价格接受者角色。

4. 国内外大米和小麦市场的价格溢出效应检验

考虑到研究结论的全面性，本小节将进一步对国内外大米和国内外小麦市场间的价格溢出效应进行检验。具体估计结果见表 6-18。

表 6 - 18　国内外大米和小麦市场价格的 BEKK - GARCH（1，1）估计结果

矩阵元素	国内大米—国际大米	国内小麦—国际小麦
C（1，1）	0.002 1	−0.081 9***
C（2，1）	−0.030 8**	0.002 2***
C（2，2）	−0.001 7	0.000 5
A（1，1）	0.146 5***	−0.585 8***
A（1，2）	−0.538 7	−0.036 1
A（2，1）	−0.693 3***	0.061 5***
A（2，2）	0.025 7*	−0.044 8**
B（1，1）	0.034 8**	0.251 9***
B（1，2）	−0.019 5	−0.004 0
B（2，1）	−0.881 3***	−0.117 2***
B（2，2）	−0.106 3**	0.002 8***
原假设	Wald 检验	
$H_0^1: a_{12}=b_{12}=0$	1.400 0	1.086 5
$H_0^2: a_{21}=b_{21}=0$	7.263 3***	15.715 2***
$H_0^3: a_{12}=b_{12}=a_{21}=b_{21}=0$	11.258 3***	21.538 1***

　　表 6 - 18 的检验结果显示，"国内大米—国际大米"和"国内小麦—国际小麦"这两组市场矩阵系数 A（1，1）、A（2，2）、B（1，1）以及 B（2，2）均至少在 10% 水平上显著异于 0，表明两个市场价格均受自身前期价格波动的显著影响。根据蛛网理论，t 期农产品市场价格主要由当期市场供需所决定，而 t 期农产品市场价格水平又会进一步影响到下一期的农产品供需。t 期农产品市场价格过高，则会增加 $t+1$ 期农产品市场的产品供给，同时减少市场需求；当 t 期农产品市场价格过低，则会减少 $t+1$ 期农产品市场的产品供给，同时增加市场需求。当期农产品市场价格变化会引起下期市场供需力量的变化，而这又会进一步影响市场价格水平。此外，矩阵系数 A（1，2）和 B（1，2）均未能通过显著性水平检验，而矩阵系数 A（2，1）和 B（2，1）均在 1% 水平上显著异于 0，这就表明"国内大米—国际大米"和"国内小麦—国际小麦"这两组市场，均仅存在国内市场对国际市场的单向价格波动溢出效应，这很有可能与较少的对外贸易量有关。

5. 实证结果的原因剖析

　　根据价格波动溢出效应估计结果，国内外不同粮食品种市场的价格波动溢出效应存在较大差异。其中，国内外的玉米和大豆市场间存在显著的双向价格波动溢出效应，而国内外的大米和小麦市场间则仅存在国内市场向国际市场的单向性价格波动溢出效应。之所以会出现上述结果，很可能与不同粮食品种市场的供需水平、价格水平以及自身具备的属性相关。

（1）国内玉米和大豆旺盛的市场需求和偏弱的市场竞争力

在国内外粮食市场中，价格波动溢出效应呈现出不同特点，这背后的原因与粮食品种的市场供需和自身属性密切相关。就国内玉米和大豆市场而言，其旺盛的市场需求和偏弱的市场竞争力对价格波动溢出效应有着重要影响。从需求方面来看，随着国内畜牧业、工业加工等行业的发展，对玉米的需求量呈持续增长态势。在 2001—2023 年，我国玉米的对外贸易情况可大致分为下面几个阶段。一是 2001—2009 年，以净出口为主，但出口量呈下降趋势。这一时期我国玉米产量相对较高，在国际市场上具有一定的出口竞争力。2003 年我国玉米出口量曾创 1 639 万吨的历史新高。但随着国内玉米深加工产业的发展以及养殖业对玉米需求的逐步增加，国内玉米市场的供求关系发生变化，出口量开始下降。到 2009 年，玉米出口量减少到 13 万吨，而进口量也仅有 8.5 万吨，玉米贸易仍为净出口格局。二是 2010—2015 年，进口快速增长，出口持续减少。2010 年，我国玉米进口量大幅增加，由 2009 年的 8.5 万吨上升到157.3 万吨，出口量则从 12.9 万吨锐减到 4 万吨，我国首次由玉米净出口国转变为玉米净进口国。这主要是因为养殖业及玉米深加工行业快速发展，对玉米的需求进一步增大，加上通胀和热钱的影响，玉米的进口价格间歇性地低于国内价格。三是 2011—2015 年，国内外价差拉大刺激玉米及其替代品进口快速增长。其中，2012 年，我国玉米进口量激增至 521 万吨，达历史高峰，2015 年，玉米进口 473.1 万吨，处于历史次高水平。同时，作为玉米替代品的高粱、大麦和干玉米酒糟进口量也在这一时期大幅增加，均创历史纪录。四是 2016—2019 年，进口维持较高水平，波动中略有变化。2016 年，玉米临储政策取消以后，我国玉米产业实行"价补分离、市场定价"机制，进口玉米成本优势基本丧失，进口开始下降，但 2018 年我国玉米面积和产量连续第三年调减，供求关系逐步趋紧，2019 年我国玉米进口又开始增加，同比增长 36％。五是 2020—2023 年，进口量波动上升，进口来源多元化趋势明显。在这个阶段，我国每年的玉米进口量保持在了 2 000 万吨以上。可见，国内的玉米进口量总体上呈不断扩大的趋势。

除了市场进口的刚性需求，国内外价格水平差异也是导致进口量不断攀升的一大原因。根据近些年来《农产品供需形势分析月报》披露的数据显示，国际玉米价格整体上低于国内玉米价格。例如，在 2022 年的国际玉米月度价格较国内玉米月度价格低 11.83％左右。相对较低的价格使得进口玉米在成本方面展现出巨大优势。对于国内以玉米为主要原料的企业，如饲料加工企业和玉米深加工企业，采购国际低价玉米能够有效降低生产成本，提升产品在市场上的竞争力和利润空间。以饲料加工企业为例，玉米在饲料成本中占比较大，国际低价玉米的可获得性使其能在保证质量的前提下降低饲料价格，进而降低养殖企业的成本，促进养殖业的发展。同时，这种价格差也刺激了贸易商的进口积极性。贸易商在追求利润最大化的驱动下，更倾向于进口国际低价玉米。在市场机制的作用下，大量低价进口玉米涌入国内市场，进一步满足了国内市场对玉米的需求。而且，这种价格差异在一定时期内持续存在，让市场参与者形成了稳定的价格预期，使得进口行为具有持续性，不断推动进口量攀升，对国内玉米产业的供应结构和价格体系都产生了深刻影响。

随着国内居民生活水平的提高，居民对肉蛋奶的需求不断攀升，对于饲料蛋白需求也不断上涨。进口大豆一方面出油率相对更高，另一方面在榨油后剩下的豆粕还可作为畜禽水产业的蛋白饲料，进口价格较国内大豆价格更有优势。因此，在国内市场需求快速扩大背景下，大豆进口量长期维持在较高水平，且有不断增长的趋势。2014—2022 年的国内外大豆价格走势和进口量见图 6-5。

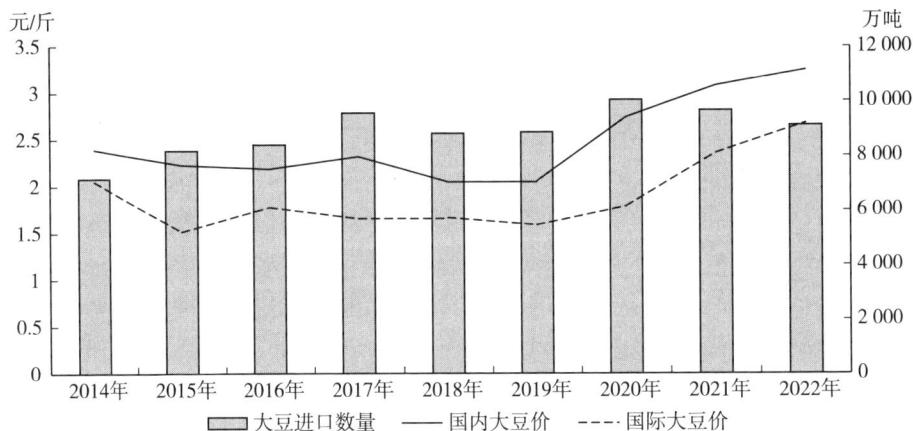

图 6-5　2014—2022 年的国内外大豆价格走势和进口量

注：大豆进口数据来源于国家统计局官网；国内外大豆价格来源于《农产品供需形势分析月报》。

根据图 6-5，近些年来，大豆的国内外价差存在扩大趋势，持续刺激着大豆的进口市场的扩大化。向国际市场进口大豆的规模越大，国际市场价格波动就越容易通过贸易渠道对国内市场产生影响，国际大豆市场对国内大豆市场的价格波动溢出效应就越显著。

（2）国内大米和小麦相对完善的粮食生产支持体系

国内外的大米和小麦市场间则仅存在国内市场向国际市场的单向性价格波动溢出效应，很可能与国内的一系列口粮生产支持政策相关。

粮食税补政策和最低收购价制度。相比玉米和大豆，大米和小麦在国内外市场间表现出更多的是国内市场向国际市场的价格溢出效应。由于大米和小麦是我国的主要口粮品种，2019 年的中央 1 号文件明确提到"将稻谷、小麦作为必保品种"，并要求"口粮绝对安全"。对此，为了保障大米和小麦的充足供给，中国政府推行了一系列涉粮政策。我国自 2001 年加入 WTO 以来，推进了农村税费改革，取消了农业税，推行包括直接补贴、良种补贴、农资综合补贴和农业机械收购补贴等在内的农业生产补贴，对主要粮食品种实施了最低收购价政策和临时收储制度。从粮食税补政策来看，政府通过对种植大米和小麦的农民实施税收优惠和补贴，稳定了农民的种植收益预期。这种补贴降低了农民种植成本，提高了农民应对市场风险的能力，使得国内粮食生产不会因国际市场价格波动而出现大幅调整，保障了国内粮食供应的稳定性，从而在一定程度上阻隔了国际价格波动向国内传导。

最低收购价政策的实施在充分发挥市场机制主导作用的基础上，引导粮食和其他农产品价格适度上涨，促进了粮食和农业增产、农民增收，其所发挥的"托底"机制是我国粮食生产支持政策中的重要一环。当市场价格过低时，政府按照最低收购价敞开收购大米和小麦，这为市场价格设置了一道坚实的底线。这一制度有效避免了因国际市场价格暴跌引发国内价格大幅下跌的情况，稳定了国内市场价格。同时，稳定的国内市场价格也使得国内粮食市场与国际市场之间的价格波动关联性降低，减少了国际市场价格波动向国内市场溢出的可能性，保障了国内大米和小麦市场的相对独立性和稳定性。

根据表 6 - 19 中 2004—2023 年中国稻谷和小麦最低收购价信息，虽然粮食最低收购价在近些年有所下降，但在观测期内多数时期处于上升状态。近几年来，国内稻谷最低收购价维持了在 2.40～2.60 元/公斤之间，国内小麦最低收购价维持在了 2.24～2.35 元/公斤的水平。

表 6 - 19　2004—2023 年中国稻谷和小麦最低收购价（单位：元/公斤）

年份	品种					
	早籼稻	中晚籼稻	粳稻	白小麦	红小麦	混合麦
2004 年	1.40	1.44	1.50	—	—	—
2005 年	1.40	1.44	1.50	—	—	—
2006 年	1.40	1.44	1.50	1.44	1.38	1.38

（续）

年份	品种					
	早籼稻	中晚籼稻	粳稻	白小麦	红小麦	混合麦
2007 年	1.40	1.44	1.50	1.44	1.38	1.38
2008 年	1.54	1.58	1.64	1.52	1.42	1.42
2009 年	1.80	1.84	1.90	1.74	1.66	1.66
2010 年	1.86	1.94	2.10	1.80	1.92	1.92
2011 年	2.04	2.14	2.56	1.90	1.86	1.86
2012 年	2.40	2.50	2.80	2.04	2.04	2.04
2013 年	2.64	2.70	3.00	2.24	2.24	2.24
2014 年	2.70	2.76	3.10	2.36	2.36	2.36
2015 年	2.70	2.76	3.10	2.36	2.36	2.36
2016 年	2.66	2.76	3.10	2.36	2.36	2.36
2017 年	2.60	2.72	3.00	2.36	2.36	2.36
2018 年	2.40	2.52	2.60	2.30	2.30	2.30
2019 年	2.40	2.52	2.60	2.24	2.24	2.24
2020 年	2.42	2.54	2.60	2.24	2.24	2.24
2021 年	2.44	2.56	2.60	2.26	2.26	2.26
2022 年	2.48	2.58	2.62	2.30	2.30	2.30
2023 年	2.52	2.58	2.62	2.34	2.34	2.34

注：数据根据历年国家发展改革委公布稻谷和小麦最低收购价格统计数据整理而得。

借助最低收购价政策的实施，我国种粮农户的种粮收益得以保障，种粮积极性得以维持，稻谷和小麦种植面积总体稳定，相应的产能得到了较快的提升。自 2001 年以来，我国的稻谷和小麦种植面积虽然总体存在"上升—回落"的趋势，但稻谷种植面积始终保持在 28 000 千公顷以上，小麦种植面积多数时间维持在了 23 000 千公顷以上。自 2011 年以来，国内的稻谷产量始终保持在了 20 000 万吨以上，小麦产量则保持在了 12 000 万吨以上。其中，2023 年国内稻谷和小麦的产量分别为 21 284 万吨和 13 694 万吨，分别较 2001 年提升了 2 902.27 万吨和 4 271.66 万吨。国内稻谷和小麦单产及综合产能提升较快，粮食自给率较高，对外依存度始终维持在 3% 以下，直接弱化了国际大米和国际小麦价格波动对国内市场的波动溢出效应。

国内稻谷和小麦两大口粮市场价格之所以能保持长期的稳定，同样离不开国内相对完善的粮食储备制度。我国目前已经形成了以中央储备为主、地方储备为补充的分级储备体制，这种两级储备制度极大地增强了政府对于市场的调控能力，稳定了市场供需平衡。根据国务院新闻办公室在 2019 年公布的《中国的粮食安全》白皮书，我国的粮食储备能力显著增强，2018 年全国共有标准粮食仓房仓容 6.7 亿吨，简易仓容 2.4 亿吨，有效仓容总量比 1996 年增长31.9%；物流能力大幅提升，2017 年全国粮食物流总量达到 4.8 亿吨，其中跨省物流量 2.3 亿吨；粮食储备和应急体系逐步健全，政府粮食储备数量充足、质量良好、储存安全，在大中城市和价格易波动地区，建立了 10～15 天的应急成品粮储备。从中央和地方政府储备的结构来看，粮食储备的主要品种为小麦、稻谷以及玉米，其中又以稻谷和小麦库存量最大，占比超过 80%。截至 2019 年底，我国稻谷库存高达 1.75 亿吨，小麦库存也高达 1.48 亿吨，超过了国内一年消费量，处于历史高位。两级储备制度下的庞大粮食储备量虽然需要耗费较大的储备成本，但是从粮食安全保障的角度，无疑发挥了极为重要的市场"蓄水池"功能。一方面，在粮食丰收时，政府可以通过收储将市场上多余的稻谷和小麦纳入储备体系，避免因供过于求导致价格暴跌，保障了农民的利益，稳定了粮食生产积极性。例如，当出现稻谷产量大幅增加的年份，中央和地方储备库会按照既定计划收购，防止谷贱伤农现象的发生。另一方面，在粮食产量因自然灾害等因素减少或市场出现异常波动、价格大幅上涨时，储备粮可以及时投放市场，增加供给，平抑价格，满足市场需求，保障消费者的利益。比如在局部地区因洪涝灾害导致粮食供应紧张时，应急成品粮储备就可以迅速发挥作用，稳定当地粮食价格。因此，中国实施的粮食储备制度，是稳定国内稻谷和小麦两大口粮市场价格的关键因素，是保障国家粮食安全的坚实护盾，也是维护社会稳定和经济平稳发展的重要支撑，在应对国内外复杂形势和各种不确定性因素时，展现出了强大的市场调控能力和战略保障意义。

此外，我国还实施了一系列严格的粮食贸易调控措施，极大增强了国内粮食市场的对外风险防范能力。从政策方面来看，我国依据《粮食流通管理条例》等相关文件，对粮食进出口贸易进行严格监管。在国家发展改革委根据《农产品进口关税配额管理暂行办法》（商务部、国家发展和改革委员会令2003 年第 4 号）制定的《2005—2020 年粮食进口关税配额申请和分配细则》（以下简称《细则》）中，对主要粮食品种的进口实施了配额制度：小麦（包括其粉、粒）963.6 万吨，其中 90% 为国营贸易配额；玉米（包括其粉、粒）720 万吨，其中 60% 为国营贸易配额；大米（包括其粉、粒）532 万吨，其中长粒米 266 万吨、中短粒米 266 万吨，50% 为国营贸易配额。较高的国营贸易占比能有效控制对外的粮食贸易进出口量。在出口关税的调控方面，政府依据国内粮食生产与市场供需情况灵活调整。对于国内供应充足的稻谷、小麦等口粮品种，适当提高进口关税，从而有效控制进口规模，避免国际市场低价粮食的过度涌入冲击国内市场。例如，当国际小麦价格因产量过剩而大幅下跌时，合理提高进口关税可以防止进口小麦对国内小麦价格造成冲击，保障国内麦农的收益和种植积极性。相反，在国内粮食因自然灾害等因素可能出现供应紧张时，政府会降低关税或采取临时性零关税措施来增加进口，保障市场供应和价格稳定。

（三）价格溢出效应对国内粮食安全保障的影响

根据本章的实证分析结果，国内粮食市场在总体上更多扮演的是"价格接受者角色"，而非"价格传播者角色"。而在我国的能源和粮食对外依存度总体保持较高水平的背景下，外部市场价格变动将很可能会对国内的粮食安全保障产生不利影响，这种影响主要体现在对国内粮食供应能力的削弱、对粮食产业链的冲击以及对居民生活影响三个方面。

1. 影响国内的粮食供应能力

三个市场间的价格溢出效应会在粮食生产、流通以及贸易等方面影响国内的粮食供应能力，进而对我国的粮食安全产生多维度影响。国际能源市场和国际粮食市场的价格波动对国内粮食市场的冲击，会打乱国内农户的种粮计划、国内企业的购粮储粮计划。当国际粮食市场供应紧张或价格上涨时，国内市场的粮食价格也会受到影响而上涨。这可能导致国内农民增加粮食种植面积或改变作物结构，以迎合较高的市场需求。然而，这种程度的调整需要时间，农民需要重新投入和调整生产流程。在短期内，粮食生产可能无法及时增加，导致国内供应短缺，从而对粮食供应能力造成负面影响。同时，市场的价格冲击也会降低国内粮食经营主体的收益，扩大其对更具"性价比"的进口粮的需求，从而引致国内"非粮化种植"和"国粮入库，洋粮入市"现象的进一步扩散，从根本上削弱我国的粮食供给能力。

此外，价格溢出效应还可能导致粮食市场波动加剧，市场的不稳定性增加。国内粮食市场价格的大幅波动可能导致农民投资决策的不确定性增加，降低了农民的种植积极性。同时，由于价格波动的不确定性，农民在销售粮食时也会出现观望情况，进一步影响了国内粮食市场的供应能力。

2. 影响全球粮食产业链的稳定性

疫情已经并且将继续对全球的粮食产业链产生冲击，形成广泛且深刻的影响，进而加剧国内外粮食市场价格的不稳定性。具体而言，疫情已经在生产、物流以及市场供需这三方面对全球粮食产业链产生了负向性冲击。国内外粮食市场和国际能源市场间存在的价格溢出效应，将对粮食的生产、加工、消费等产业链的不同环节产生不可忽视的影响。在粮食的生产环节，粮食价格的不稳定会直接影响到农民的种植收益。当粮价上涨时，农民种植收益增加，反之则减少。这种不确定性可能导致农民种植决策的变化，影响国内粮食生产。在粮食的加工环节，粮食市场价格的非正常波动会影响粮食加工企业的成本。当粮价或原油价格上涨时，企业成本增加，可能导致企业利润下降甚至亏损。这种不确定性不仅会影响企业的投资决策和生产计划，而且由此还会影响到粮食的收购进而对农户的生产产生进一步的反向冲击。国际原油价格波动加剧会导致农业生产资料价格的不稳定，如化肥、农药等农资产品价格往往会出现涨"快"跌"慢"的现象。粮食生产成本和加工成本的上升，不仅会影响农民的种植收益，还会影响粮食的质量和产量，进而影响整个粮食产业链的稳定性和可持续性。在粮食的消费环节，粮食市场价格的不稳定会影响消费者的食品支出。当粮价上涨时，食品价格可能随之上涨，增加消费者的生活成本，但当粮食价格下降时，在商品弹性价格粘性机制下市场终端商品的价格又往往难以快速恢复到原先的水平。此外，价格波动也可能影响消费者的消费习惯和结构，从消费端影响粮食市场的供需平衡，进而对整个粮食产业链产生冲击。

参考疫情期间全球粮食供应链出现的问题，在国际贸易摩擦增多、地缘政治局势紧张以及全球经济下行压力增大之际，未来不排除会出现全球主要粮食生产国和输出国对贸易采取极端限制性措施的局面，这将对国内粮食市场产生不可估量的价格冲击影响。

3. 影响国内居民的生活水平

国内外粮食价格以及国内外能源价格的不稳定，会直接影响到居民的生活水平（方志红，2013）。一方面，在微观层面会增加居民粮食的可获得成本和整体的生活消费成本。国际粮食价格上升时，国内粮食价格可能会随之上涨，这可能会增加国内居民的食品消费支出。特别是全球粮食市场价格不稳定而对粮食生产产生负面冲击时，可能会导致粮食市场供不应求的现象，由此会进一步加剧国内粮食市场价格的不稳定性，提高居民日常口粮消费的成本，影响其生活质量。另一方面，在宏观层面会通过 CPI 等经济指标反应加剧国内居民和企业的非理性经济行为，进而影响到社会正常的经济秩序。粮食是社会经济发展的基础，粮食市场价格的不稳定势必会引起整个社会经济运行成本的不稳定，从而引起国内居民和企业的非理性经济行为。比如，当粮食价格出现大幅波动时，可能会导致社会恐慌和不稳定。例如，粮食价格的不稳定，会打乱农户的种植计划，在抬高粮价的同时降低农户的社会福利；粮食价格的不稳定会引起居民对粮食安全的恐慌心理，居民可能会开始囤积粮食，在对市场粮食供给产生挤兑的同时导致其他食品的价格非理性上涨，从而加剧社会的不稳定性；对于企业而言，粮食价格的不稳定同样会导致涉粮企业在收购、储备、加工以及销售等众多环节的不理性行为，运营成本的增加会通过商品定价行为将成本转移给消费者，从而增加整个社会的经济成本。由粮食市场价格不稳定引起的农户、居民以及企业行为的不理性，会对整个社会经济运行产生极大的负面冲击，进而影响到社会正常的经济秩序。

中国粮食市场价格对国际
原油市场价格波动的响应分析

由于协整关系检验、向量误差修正模型以及 BEKK - GARCH（1，1）模型只能从价格数据的时间序列特征层面来剖析两者之间的关系。其中，协整方程检验的是中国粮食市场价格与国际原油市场价格在长期是否存在稳定的均衡关系，向量误差修正模型用于刻画当短期价格偏离长期均衡关系时，价格系统向长期均衡状态调整的动态过程，而 BEKK - GARCH（1，1）模型则是用于研究两者价格波动之间的动态条件相关性以及波动溢出效应。由于未考虑市场供求和贸易等因素的影响，价格水平关系估计结果的经济意义不够明确，也无法深入揭示市场结构和实际交易行为对价格联动的作用机制。目前的研究多以线性的静态研究为主，而根据前文分析，能源市场和粮食市场间的价格波动相关性存在动态区制转移变化特征，即不同时期两者的相关性强弱和波动传导模式可能会发生显著变化，这种动态特征在以往的静态研究中难以得到全面且准确的刻画，因此有必要引入更能反映动态变化的研究方法和模型来深入探究中国粮食市场价格对国际原油市场价格波动的响应情况，以便为相关政策制定和市场参与者的决策提供更为精准和全面的依据。对此，在前文国际能源市场和国内粮食市场价格波动溢出效应分析基础上，本章将进一步对两者关系作回归分析，并根据市场间价格相关稳定性的区制转移变化情况开展分阶段回归检验。此外，本部分内容还将对国内粮食市场价格受国际能源市场价格波动冲击影响进行基于 TVP - VAR 模型的动态脉冲响应分析。

一、回归分析

（一）数据说明及模型设定

1. 变量及数据说明

根据第四章"粮食市场和能源市场价格传导的理论基础"这一小节内容的

分析，国际能源市场和国内粮食市场的价格关联性总体上受供给因素、需求因素、政策因素等多方面因素的影响，对此，为了更全面且精准地剖析两个市场价格波动的内在联系与传导机制，本章将供给因素、需求因素以及外部市场因素纳入分析模型中，通过构建包含多变量的计量经济模型，深入探究不同因素在价格传导过程中的具体作用路径与贡献程度，进而为有效应对国际能源市场波动对国内粮食市场的潜在冲击以及制定合理的粮食与能源产业政策提供科学严谨且具有针对性的理论依据与数据支撑。

参考吴海霞等（2016）和李靓等（2017）学者的研究思路，结合研究的实际需要，供给因素主要体现的是粮食生产成本，包括化肥、农药及租赁费等；粮食的需求信息虽然难以直接获取，但是可以通过粮食消费价格指数体现，因此需求因素主要以粮食消费价格指数为代表；外部冲击因素主要为国际粮食价格、国际原油价格、生物质能源价格以及汇率。为了消除价格数据中的通货膨胀因素影响，使得不同时期的数据更具可比性，对于价格相关数据进行 CPI（居民消费价格指数）调整，并且同样进行对数值处理，以进一步弱化数据的异方差性，让数据的波动特征更加平稳，便于后续进行更为准确的计量分析，从而更有效地探究相关变量之间的内在关系及价格传导等经济规律。变量观测时间与前文分析过程保持一致，设定为 2001 年 1 月—2022 年 12 月。相关变量说明见表 7-1。

表 7-1 变量解释及数据来源说明

	变量	变量符号	变量说明	数据来源
被解释变量	大米价格	P_{rc}	二等粳稻谷价	WIND 数据库
	玉米价格	P_{cn}	二等黄玉米价	
	小麦价格	P_{wt}	二等白小麦价	
	大豆价格	P_{sb}	三等大豆价	
解释变量	国际原油价格	P_{oil}	布伦特 DTD、迪拜以及 WTI 原油现货价均值	WIND 数据库 美国能源信息署（EIA）
	燃料乙醇价格	P_{eth}	美国燃料乙醇价	
	生物柴油价格	P_{die}	美国生物柴油价	
	国际粮价	$P_{wrc}/P_{wcn}/$ P_{wwt}/P_{wsb}	国际大米价格/国际玉米价格/国际小麦价格/国际大豆价格	WIND 数据库
控制变量	粮食消费价格指数	Gindex	表示粮食消费价格	中经网数据库
	大米生产成本	C_{rc}	大米平均生产成本	全国农产品成本收益汇编
	玉米生产成本	C_{cn}	玉米平均生产成本	

（续）

变量		变量符号	变量说明	数据来源
	小麦生产成本	C_{ut}	小麦平均生产成本	全国农产品
控制变量	大豆生产成本	C_{sb}	大豆平均生产成本	成本收益汇编
	汇率	Er	人民币兑美元汇率	国家外汇管理局

注：《全国农产品成本收益汇编》中有关四大粮食品种生产成本均为年度数据，本文采用 Eviews 软件的二次方程插值法将年度数据转化为了月度数据。

针对主要变量的描述性统计说明见表 7-2 所示。

表 7-2　主要变量描述性统计分析结果

变量	样本个数	平均值	标准差	最大值	最小值
P_{rc}	264	6.341 2	0.405 9	6.448 2	5.113 5
P_{cn}	264	5.402 5	0.371 0	6.038 1	4.758 6
P_{ut}	264	5.515 7	0.323 8	6.019 6	4.833 6
P_{sb}	264	6.170 2	0.356 8	6.659 6	5.451 3
P_{oil}	264	4.058 6	0.495 8	5.412 9	1.919 6
P_{eth}	264	1.802 9	0.494 6	3.119 5	1.125 0
P_{die}	264	2.764 8	0.348 3	3.828 9	1.320 8
P_{urc}	264	5.916 3	0.455 5	6.924 3	5.094 8
P_{wcn}	264	5.064 1	0.370 8	5.813 8	4.423 3
P_{uut}	264	5.192 2	0.390 3	6.001 5	4.632 5
P_{usb}	264	5.780 8	0.351 7	6.434 1	5.072 5
$Gindex$	264	4.646 8	0.058 7	4.897 7	4.572 0
C_{rc}	264	5.272 7	0.490 7	6.654 6	4.993 4
C_{cn}	264	5.360 3	0.470 7	6.289 2	4.792 9
C_{ut}	264	5.418 1	0.451 3	6.437 0	4.780 3
C_{sb}	264	5.837 3	0.440 2	6.432 3	4.382 7
Er	264	1.946 2	0.509 6	2.113 4	1.808 5

根据表 7-2 的数据，国内外粮食价格水平及波动性存在一定的差异。其中，从价格均值的角度，P_{rc}、P_{cn}、P_{ut} 及 P_{sb} 的价格均值分别为 6.341 2、5.402 5、5.515 7 及 6.170 2，而 P_{urc}、P_{wcn}、P_{uut} 及 P_{usb} 的价格均值分别为 5.916 3、5.064 1、5.192 2 及 5.780 8，对比国内外粮食市场价格均值水平，

国内四大粮食品种价格水平普遍高于国际市场水平；从价格稳定性的角度，P_{rc}、P_{cn}、P_{wt} 及 P_{sb} 的标准差分别为 0.405 9、0.371 0、0.323 8 及 0.356 8，而 P_{urc}、P_{wcn}、P_{uwt} 及 P_{usb} 的标准差分别为 0.455 2、0.370 8、0.390 3 及 0.351 7，可见国内粮食市场价格水平虽然高于国际市场，但国内四大主粮价格较国际市场更为稳定；从生产成本的角度，C_{rc}、C_{cn}、C_{wt} 及 C_{sb} 的均值分别为 5.272 7、5.360 3、5.418 1 及 5.837 3，对比市场零售价格水平，两者较为接近；从生产成本的波动性角度，国内的大米、玉米、小麦及大豆生产成本的标准差分别为 0.490 7、0.470 7、0.451 3 及 0.440 2，结合四大粮食品种的最高值和最小值以及市场售价波动情况，四大主粮成本价格波动程度相对较大而市场销售价格则相对稳定。

相较国内外粮食市场，国际能源市场价格水平普遍偏低且波动性相对较大。其中，国际原油市场价格的均值、标准差、最大值和最小值分别为 4.058 6、0.495 8、5.412 9 及 1.919 6；燃料乙醇市场价格的均值、标准差、最大值和最小值分别为 1.802 9、0.494 6、3.119 5 及 1.125 0；生物柴油市场价格的均值、标准差、最大值和最小值分别为 2.764 8、0.348 3、3.828 9 及 1.320 8。

通过对表 7 - 2 主要变量描述性统计分析结果的梳理和对比，可初步得到如下结论：一是国内粮食市场价格在总体上与总生产成本较为接近，表明了国内粮食市场价格的稳定性，也在一定程度上说明国内粮食市场价格调控政策的有效性；二是相对国内粮食市场，国际粮食市场和国际能源市场价格水平的波动性更为明显，这也为跨市场价格波动的风险传递提供了更活跃的"土壤"，意味着外部市场价格波动很有可能会通过贸易渠道、市场预期传导机制以及跨国投资与资本流动对国内粮食市场产生冲击；三是汇率波动幅度也相对较大，这会对国内粮食市场和国际能源市场的价格波动传导关系产生多方面的复杂影响。一方面，汇率波动会改变以本币计价的进口能源及粮食的成本，当本国货币贬值时，进口国际能源及粮食所需支付的本币金额增加，这可能促使国内相关企业提高产品价格以维持利润空间，进而加剧国内粮食市场和能源市场价格的上涨压力；反之，货币升值则可能带来一定的降价空间。另一方面，汇率波动影响国际贸易的结算与利润预期，使得国际能源和粮食贸易商的交易决策发生改变，如调整进出口规模和交易时机等，从而间接影响国内粮食市场和国际能源市场之间的供需平衡关系，进一步干扰两者之间原本的价格波动传导路径，使其变得更为曲折且难以精准预判，增加了市场主体应对价格波动风险的难度，也给宏观经济政策在稳定市场价格方面的调控带来了更大挑战。

2. 模型设定

本书通过将影响国内粮食市场价格相关因素纳入分析框架，构建如下回归分析模型，以此检验国际原油市场价格波动对国内粮食市场价格的影响。

$$\ln P_{i,t} = \alpha_0 + \beta_1 \ln P_{oil,t-1} + \beta_2 \ln P_{\frac{e}{d},t-1} + \beta_3 \ln P_{ui,t} + \beta_4 \ln P_{Gindex,t} +$$
$$\beta_5 \ln C_{i,t} + \beta_6 Er_t + \varepsilon_{i,t} \tag{7.1}$$

式（7.1）中，$P_{i,t}$ 表示的是 t 时期国内大米、玉米、小麦及大豆四大粮食品种价格，其中，$i=rc$、cn、wt、sb。相应的，P_{ui} 分别表示的是国外的大米市场价格、玉米市场价格、小麦市场价格以及大豆市场价格；P_{oil} 表示国际原油市场价格；$P_{e/d}$ 为 P_{eth} 和 P_{die} 的简写形式，分别表示国际燃料乙醇价格和生物柴油价格；P_{Gindex} 表示粮食市场消费价格指数；$C_{i,t}$ 分别表示 t 时期国内四大粮食品种的生产成本；Er_t 表示 t 时期人民币兑美元汇率；$\varepsilon_{i,t}$ 为随机误差项。

（二）实证分析及解释

本小节主要考察的是国际能源市场价格变动对国内粮食市场价格的影响方向和程度。大致安排如下：一是在检验各组时间序列数据稳定性和协整性的基础上，采用向量误差修正模型刻画变量之间复杂的动态路径；二是对国际能源市场价格和国内粮食市场价格的关系开展 OLS 检验；三是根据两个市场价格相关稳定性区制转移变化特征，进一步开展分阶段回归分析，以此考察不同阶段国际能源市场价格波动对国内粮食市场价格的影响。

1. VEC 协整分析

首先对各变量的时间序列数据进行平稳性检验。根据表 7-3 的单位根检验结果显示，各变量在 5% 显著性水平上均显示非平稳，一阶差分后均显示为平稳序列。

表 7-3　变量 ADF 和 PP 单位根检验结果

变量	ADF 单位根检验			PP 单位根检验		
	(C, T, L)	t-统计量	概率	(C, T, L)	PP 统计量	概率
$\ln P_{urc}$	(C, T, 1)	-3.5628^{**}	0.033 1	(C, T, 3)	-3.3248^{*}	0.074 4
$\ln P_{wcn}$	(C, T, 1)	-2.3635	0.735 6	(C, T, 2)	-3.2439^{*}	0.064 2
$\ln P_{uwt}$	(C, T, 2)	-2.0971	0.252 7	(C, T, 4)	-1.8918	0.745 6
$\ln P_{wsb}$	(C, T, 2)	-2.3078	0.371 7	(C, T, 4)	-2.1027	0.637 5
$\ln Gindex$	(C, T, 3)	-3.015^{*}	0.081 8	(C, T, 5)	-3.2752	0.644 7
$\ln C_{rc}$	(C, T, 2)	0.698 9	0.992 7	(C, T, 5)	-2.3607	0.351 7
$\ln C_{cn}$	(C, T, 1)	-2.4063	0.636 9	(C, T, 3)	-2.2652	0.253 2
$\ln C_{wt}$	(C, T, 2)	-2.3748	0.666 0	(C, T, 6)	-2.1853	0.730 5

（续）

变量	ADF 单位根检验			PP 单位根检验		
	（C，T，L）	t-统计量	概率	（C，T，L）	PP 统计量	概率
$\ln C_b$	（C，T，2）	-2.9152	0.6031	（C，T，3）	-3.3749^*	0.5978
$\ln Er$	（C，T，3）	-2.5938	0.3634	（C，T，5）	-2.0842	0.1928
$\Delta\ln P_{wrc}$	（C，0，1）	-8.7572^{***}	0.0001	（C，0，3）	-7.9573^{***}	0.0000
$\Delta\ln P_{wcn}$	（C，0，0）	-7.2481^{***}	0.0000	（C，0，0）	-6.8862^{***}	0.0000
$\Delta\ln P_{wwt}$	（C，0，0）	-8.3728^{***}	0.0012	（C，0，1）	-8.0961^{***}	0.0000
$\Delta\ln P_{wsb}$	（C，0，1）	-9.2964^{***}	0.0004	（C，0，3）	-7.3167^{***}	0.0000
$\Delta\ln Gindex$	（C，0，1）	-6.6692^{***}	0.0000	（C，0，0）	-10.0885^{***}	0.0009
$\Delta\ln C_{rc}$	（C，0，0）	-7.3987^{***}	0.0010	（C，0，0）	-8.4525^{***}	0.0001
$\Delta\ln C_{cn}$	（C，0，0）	-9.1625^{***}	0.0000	（C，0，3）	-9.0819^{***}	0.0002
$\Delta\ln C_{wt}$	（C，0，0）	-8.8626^{***}	0.0000	（C，0，1）	-6.6858^{***}	0.0000
$\Delta\ln C_b$	（C，0，1）	-10.7349^{***}	0.0003	（C，0，3）	-7.2703^{***}	0.0004
$\Delta\ln Er$	（C，0，2）	-3.6832^{**}	0.0257	（C，0，3）	-7.3543^{***}	0.0001

注：国内四大粮食品种价格、国际原油价格、国际燃料乙醇价格和国际生物柴油价格时间序列数据的单位根检验见第六章表 6-2；（C，T，K）分别表示截距项、趋势项以及滞后阶数，一阶滞后项中不包含时间趋势；滞后阶数以施瓦茨准则确定；***、**、* 分别表示 1%、5% 以及 10% 显著性水平，下表同。

根据表 7-3 各变量时间序列数据的平稳性检验结果，可进一步作协整检验。相应检验结果见表 7-4。

表 7-4　变量价格时间序列协整检验结果

协整方程个数	最大特征根	最大特征根统计量	0.05 临界值	概率 P 值
		大米		
None*	0.2942	44.2938	40.7335	0.0227
Atmost1*	0.2285	36.5971	36.2968	0.0575
Atmost2	0.1652	27.3735	29.3350	0.2286
Atmost3	0.1295	19.1157	23.3902	0.2532

（续）

协整方程个数	最大特征根	最大特征根统计量	0.05 临界值	概率 P 值
玉米				
None*	0.891 7	308.825 2	58.254 6	0.000 0
Atmost1*	0.388 8	75.257 6	52.460 6	0.000 6
Atmost2*	0.300 7	50.641 1	46.232 9	0.013 1
Atmost3*	0.248 3	40.676	40.051 8	0.045 7
Atmost4	0.173 1	26.358 3	33.790 0	0.255 6
Atmost5	0.143 1	20.626 3	27.568 2	0.243 9
小麦				
None*	0.327 7	56.280 3	46.231 4	0.012 9
Atmost1*	0.262 8	46.946 3	40.440 3	0.030 6
Atmost2	0.179 5	33.318 8	33.740 3	0.151 2
Atmost3	0.158 6	21.736 9	26.865 8	0.193 6
大豆				
None*	0.719 9	181.375 8	60.373 9	0.001 5
Atmost1*	0.341 2	69.583 7	53.548 3	0.022 6
Atmost2*	0.228 3	51.587 6	45.232 6	0.053 3
Atmost3	0.198 7	42.232 5	41.373 8	0.161 3
Atmost4	0.168 4	27.796 8	34.949 2	0.252 2

注：**为 Machinnon‐Haung‐Michelis（1999）P 值。

根据表 7-4 变量价格时间序列协整检验结果，各被解释变量与相应的解释变量及控制变量间至少存在 1 组协整关系，也即各变量之间存在长期协整关系。为此，得到如下四个协整方程：

$$\ln P_{rc,t} = -3.631\ 1 + 0.014\ 1\ln P_{oil,t-1} + 0.001\ 5\ln P_{wrc,t} +$$
$$(1.690\ 4)^* \qquad (0.689\ 3)$$
$$0.204\ 1\ln P_{Gindex,t} + 0.134\ 2\ln C_{rc,t} - 0.008\ 5\ln Er_t$$
$$(6.850\ 6)^{***} \qquad (2.561\ 2)^{**} \qquad (-0.715\ 8)$$
$$(7.2)$$

$$\ln P_{cn,t} = 6.748\ 8 + 0.714\ 3\ln P_{oil,t-1} + 0.131\ 9\ln P_{eth,t-1} + 0.226\ 2\ln P_{wcn,t} +$$
$$(7.725\ 5)^{***} \qquad (0.976\ 0) \qquad (5.233\ 6)^{***}$$
$$0.286\ 8\ln P_{Gindex,t} + 0.201\ 2\ln C_{cn,t} - 0.014\ 0\ln Er_t$$
$$(2.533\ 4)^{***} \qquad (6.244\ 5)^{***} \qquad (-0.983\ 5) \qquad (7.3)$$

$$\ln P_{wt,t} = 1.228\,5 + 0.235\,2\ln P_{oil,t-1} + 0.132\,5\ln P_{uwt,t} + 0.008\,1\ln P_{eth,t-1} +$$
$$(2.241\,3)^{**} \qquad (1.788\,6)^{*} \qquad (0.380\,6)$$
$$0.124\,2\ln P_{Gindex,t} + 0.313\,9\ln C_{wt,t} + 0.013\,5\ln Er_t$$
$$(2.336\,8)^{**} \qquad (2.395\,3)^{**} \qquad (1.010\,6) \qquad (7.4)$$

$$\ln P_{sb,t} = 8.858\,3 + 0.537\,6\ln P_{oil,t-1} + 0.063\,3\ln P_{die,t} + 0.477\,9\ln P_{usb,t} +$$
$$(2.376\,5)^{**} \qquad (0.453\,1) \qquad (8.470\,3)^{***}$$
$$0.009\,1\ln P_{Gindex,t} + 0.188\,9\ln C_{sb,t} + 0.114\,6\ln Er_t$$
$$(0.438\,9) \qquad (1.863\,6)^{*} \qquad (2.423\,3)^{**} \qquad (7.5)$$

根据上述 7.2 式至 7.5 式，从国内粮食价格与其他变量间的长期均衡关系看，国际原油价格波动对国内粮食市场价格普遍存在显著的正向促进作用。国际原油价格每上涨 1%，将分别引起国内大米、玉米、小麦及大豆市场价格 0.014 1%、0.714 3%、0.235 2%及 0.537 6%水平的上涨。可见，国际原油市场价格上涨将引起国内粮食市场价格的整体性上升。相比国内大米和国内小麦，国际原油价格波动对国内玉米和大豆市场价格影响程度更强。

从变量间的长期关系来看，国际粮食市场价格波动对国内的小麦、玉米及大豆价格的影响均至少在 10%水平上显著为正，而对国内大米市场价格的影响并不显著。具体而言，国际玉米、国际小麦以及国际大豆市场价格每上升 1%，将分别引起国内相应粮食品种价格上升 0.226 2%、0.132 5%及 0.477 9%。从粮食消费水平变动的角度，除了国内大豆市场，国内粮食消费价格指数所代表的通胀因素对其他三大粮食品种市场价格也均存在显著影响。粮食消费价格指数每上升 1%，将分别引起国内的大米、玉米以及小麦价格 0.204 1%、0.286 8%及 0.124 2%水平的上涨。从生产成本的角度，国内四大粮食品种生产成本均能至少在 10%水平上显著影响市场价格。国内大米、小麦以及大豆生产成本每上升 1%，将分别引起相应粮食市场价格 0.134 2%、0.201 2%、0.313 9%及 0.188 9%水平的上涨。从汇率波动的角度，汇率波动仅对大豆市场价格变化产生显著影响。此外，根据协整检验方程估计结果，从长期的角度看，以燃料乙醇和生物柴油为代表的生物质能源价格未能对国内玉米、小麦及大豆价格产生显著影响。

2. 基准检验分析

基于各月度价格数据，本书进行了时间序列数组间的回归分析，分析结果见表 7 - 5。估计结果显示，国际原油市场价格波动对国内四大主粮价格的影响均至少在 10%水平上显著为正，也即国际原油市场价格波动能显著影响国内粮食市场价格水平。

表 7 - 5　基于月度数据的回归结果

变量	$\ln P_{rr}$	$\ln P_{cn}$	$\ln P_{ut}$	$\ln P_{sb}$
$\ln P_{oil}$	0.051 8*	0.403 0**	0.136 2*	0.340 7**
	(1.824 1)	(2.234 4)	(1.863 6)	(2.193 9)
$\ln P_{eth}$	—	0.057 6**	−0.002 7	—
		(1.897 3)	(−0.840 0)	
$\ln P_{die}$	—	—	—	−0.109 8
				(−0.942 9)
$\ln P_{wrr}$	−0.030 7	—	—	—
	(−0.693 6)			
$\ln P_{wcn}$	—	0.343 2***	—	—
		(7.383 6)		
$\ln P_{wut}$	—	—	0.020 5	—
			(0.740 8)	
$\ln P_{wsb}$	—	—	—	0.280 7**
				(2.440 4)
$\ln Gindex$	0.817 8**	0.305 7*	0.513 5***	0.201 2
	(2.200 8)	(1.956 5)	(4.631 8)	(0.620 3)
$\ln C_{rr}$	0.561 5**	—	—	—
	(1.935 8)			
$\ln C_{cn}$	—	0.603 3**	—	—
		(2.322 1)		
$\ln C_{ut}$	—	—	0.624 8**	—
			(2.187 9)	
$\ln C_{sb}$	—	—	—	0.323 9*
				(1.866 5)
$\ln Er$	0.001 2	−0.007 0	−0.000 2	0.382 5*
	(0.513 5)	(−1.032 2)	(−0.679 3)	(1.878 5)
C	0.007 1*	0.002 6*	0.012 1	0.004 5*
	(1.845 0)	(1.785 7)	(1.120 5)	(1.798 1)
N	264	264	264	264
R^2	0.701 6	0.802 2	0.686 8	0.736 8

注：表格中括号内为 t 值；***、**、* 分别表示在 1%、5%、10% 水平上的显著性，表 7 - 6 同解释。

　　根据表 7 - 5 的估计结果，虽然国际原油市场价格波动对国内四大主粮价格均存在显著影响，但影响程度存在一定的差异性。其中，国际原油市场价格波动对国内玉米和大豆价格的影响均在 5％水平上显著为正，系数值分别为 0.403 0 和 0.340 7，也即国际原油市场价格每上升 1 个百分点，将会分别促进国内玉米和大豆价格 0.403 0％和 0.340 7％水平的上升；国际原油市场价格波动对国内大米和小麦价格的影响均在 10％水平上显著为正，系数值分别为 0.051 8 和 0.136 2，系数的绝对值和显著性水平均明显低于玉米和大豆。通过对比，国际原油市场价格波动对国内玉米和大豆价格的影响明显强于对国内大米和小麦价格的影响。国际原油市场价格每上涨 1％能推动国内大米价格上行 0.051 8％，虽具备统计学意义上的显著性，但经济学意义并不明显。

由于对数值回归系数具备弹性含义，因此就其他变量对国内粮食价格变化影响而言，对于国际燃料乙醇市场，其价格波动对国内玉米市场价格的影响在 5％水平上显著为正，对大豆市场价格的影响未通过显著性检验；对于生物柴油市场，其价格波动不存在对国内粮食市场显著的影响；对于国际粮食市场而言，国际玉米和大豆价格波动分别在 1％和 5％水平上显著影响国内玉米和大豆市场价格，系数值则分别为 0.343 2 和 0.280 7，而对国内大米和小麦价格的影响并不显著；粮食消费价格指数分别在 5％、10％以及 1％显著性水平上影响了国内的大米、玉米及小麦价格，对国内大豆价格影响并不显著；相比其他影响因素，生产成本与粮食价格水平的关系相对更为紧密，估计结果显示四大粮食品种生产成本水平波动对粮食市场价格的影响均至少在 10％水平上显著为正，生产成本每上升 1％，将会分别推动四大粮食品种价格 0.561 5％、0.603 3％、0.624 8％和 0.323 9％水平的上涨；汇率波动对贸易量相对较大的大豆市场价格影响较为明显，$\ln Er$ 系数值为 0.382 5，也即汇率每上升 1％，大豆价格就会上涨 0.382 5％。

综合上述分析，国际原油价格波动能对国内玉米和大豆价格产生显著影响，而燃料乙醇价格和生物柴油价格波动却并未能对国内玉米和大豆价格产生显著的经济学意义上的影响。其中，燃料乙醇价格波动对国内玉米市场价格变动的影响通过了 5％的显著性水平检验，虽然具备统计学上的显著性，但系数绝对值并不具备显著的经济学意义。在理论层面，国际生物质能源市场存在对国内粮食市场价格影响的作用路径，但根据实证分析结果，生物质能源市场对国内粮食市场价格信息传导路径尚不畅通，国际能源市场价格波动更多的可能仍然依靠生产成本和粮食贸易途径对国内粮食市场价格产生影响。

3. 分段回归分析

根据前文第五章内容的分析，国内大米和小麦与国际原油市场间的价格相关性存在显著的区制转移变化特征，因此有必要作进一步的分阶段回归分析，以此更为全面地考察国际原油市场价格波动在不同阶段对国内粮食市场价格的影响。相应的回归结果见表 7-6。

表 7-6 分段回归结果

变量	玉米		变量	大豆	
	临界点前	临界点后		临界点前	临界点后
$\ln Poil$	0.214 1*	0.632 5***	$\ln Poil$	0.261 1**	0.474 3***
	(1.861 3)	(8.573 0)		(2.462 8)	(6.251 1)
$\ln Peth$	0.007 3	0.075 6**	$\ln Pdie$	−0.007 6	0.129 4
	(0.588 3)	(2.382 5)		(−0.865 9)	(1.130 8)
$\ln Pwcn$	0.012 2	0.278 7**	$\ln Pwsb$	0.328 2***	0.740 9***
	(0.753 9)	(2.411 1)		(3.520 8)	(14.387 3)
$\ln Gindex$	0.028 1**	0.101 2***	$\ln Gindex$	0.007 2*	−0.011 8
	(2.368 3)	(5.832 6)		(1.806 2)	(−0.353 3)
$\ln Ccn$	0.444 8**	0.304 2*	$\ln Csb$	0.521 3*	0.023 1
	(2.475 4)	(1.787 5)		(1.887 1)	(0.588 2)
$\ln Er$	−0.005 1	−0.011 8	$\ln Er$	−0.003 5	0.133 9**
	(−0.277 3)	(−1.104 2)		(−0.829 0)	(2.348 5)
N	104	163	N	96	170
R^2	0.830 9	0.783 6	R^2	0.790 2	0.800 8

根据表 7-6 的实证分析结果，相比临界点前，临界点后国际原油价格、生物质能源价格、国际粮食市场价格以及汇率这几大因素对国内玉米和大豆市场价格的影响呈明显的强化趋势，从而支持了假说 3。其中，对于国内玉米市场而言，时间临界点之前国际原油市场价格波动对国内玉米价格影响系数值为 0.214 1，通过了 10% 水平的显著性检验，时间临界点之后系数值则跃升到了 0.632 5，较临界点之前系数值增长了约 1.95 倍。同时，时间临界点之后系数更是在 1% 水平上显著为正，可见影响程度和强度均出现了显著的增强趋势。从国内外玉米市场价格影响的角度，在时间临界点前后，$\ln Pwcn$ 系数值由 0.012 2 上升到了 0.278 7，显著性水平也由不显著转向了显著，表明随着国内外市场的不断融合，国际玉米市场价格水平波动对国内粮食市场的影响正在不断增强。由粮食消费价格指数所反映出的货币增发或原油价格上涨带来的通胀因素，对国内玉米价格的影响也呈增强趋势，价格变动弹性由 0.028 1% 增强到了 0.101 2%。无论是时间临界点前还是时间临界点后，玉米生产成本对玉米市场价格的影响始终显著，但趋势在弱化，在表明国内玉米市场价格水平稳定调控措施有效的同时，也要注意种粮收益收窄对种粮农户种粮积极性的影

响。此外，汇率因素并未对国内玉米市场价格产生显著影响。

对于国内大豆市场而言，时间临界点前国际原油市场价格波动对国内大豆价格影响系数值为 0.261 1，通过了 10% 水平的显著性检验，时间临界点后的系数值则跃升到了 0.474 3，较临界点之前系数值增长了约 0.816 5 倍。同时，时间临界点后的系数更是在 1% 水平上显著为正，可见影响程度和强度均出现了显著的增强趋势。从国内外大豆市场价格影响的角度，由于国内外较大的大豆贸易规模，时间临界点前后国际大豆市场价格波动对国内大豆市场价格的影响始终在 1% 水平上显著为正，但从趋势上看，$\ln Pwsb$ 系数值由 0.328 2 上升到了 0.740 9，影响程度进一步提升。从生物柴油市场的角度，该市场价格波动无法对国内大豆价格变动产生显著影响，也即全球生物柴油项目开发并不能直接影响到国内的大豆市场。与玉米市场所不同的是，由粮食消费价格指数反映出的货币增发或原油价格上涨带来的通胀因素对国内大豆价格的影响呈减弱趋势，时间临界点后 $\ln Gindex$ 系数未能通过显著性水平检验。由于国内大豆主要依靠对外进口，因此国内大豆生产成本的变动无法对大豆市场价格产生足够的影响，时间临界点后 $\ln Csb$ 系数也未能通过显著性水平检验。时间临界点后，汇率因素对国内大豆市场价格的稳定起到了越来越重要的作用。这很可是由于大豆市场逐年攀升的进口规模以及 2008 年之后汇率波动幅度加大这两者的综合作用所致。

总体而言，在时间临界点前后，国际原油市场价格波动对国内玉米和大豆市场价格的影响均较为显著，且存在不断增强的趋势。这在一定程度上说明随着我国对外开放程度的不断加深，农业生产机械化程度的不断提升，国内粮食市场与国际能源等相关市场之间的关联日益紧密，原油市场能更有效、畅通地将价格信息传导至国内粮食市场。相较而言，在统计学意义上，国际燃料乙醇市场价格变动正在呈现出对国内玉米市场显著的影响，而生物柴油市场价格变动对国内大豆市场未能产生显著影响。这很可能与国内玉米在燃料乙醇生产方面占据较大比重且产业关联紧密有关，大量玉米被用于生产燃料乙醇，使得国内玉米市场对国际燃料乙醇市场价格变动较为敏感，而国内大豆主要用途集中在食用油压榨及豆制品加工等领域，与生物柴油生产的产业衔接相对薄弱，生物柴油生产并非大豆的主要消耗导向。相比较燃料乙醇，生物柴油产量相对保守，这也弱化了生物柴油市场价格变动对粮食市场价格的影响。根据国际能源署（IEA）报道，2023 年全球生物柴油产量约为 4 000 万吨，而同期全球燃料乙醇产量则在 1.1 亿吨左右，全球燃料乙醇产量约为生物柴油产量的 2.75 倍，两者之间存在着较为明显的产量差距，这进一步体现出燃料乙醇在市场规模和影响力方面相较于生物柴油更为突出，所以其价格变动对相关粮食市场的传导作用也更为显著。当然，从经济学意义上，生物质能源对国内粮食市场的影响均不够显著。

由于时间序列数组间的回归存在虚假回归的可能，因此有必要对模型残差序列进行单位根检验。根据单位根检验结果，被解释变量为国内玉米市场价格时的 ADF 值分别为 $-4.302\ 6$、$-4.560\ 7$ 及 $-5.897\ 4$，被解释变量为国内大豆市场价格时的 ADF 值分别为 $-3.832\ 2$、$-4.017\ 8$ 及 $-4.428\ 6$，其余粮食产品市场价格影响因素回归模型的残差序列单位根检验也均至少通过了 5% 水平的显著性检验，这说明各模型残差序列较为平稳，也即总体上不存在虚假回归的情况。

（三）敏感性检验

本书通过调整数据周期，将月度数据调整为季度数据，对表 7-5 的回归结果进行稳健性检验。具体回归结果见表 7-7。

表 7-7　敏感性检验回归结果（季度数据）

变量	$\ln P_{rc}$	$\ln P_{cn}$	$\ln P_{wt}$	$\ln P_{sb}$
$\ln P_{oil}$	0.003 3 (1.250 6)	0.267 9** (2.305 7)	0.068 7* (1.790 3)	0.196 9* (1.783 6)
$\ln P_{eth}$	—	0.058 6 (1.369 0)	−0.001 8 (−0.736 6)	—
$\ln P_{die}$	—	—	—	−0.071 8 (−0.626 2)
$\ln P_{wrc}$	−0.023 3 (−0.413 3)	—	—	—
$\ln P_{wcn}$	—	0.262 8** (2.216 4)	—	—
$\ln P_{wwt}$	—	—	0.014 9 (0.937 9)	—
$\ln P_{wsb}$	—	—	—	0.133 0** (1.973 2)
$\ln Gindex$	0.620 8* (1.686 3)	0.104 7 (1.153 9)	0.433 2** (1.785 8)	0.129 0 (1.204 4)
$\ln C_{rc}$	0.162 3** (2.343 4)	—	—	—
$\ln C_{cn}$	—	0.093 2** (1.801 3)	—	—

（续）

变量	$\ln P_{rt}$	$\ln P_{cn}$	$\ln P_{ut}$	$\ln P_{sb}$
$\ln C_{ut}$	—	—	0.442 8* (1.706 3)	—
$\ln C_{sb}$	—	—	—	0.021 1 (1.203 5)
$\ln Er$	0.006 9 (0.766 3)	−0.006 4 (−1.111 0)	−0.002 7 (−0.457 5)	0.230 3* (1.795 5)
C	0.010 8 (1.125 7)	0.009 5* (1.826 3)	0.007 1 (0.865 9)	0.013 2* (1.840 4)
R^2	0.713 5	0.768 3	0.658 1	0.790 4

表 7-7 的敏感性检验结果显示，除了对国内大米市场不存在显著影响，国际原油市场价格波动对国内玉米、小麦及大豆市场价格的影响均较为显著，估计结果总体上与表 7-6 月度数据回归结果保持了一致。具体而言，国际原油市场价格波动对国内玉米、小麦及大豆市场价格的影响系数值分别为 0.267 9、0.068 7 及 0.196 9，也即国际原油价格每上涨 1% 可分别引起国内玉米、小麦及大豆市场价格 0.267 9%、0.068 7% 及 0.196 9% 的上涨。从生物质能源市场价格波动的角度，国际生物质能源市场价格波动对国内粮食市场价格影响有限，无论是国际燃料乙醇市场价格变动对国内玉米和小麦市场价格的影响，还是国际生物柴油市场价格波动对国内大豆市场价格的影响，均不具备统计学意义上的显著性和经济学意义上的显著性。国际粮食市场价格、国内粮食生产成本以及粮食消费价格指数等因素对国内粮食市场价格的影响分析基本与前文分析结果相吻合。此外，通过对模型残差序列进行的单位根 ADF 检验结果显示，残差序列仍旧保持了平稳性。由此可见，国际原油市场价格对国内粮食市场价格具有普遍的正向刺激作用，实证结果较为稳健。

二、TVP-VAR 模型动态脉冲响应分析

基于前文的理论分析和实证检验，结合黄毅（2015）以及韩啸等（2017）学者对中国粮食市场和外部市场价格时间序列数据之间的相关性检验，发现国内粮食市场和外部市场间存在动态化价格关联性。对此，为了本书的研究更为全面和深入，在分析国际能源市场价格波动对国内粮食市场价格影响的基础上，本小节将进一步构建 TVP-VAR 模型，以此考察中国粮食市场价格对不同阶段国际原油市场价格波动的响应情况。

（一）模型设定及数据说明

受新一轮科技革命、全球地缘政治局势、极端气候变化以及各国贸易政策调整等多方面因素的影响，国际能源市场和国内粮食市场间的关系很可能存在结构性突变或时变现象，这在第五章和第六章中均得到了验证。传统的回归模型多数以线性模型或固定参数模型为主，这可能会忽略变量间复杂的时变关系，难以捕捉到因多种突发因素导致的市场结构变化，而 TVP - VAR 模型作为时变性和非线性的时变参数向量自回归模型，不仅可以灵活地刻画变量随时间变化的动态关联，还能有效适应市场在不同时期的结构性转变，能够更精准地反映国际能源市场与国内粮食市场之间复杂且多变的关系，为相关政策制定和市场研究提供更具前瞻性和可靠性的依据。TVP - VAR 模型由 Primiceri（2005）提出，Nakajima（2018）对该模型进行了完善。相较传统的 VAR 模型，TVP - VAR 模型估计系数会随着变量冲击的变化而随之发生相应变化，这使得它能够更敏锐地捕捉到经济系统中各种因素的动态演变，及时反映市场结构因内外部冲击而产生的调整，进而精准地描绘出不同时期变量之间关系的微妙差异与复杂波动，为深入剖析宏观经济变量的时变关系提供了有力工具，有效弥补了传统 VAR 模型在处理时变特性方面的不足（钱燕等，2014），在分析诸如国际能源市场与国内粮食市场这种易受多因素干扰且关系多变的领域时，具有显著优势。本小节将运用 TVP - VAR 模型估计国际原油市场价格波动对国内粮食市场价格的动态性影响。

首先构建如下模型：

$$y_t = c_t + y_{t-1}B_{1,t} + \cdots + y_{t-k}B_{k,t-k} + \mu_t, t = 1,2,\cdots,T \quad (7.6)$$

式（7.6）中，y_t 是一个 $n \times 1$ 的可观察内生向量；c_t 是一个 $n \times 1$ 的时变常数项向量；$B_{i,t}$（1，2，$\cdots$，k）是 $n \times n$ 时变系数向量；μ_t 用于衡量协方差矩阵 Ω_t 的不可观察冲击向量。Ω_t 的表达式：$A_t\Omega_tA'_t = \sum_t\sum'_t$，其中矩阵 A_t 具有下三角的矩阵形式：

$$A_t = \begin{bmatrix} 1 & 0 & \cdots & 0 \\ \alpha_{21} & 1 & \cdots & 0 \\ \vdots & \vdots & \vdots & \vdots \\ \alpha_{n1} & \alpha_{n1} & \cdots & 1 \end{bmatrix}$$

上述表达式中，$\sum_t = diag(\sigma_{1,t},\cdots,\sigma_{n,t})$，通过把 $B_{i,t}$（1，2，$\cdots$，k）转化为向量 β_t，可将式（7.6）转化为式（7.7）表达式：

$$y_t = X'_t\beta_t + A_t^{-1}\sum_t\varepsilon_t \quad (7.7)$$

式 (7.7) 中，$X'_t = I_n \otimes [1, y'_{t-1}, \cdots, y'_{t-k}]$，$\otimes$ 为 Kronecker（克罗内克乘积）。时变参数服从随机游走过程：$\beta_t = \beta_{t-1} + \mu_\beta$，$\alpha_t = \alpha_{t-1} + \mu_a$，$l_t = l_{t-1} + \mu_l$。其中，$l_t = \log(\sigma_t)^2$，同时假设 ε_t、μ_β、μ_a 及 μ_l 服从：

$$\begin{bmatrix} \varepsilon_t \\ \mu_\beta \\ \mu_a \\ \mu_l \end{bmatrix} \sim N(0, V) \text{ 和 } V = \begin{bmatrix} l_3 & 0 & 0 & 0 \\ 0 & \sum_\beta & 0 & 0 \\ 0 & 0 & \sum_a & 0 \\ 0 & 0 & 0 & \sum_l \end{bmatrix} \tag{7.8}$$

式 (7.8) 中，$\sum_\beta$、$\sum_a$ 及 $\sum_l$ 均为正定矩阵。借鉴 Nakajima（2011）的研究过程，通过运用贝叶斯方法进行模型估计，运用马尔科夫链蒙特卡洛（MCMC）方法进行参数后验数值的估计。

第七章第一节已经对相关变量进行了说明，此处不再进行重复解释。

（二）单位根检验和最优滞后阶数

在进行模型估计前，需要对价格数据进行单位根检验，对模型最优滞后阶数进行估计。其中，第七章第一节已经对价格数据进行了单位根检验，此处不再进行重复解释。本部分内容分别采用 LogL 准则、LR 准则、FPE 准则、AIC 准则、SC 准则以及 HQ 准则确定最优滞后阶数，相应估计结果见表 7-8。

表 7-8 模型最优滞后阶判定结果

Lag	LogL	LR	FPE	AIC	SC	HQ
0	−4 261.287 3	NA	4.85E+10	46.286 3	46.370 5	46.360 3
1	−4 138.485 4	NA	4.36E+10	46.176 3	46.268 5	45.981 1
2	−4 124.328 9	349.557 0	1.29E+10*	46.012 6*	45.884 9*	45.813 7*
3	−4 085.149 9	75.258 3	1.82E+10	46.431 9	47.213 6	46.188 6
4	−4 043.365 5	88.310 7	1.94E+10	46.813 4	49.481 1	47.413 4
5	−3 989.348 3	81.028 0	2.41E+10	46.548 3	51.157 3	48.230 8
6	−3 938.873 3	77.312 8	2.81E+10	46.865 8	52.216 5	49.010 3
7	−3 889.632 2	80.168 5	3.05E+10	46.965 2	53.656 7	49.547 2

注：* 对应最优滞后阶数。

根据表 7-8 模型最优滞后阶数估计结果，基于 FPE、AIC、SC 及 HQ 最小值准则，均显示模型的最优滞后阶数为 2。对此，本书后续模型设定的滞后阶数设定为 2。

（三）MCMC 模型估计

根据 Nkajima（2011）、何诚颖等（2013）及姚登宝（2017）等学者的研究思路和 VAR 模型中的 AIC、SC 及 HQ 等准则，选择最优 2 阶滞后，并在进行 MCMC 估计前对模型参数初始值进行赋值。模型参数初始值预赋值设定如下：$\mu_\beta = \mu_a = \mu_l = 0$；$\sum_{\beta 0} = \sum_{a 0} = 10I$，$\sum_{l 0} = 100I$；$(\sum_\beta)_i^{-2} \sim$ Gamma$(40, 0.02)$，$(\sum_a)_i^{-2} \sim$ Gamma$(4, 0.02)$，$(\sum_l)_i^{-2} \sim$ Gamma$(4, 0.02)$。借助 MCMC 算法，抽取 10 000 次样本量，同时为了获得有效的样本集，提高样本质量，删除初始的 1 000 次抽取样本。后面 9 000 次的抽样样本主要用于后验分布的参数估计。MCMC 模型估计结果见表 7-9。

表 7-9　MCMC 模型估计结果

参数	均值	标准差	95%上界	95%下界	Geweke	Inef.
$(\sum_\beta)_1$	0.023 6	0.016 7	0.185 8	0.029 6	0.018 5	11.691 3
$(\sum_\beta)_2$	0.022 8	0.006 4	0.185 8	0.028 1	0.995 7	12.742 5
$(\sum_a)_1$	0.037 1	0.009 8	0.021 7	0.050 8	0.134 8	44.433 3
$(\sum_a)_2$	0.035 4	0.031 8	0.032 9	0.145 9	0.173 8	50.654 2
$(\sum_l)_1$	0.319 3	0.100 5	0.117 0	0.551 4	0.283 1	66.820 5
$(\sum_l)_2$	0.342 2	0.116 4	0.131 1	0.583 8	0.414 8	78.882 4

根据表 7-9 待估参数后验分布估计结果，待估参数后验均值均位于 95% 置信区间内；Geweke 诊断值也均处于 5%（1.96）临界范围内，这说明接受后验分布收敛于 0 的原假设；所有参数无效因子的估计结果显示均处于合理水平，估计值均在 100 以内。其中，最大无效因子数为 78.92，也即至少可以得到 9 000/78.92≈114 个不相关样本进行有效的后验估计。表 7-9 的估计结果，说明了模型参数估计结果较为稳健。

（四）动态脉冲响应分析

根据第五章和第六章分析可知，国际原油价格波动对国内粮食市场价格的影响并非呈线状，也即这种影响受时间因素或价格因素的动态作用而处于持续变化之中，在某些特定时间段或价格区间内可能呈现出较强的传导效应，而在其他情况下则可能因市场环境的改变、政策的干预以及供需结构的调整等因素而使影响减弱或发生转向，表现出显著的时变性与不确定性，无法简单地用固定参数模型来准确刻画和预测。这在前文市场间价格相关稳定性检验过程中和分阶段价格溢出效应检验过程中均得到了验证。由于 TVP-VAR 模型估计参数值能够根据不同的变量冲击而随之变化，也可以从时变性角度捕捉不同时点上变量间的动态性关系。

为了更深入地剖析国际原油市场与国内粮食市场之间复杂的价格传导机制，以及精准捕捉不同时间节点和滞后阶段下市场动态变化的异质性特征，本书在构建 TVP-VAR 模型基础上引入时点间隔脉冲响应函数，观察不同滞后期和时点上国际原油市场价格波动对国内粮食市场价格的影响，从而全面且深入地揭示出在多因素交织影响下，原油价格冲击在国内粮食市场价格体系中引发的涟漪效应随时间推移和情境变迁而展现出的独特变化轨迹，为政策制定者制定针对性的市场调控政策提供科学依据，也为相关领域的研究人员提供全新的分析视角与实证参考范例。一方面，本书将选择滞后 2 期、4 期以及 6 期作为间隔时间段，分析国际原油市场价格波动对国内四大粮食品种价格走势的影响；另一方面，根据第四章对样本的划分时间点，本书确定了 2007 年 2 月、2008 年 12 月、2014 年 6 月及 2020 年 1 月这四个时间点，作为考察国际原油市场价格波动对国内粮食市场价格影响的不同观测点。其中，2007 年 2 月和 2008 年 12 月分别代表全球金融危机前和全球金融危机后的两个时间点，2014 年 6 月代表国内粮食安全战略确立年，2020 年 1 月代表近期观测时间点。

1. 基于不同时间间隔的脉冲响应分析

本书将选择滞后 2 期、4 期以及 6 期作为间隔时间段，分析国际原油市场价格波动对国内四大粮食品种价格的影响。相应的动态脉冲响应时间间隔分析图见图 7-1。

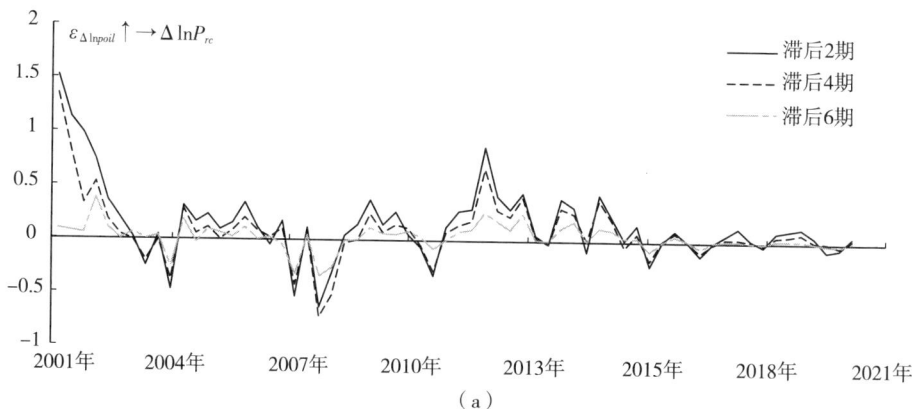

（a）

（b）

（c）

（d）

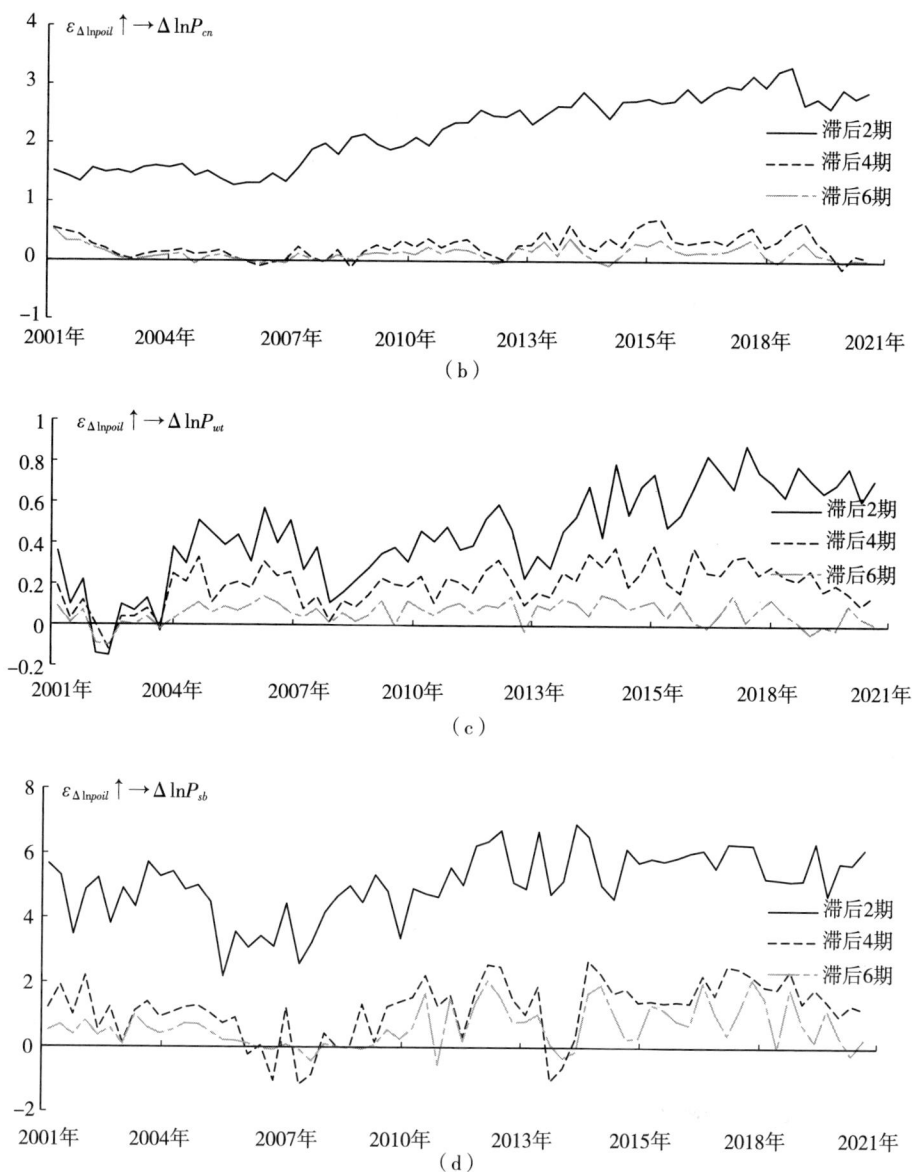

图 7-1　国内四大主粮市场价格对国际原油价格的脉冲响应

　　图 7-1 展示了不同滞后期国际原油价格波动对国内大米、玉米、小麦以及大豆市场价格的影响。总体上，国际原油价格对国内四大主粮均存在一定的时变性冲击影响，但是不同粮食品种市场价格对原油市场价格波动的反应程度有着较大差异。其中，不同滞后期的国际原油价格波动对国内大豆市场价格的

影响最大，其次是玉米市场，随后是小麦和大米市场。图 7-1 展示的脉冲响应趋势总体上与第六章中的回归结果保持了一致，同时也与黄季焜（2009）等学者研究结论相一致。

从脉冲响应影响的方向层面，国际原油价格波动对国内四大粮食品种价格均存在正向冲击效应，也即某一时点国际原油价格的上涨在未来的一段时间内引起国内粮食市场价格的上升，影响途径可能是通过生产成本渠道，也可能是通过粮食贸易渠道。由于玉米和大豆自身兼具食用和能源属性，生物质能源产能和价格的变化在其中发挥了相对更大的价格传导作用，国际原油市场价格波动对这两大粮食品种价格的影响也就更为强烈（杨志海等，2012）。从脉冲响应的滞后性影响层面，滞后期越短，国际原油价格波动对国内粮食市场影响越大；滞后期越长，国际原油价格波动对国内粮食市场的影响越小。相比之下，滞后 2 期国际原油价格波动对粮食市场影响最大，可见，国际原油市场价格波动对国内粮食市场价格的影响存在明显的时效性。从脉冲响应冲击强度趋势的层面，国际原油市场价格波动对国内玉米和小麦市场价格的影响具有逐步增强的趋势，对国内大豆市场价格的影响相对平稳，对国内大米市场价格的影响则明显呈现出了由强至弱的趋势。

根据图 7-1 (a)，从国内大米市场的角度可以发现：国际原油价格波动对国内大米市场价格冲击的影响在 2012—2013 年前后出现了分化现象，2012—2013 年前的冲击影响相对较大，2012—2013 年后的冲击影响明显弱化，随着时间推移这种影响逐渐缩小乃至徘徊于 0 附近。国内大米市场价格对国际原油市场价格波动的脉冲响应之所以存在明显的时间区间，这很可能与我国在 2012—2013 年大幅提升早籼稻、中晚籼稻及粳稻最低收购价有关，在较大程度上调动起了农户种粮积极性，保障了市场稻谷供应量，有效缓冲了来自国际市场的价格冲击。

根据图 7-1 (b)，从国内玉米市场的角度可以发现：国际原油价格波动对国内玉米市场价格冲击的影响总体上呈现了逐步增强的趋势，这种趋势在 2007—2008 年全球金融危机后尤为明显。自 2008 年全球金融危机和能源危机后，越来越多的国家开始推动生物质能源项目的开发，全球燃料乙醇产量实现了快速提升，这可能是国内玉米市场价格对国际原油市场价格波动的脉冲响应之所以呈不断增强趋势的一大原因。与大豆市场相比，虽然国内玉米市场受国际原油市场价格波动的影响整体上较大豆市场弱，但受影响程度的增强趋势则较大豆市场更为显著，这与第四章市场间价格相关性和溢出效应的分析结果保持了一致。

根据图 7-1 (c)，从国内小麦市场的角度可以发现：国际原油市场价格波动对国内小麦市场价格冲击的影响虽然总体上维持在了相对较低的位置，但却呈现出了较多的波动性，即冲击影响具有较强的时变性特征。与国内的玉米和大豆市场价格脉冲响应结果相比，国际原油市场价格波动对国内小麦市场价格冲击影响虽然整体相对偏弱，但影响力却在不断增强。由于小麦是我国主要的口粮，是我国粮食安全战略的"首保"对象，其种植规模较为稳定且在国内粮食储备体系中占据重要地位，自给率维持在较高水平，自身产量主要受国内农业政策、气候条件以及耕种技术等因素主导，与国际能源市场的直接关联渠道有限，受国际能源市场价格波动的冲击影响相对较弱，市场的脉冲响应程度也就相对偏弱。小麦也是生物质能源开发的原料之一，国内小麦市场在受原油价格波动引起的成本冲击的同时，受到来自生物质能源项目开发的影响也在不断增强。

根据图 7-1 (d)，从国内大豆市场的角度可以发现：相较国内大米市场、玉米市场及小麦市场，国内大豆市场受滞后 2 期国际原油市场价格波动的短期冲击始终维持在最高水平，这很可能是由于大豆不仅是重要的粮食作物，更是生物柴油等能源产品的重要原料来源，与原油市场在能源应用领域存在着较为紧密的替代关系。而且我国大豆对外依存度相对较高，国际原油价格波动往往会通过影响国际贸易格局、运输成本以及相关产业链上下游联动等多方面因素间接传导至国内大豆市场，使其更易受到原油市场价格变动带来的影响。此外，相比滞后 2 期国际原油市场价格，滞后 4 期和滞后 6 期国际原油市场价格波动对国内大豆市场冲击程度明显较弱，同时不同滞后期的冲击程度相对稳定在了某一区间。

2. 基于不同时间点的脉冲响应分析

进一步地，本小节还分析了不同时间点上国内粮食市场价格对国际原油价格波动的脉冲响应，具体见图 7-2。

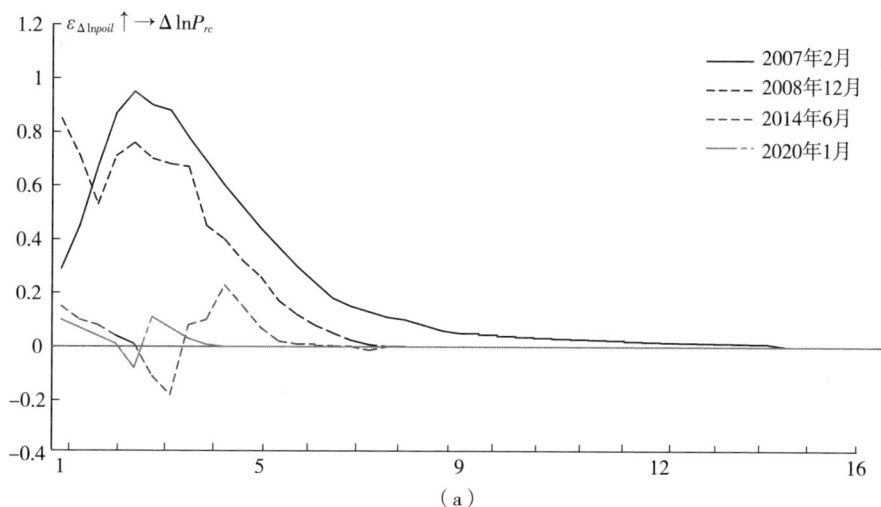

（a）

$\varepsilon_{\Delta \ln poil} \uparrow \rightarrow \Delta \ln P_{cn}$

2007年2月
2008年12月
2014年6月
2020年1月

（b）

$\varepsilon_{\Delta \ln poil} \uparrow \rightarrow \Delta \ln P_{wt}$

2007年2月
2008年12月
2014年6月
2020年1月

（c）

$\varepsilon_{\Delta \ln poil} \uparrow \rightarrow \Delta \ln P_{sb}$

2007年2月
2008年12月
2014年6月
2020年1月

（d）

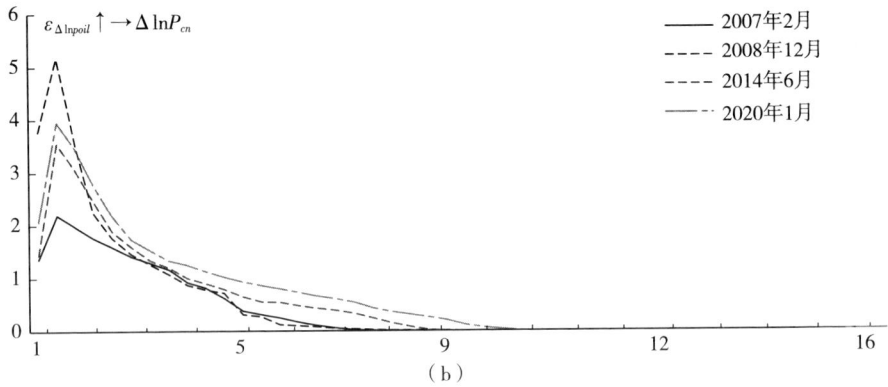

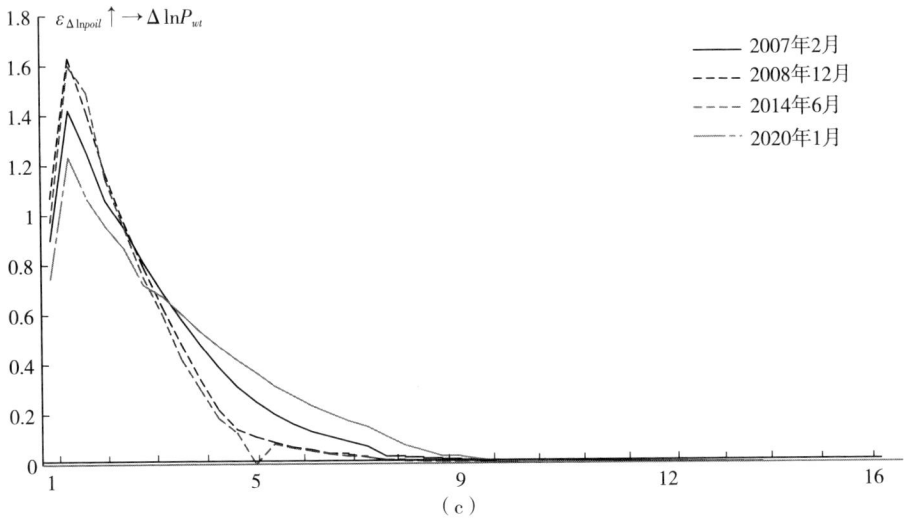

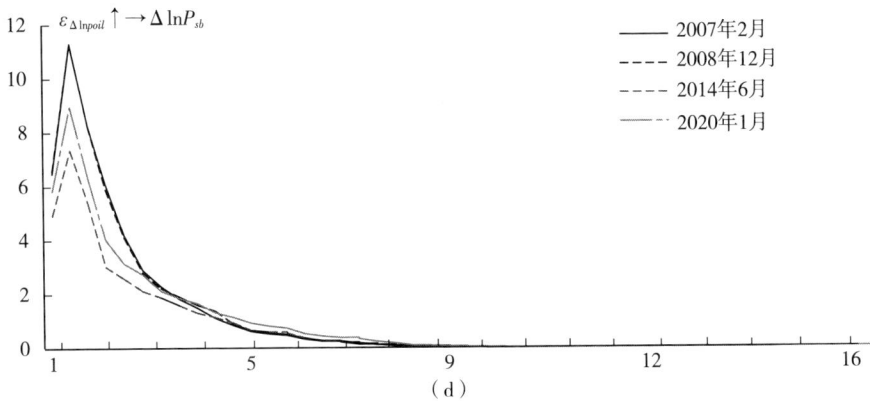

图 7-2　不同时点下国内粮价对国际原油价格波动的脉冲响应

图 7 - 2 展示了 2007 年、2008 年、2014 年以及 2020 年四个时间点上国内四大粮食品种市场价格对国际原油价格波动的脉冲响应情况。总体上，国内不同粮食品种市场价格对国际原油市场价格的波动均存在一定程度的响应，其中滞后 2 期的响应程度最为强烈。

根据图 7 - 2 （a），从国内大米市场的角度可以发现：在冲击影响的强度方面，国际原油市场价格波动对国内大米市场价格冲击影响由强到弱依次在 2007 年、2008 年、2014 年以及 2020 年，可见随着时间推移，冲击影响程度在不断减弱，在一定程度上说明了我国大米市场的稳定性在不断增强，其应对外部能源市场波动干扰的能力逐步提升；在冲击影响的时间点方面，2007 年和 2008 年的冲击力在第 2 期和第 3 期左右达到最高峰，2014 年和 2020 年的冲击相对波动；在冲击影响的持续性方面，仅 2007 年的冲击力对国内大米市场的影响持续时间超过了 10 期，2008 年、2014 年及 2020 年的冲击影响持续时间逐渐缩短，2020 年的冲击力影响持续时间不到 5 期。

根据图 7 - 2 （b），从国内玉米市场的角度可以发现：在冲击影响的强度方面，国际原油市场价格波动对国内玉米市场价格的冲击影响由强到弱依次在 2008 年、2020 年、2014 年以及 2007 年；其中，2008 年全球金融危机期间国内玉米市场价格的稳定性相对较差，易受外部市场价格波动的冲击影响；在冲击影响的时间点方面，2007 年、2008 年、2014 年以及 2020 年均在国际原油市场价格波动 2 期后对国内玉米市场价格影响达到峰值，并在 5 期左右回落到了较低水平；在冲击影响的持续性方面，相较 2007 年和 2008 年，2014 年和 2020 年冲击影响持续时间最久，其中 2020 年国际原油市场价格波动对国内玉米市场冲击影响持续时间超过了 10 期。全球金融危机后，随着国际贸易保护主义抬头，部分国家频繁调整贸易政策，使得玉米及其相关产品的进出口面临诸多阻碍和不确定性，国际玉米产业链的运转节奏被打乱。同时，全球经济复苏进程缓慢，能源需求和粮食需求的回升都较为迟缓且不稳定，市场预期变得更加难以捉摸，各方参与者的决策也趋于谨慎和多变。再者，一些新兴能源产业对玉米等生物质原料的依赖程度进一步加深，强化了玉米市场与原油市场之间的关联纽带，极大地延长了国际原油市场价格波动对国内玉米市场价格影响的持续时间。

根据图 7 - 2 （c），从国内小麦市场的角度可以发现：在冲击影响的强度方面，国际原油市场价格波动对国内小麦市场价格冲击影响由强到弱依次在 2008 年、2014 年、2007 年以及 2020 年；在冲击影响的时间点方面，2007 年、2008 年、2014 年以及 2020 年均在国际原油市场价格波动 2 期后对国内小麦市场价格影响达到峰值，表明国际原油市场价格波动对国内小麦市场价格影响的时滞性较为稳定；在冲击影响的持续性方面，2020年冲击力最小但持续时间最长，持续时间为10期，2007年、2008年和2014年的冲击持续时间较为接近，均在8期左右。相对玉米和大豆市场，国内小麦市场一方面受国际原油市场冲击力相对偏弱，另一方面也存在着随时间推移冲击力度减弱和影响时间延长并存的现象。

最后，根据图7-2（d），从国内大豆市场的角度可以发现：在冲击影响的强度方面，国际原油市场价格波动对国内大豆市场价格冲击影响由强到弱依次在2007年、2008年、2014年以及2020年，可见对外贸易规模相对较大的大豆市场容易受特殊时期外部关联市场价格波动的影响；在冲击影响的时间点方面，2007年、2008年、2014年以及2020年均在国际原油市场价格波动2期后对国内大豆市场价格影响达到峰值，同时各时间点的市场冲击均在第6期或第7期趋于稳定；在冲击影响的持续性方面，四个观测时间点的市场冲击影响的持续时间均在8～9期左右，并未出现较大差异。总体上，国际原油市场对国内大豆市场的市场冲击力普遍较其他粮食市场更强，影响持续时间也相对更久，这主要是因为大豆用途的多元性决定了其与原油市场有着更为紧密且复杂的联系。一方面，大豆是生物柴油的重要生产原料之一，原油价格波动会直接影响生物柴油的生产效益，进而传导至大豆的需求及价格层面；另一方面，我国大豆进口规模庞大，对外依存度较高，国际原油价格变动往往会连带影响到大豆的海运成本、贸易格局等诸多环节，使得外部冲击更易传导进来且影响范围更广、持续时间更长。同时，大豆产业链相对更长且涉及领域众多，从种植、加工到终端消费等各环节都会因原油市场的波动而受到不同程度的波及，各环节之间的联动效应进一步放大了这种冲击的影响力和持续性。

总体而言，在四个不同时间点上，国际原油市场价格波动对国内四大粮食市场均产生了正向的市场冲击，也都有一定的冲击影响持续时间。其中，国内玉米市场、小麦市场及大豆市场受到的冲击路径整体一致，国内大米市场受到国际原油市场价格波动冲击振幅明显，但程度相对偏弱，这与前文的时间间隔市场脉冲分析结果基本保持了一致。

三、市场间的价格波动响应对国内粮食安全的影响

基于不同时间间隔和不同时间点的脉冲响应分析结果，国际原油市场价格波动对国内粮食市场存在着时变性冲击、滞后性冲击、持续性冲击的影响，由此引起国内粮食市场的连锁性反应，进而对国内的粮食安全产生了极大的威胁。

（一）国际原油市场价格波动对国内粮食市场的时变性冲击

国际原油市场对国内粮食市场的时变性冲击主要表现为市场间的价格信息传导会随时间变化而引起的非线性失真，具有一定的随机性和不可预测性。作为粮食机械化生产的主要能源，原油价格波动会影响到粮食行业的生产成本和市场价格，打乱涉粮企业的生产运营计划，还会增加整个社会对于粮食市场价格的短期"维稳"成本。

目前，国内的涉粮企业主要包含粮食加工企业、饲料加工企业、储备粮管理公司、农牧业公司以及粮食贸易公司等，这些涉粮企业共同构成了我国的粮食产业链条，为保障国家粮食安全作出了重要贡献。国际原油市场价格波动对国内粮食市场的时变性冲击，将直接影响到这些涉粮企业在生产运营方面的计划。例如对于粮食加工企业和饲料加工企业而言，粮食和饲料的加工时间和加工任务量的确定往往以前期的市场经验而定，当粮食市场价格受外部市场冲击而出现时变性波动时，将很有可能会超出常规的经营决策范围。粮食价格出现非正常波动时，对于粮食和饲料加工企业存在以下几方面的影响。一是企业的原材料成本会随之变动，这就可能会影响企业的盈利水平；二是当粮食价格上涨时，企业需要增加采购成本，可能导致生产成本的增加，从而影响企业的经济效益；三是当粮食价格下跌，行业内其他粮油加工企业可能会为了抢占市场份额而恶意降低价格，这会对企业的市场竞争力产生一定的影响，也不利于粮食市场的健康发展。对于储备粮管理公司而言，粮食价格的波动会影响储备粮管理公司的采购成本和储备成本，导致储备粮的库存价值发生变化，使得储备粮管理公司在粮食收购、出库及销售等环节中出现价格倒挂的现象，进而对储备粮管理公司的经营产生不利影响。此外，国际原油市场价格波动导致的国内粮食市场价格的时变性变化将打乱农牧业公司、粮食物流企业以及粮食贸易企业的正常经营计划，进而对整个粮食产业链产生较大的负面冲击影响。

为了稳定国内粮食市场价格，我国政府出台了一系列政策和措施，主要包含以下几方面：一是最低收购价政策，当粮食价格低于市场价格时，以中国储备粮管理集团有限公司为主的收储机构就会以最低收购价收购粮食，以确保农民的收入；二是临时收储政策，政府会在粮食市场价格低于国家规定的价格时，以临时收储的方式收购粮食，以确保粮食市场的稳定；三是粮食储备制度，中国储备粮管理集团有限公司会在粮食市场价格过高时，通过销售储备粮来调节市场价格，以保障粮食市场价格的稳定性；四是农业补贴政策，为了提升农民的种粮收入，维护种粮积极性，我国政府为种粮农户提供了直接补贴、农作物良种补贴以及农资综合补贴等。此外，为了稳定种粮农户收益，为农户种粮风险兜底，目前针对三大粮食作物的完全成本保险和种植收入保险已经覆盖全国所有产粮大县。受国际原油市场价格波动的冲击，引起国内粮食市场价格时变性波动时，将削弱现有稳粮价政策措施的效果，同时也将引致政府出台更多的政策措施来强化对粮食市场价格稳定的调控，增加政策措施的实施成本。

（二）国际原油市场价格波动对国内粮食市场的滞后性冲击

根据图 7-1 和图 7-2 的脉冲响应走势图，国际原油市场价格对国内粮食市场存在明显的滞后性冲击效应。政策的出台和措施的实施往往以市场运行过程中出现的风险状况为基础，即政府对于粮食市场价格的稳定一般以风险因子的即时性呈现为前提，这就导致市场间价格波动冲击的滞后性会增加粮食市场的价格风险防范难度。

这种风险防范难度的增加主要体现在以下几方面。第一，当粮食市场价格出现大幅度或高频率波动时，管理部门对市场价格波动原因的追溯可能会囿于当时的产能供给、市场需求以及生产成本等几个方面的因素。对此，为了平抑粮价波动，相关管理部门会基于当时供需、成本、贸易等因素的分析采取相应的措施，这就会导致能源市场价格波动滞后性的冲击风险和采取的对策措施之间存在错配性，使得政策措施失去"靶向"。第二，不同粮食品种对国际原油市场价格波动的响应虽然在滞后 2 期左右均为最显著，但在具体的响应程度和时间点上存在差异化，这就导致政府在稳定市场价格时需要同时考虑政策措施对不同粮食品种价格的影响，增加了政策执行难度。例如大米价格对国际原油市场价格波动的滞后 2 期、4 期和 6 期响应冲击程度并不存在显著差异，玉米和小麦对国际原油市场价格波动的滞后 2 期响应冲击程度最强，但整体上呈现增强趋势，而大豆市场对国际原油市场价格波动在不同滞后期的响应冲击程度未发生明显的变化。针对某一粮食品种价格的不稳定现象，当管理部门出台措施平稳市场价格时可能会引起其他粮食品种市场价格的上涨或下跌，从而出现市场价格管理"顾此失彼"的现象。对此，当国际原油市场价格波动对国内不同粮食品种价格产生滞后性冲击时，需要管理部门兼顾多个粮食品种的价格稳定。第三，管理部门采取稳粮价措施产生的效应很可能与粮食市场受到的滞后性价格冲击效应形成叠加之势，存在加剧粮食市场价格波动的可能性。如前所述，国际原油市场价格波动对国内粮食市场价格冲击的滞后性、稳粮价政策效应的不同滞后性以及不同粮食品种受冲击时间的不同滞后性等因素的叠加，增加了政策效应和价格波动风险之间的匹配性，也极可能会造成平抑政策效应和向下的价格波动冲击效应相叠加，或是托底政策效应和向上的价格波动冲击效应相叠加，出现"事与愿违"的反向效果，增加了粮食市场价格稳定的难度。

（三）国际原油市场价格波动对国内粮食市场的持续性冲击

根据图 7-2 不同时点下国内粮价对国际原油价格波动的脉冲响应估计结果，国际原油市场价格波动对国内粮食市场的冲击存在持续性特征，这就会导致粮食乃至整个农业的生产成本面临着长期的持续上升压力。除了部分时间段，国际原油市场价格走势在多数时期总体上呈现出上升趋势，在国内粮食政策的托底作用机制下，国内粮食市场价格存在较大的上涨冲动。国际原油市场单时间点价格波动就会对国内粮食市场产生 6～10 期的滞后性冲击影响，多时间点的连续性价格波动就可能会引起滞后性冲击效应的叠加。这种由于能源市场价格波动产生的对国内粮食市场价格的持续性冲击，会增加种植、收割、加工等环节的粮食生产成本，降低粮食生产运营主体的效益，打击其种粮积极性；粮食价格的长期上升，将会削弱消费者的市场购买力，降低对粮食及加工品的购买需求，进而影响粮食市场价格；种粮成本的持续性上升，收益的不断下降，很可能会导致农业投入结构出现大的调整，农户会减少粮食生产，转而增加更具经济效益的经济作物的生产，以此应对能源价格上涨带来的成本压力。

对此，调控部门不仅要考虑到短期内的粮食市场价格不稳定的因素，同时也要兼顾到长期的粮食市场价格稳定。从具体行为来看，针对国际原油市场价格波动冲击导致的粮农收益下降，政府需要加大对种粮农民的直接补贴、农作物良种补贴和农资综合补贴力度，以此维护种粮农户收益；针对国际原油市场价格波动冲击导致的消费成本的上升，政府在增加更多财政支出的同时，一方面要在价格竞争优势下降的同时加大粮食收购行为，另一方面中国储备粮管理集团有限公司要更加频繁地在市场中平价抛售储备粮，以此稳定粮食市场价格，抑制粮食消费成本的上升。当然，为了从根源上缓解来自国际能源市场的价格波动冲击，能源管理部门同样需要出台相应政策措施，既要保障能源的充足进口，又要稳定能源的进口价格。面对粮食市场价格长期的上行压力，政府既需要根据不同市场主体出台多方面的政策，同时还需要考虑这些政策效应的长期性，显然，这将增加整个社会对于粮食市场价格的长期"维稳"成本，同时也会增加国内粮食市场的价格稳定难度。

此外，当国际原油市场处于稳定上升趋势时，会强化市场对粮食市场价格上升的预期，从而引来更多的投机者对粮食市场的关注。在国际原油市场价格的上升趋势下，国内外粮食市场大概率会同样呈现相似的价格走势，这就会使资本市场的投机者增加对粮食期货交易的投机行为，由此可能会进一步加剧粮食市场价格的波动，增加市场不确定性，从而对粮食市场的稳定性和国家粮食安全造成负面影响。

（四）国际原油市场价格波动引起粮食市场价格的连锁反应

国际原油市场价格波动对国内粮食市场产生的冲击，还会引起市场的连锁性反应，具体体现在以下几方面。第一，原油价格的波动会引起农业生产成本的不稳定，尤其是原油价格的上涨会导致整个农业生产成本的上升。农业生产中需要使用大量的化肥、农药、农膜等农资，这些农资的生产和运输都需要消耗大量的能源，因此，原油价格的上涨会增加农业生产成本，而这将压缩农户的种粮收益，进而影响粮食的产量和质量。第二，原油市场价格波动会影响粮食加工成本，尤其是粮食加工过程中所需的能源和化工原料等。当原油价格上涨时，食品加工企业生产成本也会上升，进而推高食品价格，增加居民的消费成本。第三，原油市场价格波动对国内粮食市场价格的冲击，会引起进出口贸易的不稳定性。鉴于我国人均耕地相对稀缺的现实情况，国内粮食市场对国际能源市场价格波动的"消化"能力弱于国际粮食市场。受国际原油市场价格波动的影响，国内粮食市场的供需平衡将受到冲击，尤其是在油价上涨引致国内粮价上升的情况下，国内粮食市场的对外进出口贸易量和贸易额很可能会发生实质性变化，并由此与国际市场产生一定的贸易摩擦。粮价是百价之基，我国居民消费价格指数中食品价格占比高，粮食丰收可为稳物价、防通胀奠定坚实基础。受国际原油市场价格波动冲击的影响，粮食产业链各环节价格的上升，会刺激其他商品价格的上涨，在宏观层面会引起通货膨胀，在微观层面会增加国内居民的生活成本，削弱市场购买力，进而不利于整个社会的稳定。

此外，不同粮食品种不同程度的价格冲击滞后期不同，会造成不同粮食品种存在不同时间点的上涨压力。稻谷、小麦和玉米等粮食品种之间具有替代性，当其中某一种粮食价格出现较快上涨时，消费市场会增加对其余粮食品种的消费。在供给不变的同时会引起需求的快速上升，由此会引起其余粮食品种价格的上升，因此在存在替代性消费的不同粮食品种之间存在着较强的价格关联性。在不同粮食品种之间发生连锁性波动反应时，又很可能与不同粮食品种自身的滞后性价格上涨驱动因素叠加，进而引发更为剧烈的价格波动现象，对国内粮食市场产生持续性的价格冲击。

第八章

中国粮食市场价格受国际原油
市场价格波动冲击的模拟分析

本书第五章至第七章根据国内粮食市场、国际能源市场以及其他相关因素的历史数据，分析了中国粮食市场价格和国际能源市场间的价格相关稳定性以及市场间的价格传导影响。本研究的主要目的在于深入洞察国际能源市场波动对国内粮食市场的潜在风险，预防因国际能源价格大幅震荡而引发国内粮食市场的系统性危机。因此，相比单纯的历史数据关联分析，引入前瞻性的情景模拟分析方法，进一步通过情景设定模拟分析国内粮食市场受到外部能源市场价格溢出的冲击影响，进而提前制定应对策略与预案，对于增强我国粮食市场在全球复杂经济环境下的抗风险能力，保障国家粮食安全，维持国内物价稳定以及推动农业可持续发展的意义重大。

本部分内容的总体研究思路为：根据国际市场的预判设定国际原油市场价格的不同波动情景，进而模拟分析相应情景下国内粮食市场价格受到的冲击影响。具体而言，一方面是进行基于价格弹性的模拟分析，参考现行的弹性系数来测算未来国际原油市场价格不同涨幅下国内粮食市场价格水平；另一方面是通过构建粮食局部均衡模型，以考察国际原油市场价格不同水平涨幅下国内粮食市场价格变化情况。要说明的是，为了在不影响分析结论的情况下尽可能排除其他相关因素的影响，本部分内容的分析论证假设国内外粮食生产条件、技术水平、政治经济环境等因素相对稳定，并不存在根本性的趋势变化。

一、国际原油市场价格波动冲击国内粮食市场价格的理论分析

党的十八大以来，形成了"谷物基本自给、口粮绝对安全"的粮食安全观，也充分体现了粮食安全自给自足的思想。总体而言，我国的粮食供给主要

来源于国内自主生产和适量的进口补充。国内外粮食需求曲线呈左上方倾斜，国内外粮食供给则呈右上方倾斜，原油市场冲击引起国内粮食供需及进口的变化情况见图 8－1。

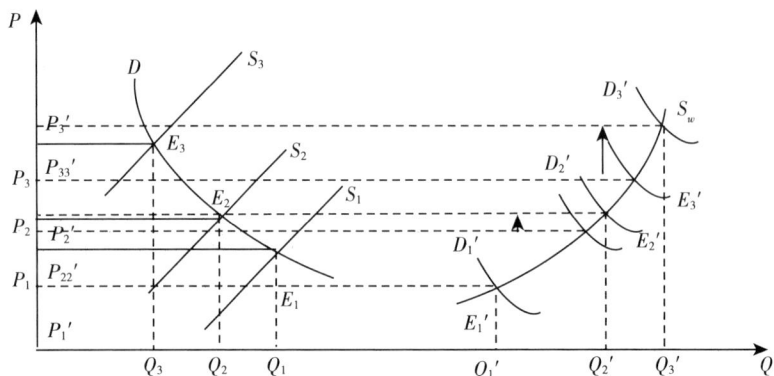

图 8－1　原油市场冲击引起国内粮食供需及进口的变化

根据图 8－1，不同阶段的国内粮食需求弹性和国际粮食供给弹性强弱不一。为了方便分析国际能源市场价格变动对国内粮食市场的影响，同时又不影响分析结论，本部分内容假设在观测期内粮食生产技术未有实质性突破，国内粮食需求相对稳定，同时不存在对外贸易壁垒。

当国际原油市场价格波动幅度在一定范围内时，国内粮食供需平衡点位于 E_1 位置，此时国内粮食市场价格为 p_1，粮食需求量为 Q_1。国内粮食价格处于较低水平 p_1 时，国内市场对粮食需求弹性相对较大，市场需求对粮食价格变化的反应相对敏感。在观测期内，国内粮价普遍高于国际粮价，因此，尽管国内粮食价格处于低位的 p_1，但国际粮食价格处于更低的 p_1'。对国际粮食市场少量的进口，难以对国际粮食市场供需平衡产生冲击，此时的国际粮食市场供给弹性相对缺乏，即国内粮食市场对外进口行为并不能造成国际粮食市场的大幅度上涨。

当国际原油市场出现上涨时，通过生产环节或通过贸易途径促使国内粮价上行，假设此时国内供需平衡点位移到了 E_2 位置，国内粮价和需求量分别为 p_2 和 Q_2。受国际原油价格上行影响，国内粮食价格由 p_1 上升到了 p_2 水平，粮食价格的上涨刺激了国内粮食市场的对外进口需求，而进口量的上升将对国际粮食市场供需平衡产生一定冲击。由于我国是粮食消费大国，随着国内粮食市场对外粮食进口量的提升，将增加国际粮食市场需求量，进而将国际粮食价格由 p_{22}' 的位置推高到了 p_2' 的位置，相应的国际粮食市场需求曲线由 D_1' 位置位移到了 D_2' 位置，均衡点由 E_1' 变为了 E_2'。国际粮价 p_2' 位于国内粮价 p_2 之上或是之下，需要视国内粮食市场的对外进口量和国际粮食市场供给量而定，为方便分析，此处暂时视为国际粮价位于国内粮价 p_2 之上。

当国际原油市场价格出现极端上涨情形时，生产要素价格的大幅上涨将引起农产品市场的普遍性涨价，此时，粮食市场供需均衡点又进一步位移到了 E_3 位置，相应的粮食均衡价格和供需量分别为 p_3 和 Q_3。在市场供需均衡点由 E_1 位移到 E_2 进而到 E_3 的过程中，基于市场对粮食食用的刚性需求，需求弹性呈减弱趋势。其中，E_1—E_2 阶段相对富有市场需求弹性，E_2—E_3 阶段相对缺乏市场需求弹性。国内粮食市场价格的大涨，一是将抑制市场需求，二是将引起政府对市场价格的管控，以稳定市场，三是终端市场价格管控和生产成本的上涨将极大减少种粮收益，进而减少市场的粮食供给。在不存在贸易壁垒的情形下，国内粮食市场对外进口需求量将会大幅增加，进而冲击国际粮食供需平衡，将国际粮食市场价格由 p'_{33} 的位置推高到了 p'_3 的位置，相应的国际供需平衡点由 E'_2 变为了 E'_3。大规模的粮食进口，会高强度冲击国内粮食市场的稳定，还会增加国家外汇储备体系乃至于整个经济体系的系统性风险。

二、国际能源市场价格走势预测说明

目前，国际市场对于全球原油市场价格波动趋势总体保持了一致。美国能源信息署（EIA）在 2024 年 1 月发布报告称，预计 2024 年布伦特原油均价将达到每桶 82 美元，2025 年将达到 79 美元，并预测全球石油需求将在 21 世纪 30 年代中期稳定在日均 1.04 亿桶，需求高峰值将在 2035 年左右出现。国际货币基金组织（IMF）在出具的报告中表示，国际原油市场价格在 2020 年疫情期间步入下行通道，之后将会随着经济的回暖逐步恢复上涨行情，并预测今后 10 年油价可能持续上涨，有可能会达到当前价位的两倍水平。此外，《2023 年国际能源展望》还提到，生物质能、风能及太阳能等可再生能源产能预计将在 2050 年左右达到当期石油市场规模，从而减缓国际油价的上涨速度。可见，国际原油市场价格虽然受短期经济下行周期的影响处于相对较低的价格水平，但从长期来看，国际市场普遍预测国际原油市场价格仍将呈上行趋势。

根据国际市场对国际原油市场价格的预期，兼顾预测的时效性，本书将模拟分析时间范围设定为 2025—2035 年。同时，将 2025 年、2030 年和 2035 年设定为观测时间点，以观测相应时间点下国内粮食市场价格的变化情况。相应的国际原油价格变动方案设定见表 8-1。

表 8-1　国际原油价格不同上涨速度情景模拟（单位：美元/桶）

方案	2025 年	2030 年	2035 年
方案一	130	160	190
方案二	120	140	160
方案三	110	120	130

注：以 2022 年为基期，基期国际原油价格以布伦特 DTD、迪拜以及 WTI 的原油现货价均价为代表，为便于分析，近似为 100 美元/桶。

表 8-1 对于国际原油市场价格上涨速度快慢的情景设定，方案一中的国际原油价格增长速度快于方案二，而方案二的增长速度快于方案三。通过设定不同的原油价格上涨速度，以此来模拟分析国内不同粮食品种市场价格受影响程度。需要说明的是，上述三种方案设置的前提是国内外政治、经济以及粮食供求形势没有发生重大变化。模型模拟基期设定为 2022 年 12 月。

三、基于价格弹性和局部均衡模型的模拟分析

（一）基于价格弹性的模拟分析

基于第二章中有关能源市场和粮食市场价格溢出效应的理论分析，同时参考第七章第一小节模型设定选定本小节模拟分析部分的粮食市场价格影响因素。在其他影响因素不变的情况下，本部分内容将参考表 7-5 和表 7-6 的价格弹性系数，以此分析国际原油价格不同程度增长速度对国内粮食市场价格的影响。基于表 7-5 和表 7-6 的回归系数，总样本、样本 1（临界点前样本）及样本 2（临界点后样本）的价格弹性系数见表 8-2。

表 8-2　基于不同样本的原油—粮食价格弹性系数

	大米—原油	玉米—原油	小麦—原油	大豆—原油
总样本	0.051 9	0.401 8	0.136 1	0.340 8
样本 1	—	0.214 0	—	0.261 1
样本 2	—	0.632 7	—	0.474 2

根据上述国际原油价格和国内不同粮食市场价格间的价格弹性系数，国内粮食市场价格模拟结果见表 8-3。

表 8 - 3 情景模拟分析结果（单位：元/公斤）

指标	方案一			方案二			方案三		
	2025 年	2030 年	2035 年	2025 年	2030 年	2035 年	2025 年	2030 年	2035 年
大米价格	4.378	4.500	4.580	4.336	4.388	4.437	4.286	4.317	4.361
玉米价格	3.577	4.298	4.875	3.358	3.693	3.987	3.137	3.318	3.485
玉米价格^a	3.161	3.229	3.367	3.038	3.203	3.338	2.922	3.020	3.092
玉米价格^b	3.886	4.658	5.853	3.749	4.351	4.901	3.411	3.713	4.014
小麦价格	3.093	3.310	3.452	3.022	3.117	3.212	2.937	2.986	3.052
大豆价格	5.424	6.347	7.072	5.127	5.567	5.949	4.842	5.066	5.288
大豆价格^a	5.137	5.806	6.322	4.913	5.241	5.513	4.695	4.871	5.022
大豆价格^b	5.886	6.351	7.832	5.487	6.136	6.717	5.083	5.417	5.737

注：以 2024 年 12 月份价格为基期，国内大米、玉米、小麦及大豆基期价格分别为 4.2 元/公斤、2.68 元/公斤、2.78 元/公斤、4.22 元/公斤；a 和 b 分别代表样本 1 和样本 2 的价格弹性系数。

根据表 8 - 3 的模拟结果，国际原油价格的上涨，将普遍带动国内四大粮食市场价格的上行。国际原油价格模拟预设方案一、方案二及方案三，同一时点的原油价格呈依次减弱趋势，相应的国内四大粮食品种市场价格也呈依次减弱趋势。更高的国际原油市场价格将引致国内更高的粮食市场价格，更低的国际原油市场价格将引致国内更低的粮食市场价格。此外，三种方案中国际原油市场价格不同的增长速度，相应地引起了国内粮食市场价格的不同程度上涨，即国际原油市场价格增速越快，国内粮食市场价格上涨幅度就越大，反之亦然。这说明了国际原油市场向国内粮食市场进行价格信息传导的畅通性。

国际原油市场价格上涨导致国内粮食市场价格上行，由此可能会引发在粮食生产、粮食消费以及粮食供求等多方面的问题。首先，会引发粮食生产成本大幅攀升，弱化农户的种粮积极性。农业生产高度依赖石油衍生品，如化肥、农药、农业机械燃料等，油价上涨使得这些生产资料价格水涨船高，农民种植成本急剧增加，这不仅压缩了农民的利润空间，还可能导致部分中小农户减少生产投入，进而威胁粮食产量的稳定供应。其次，粮食价格上涨会加重消费者的生活负担。尤其是对于低收入群体而言，粮食在其消费支出中占比较大，粮价上升可能使其面临食物短缺或不得不削减其他必要生活开支的困境，影响社会稳定。最后，从宏观层面看，粮食市场价格的波动可能破坏国内粮食市场的供需平衡与价格稳定机制。受关联性能源市场价格波动的影响，粮食市场价格出现非正常波动时，会使粮食产业链各环节的衔接出现紊乱，削弱国家在粮食储备、调控等方面的政策效力，降低应对外部风险冲击的能力，最终危及国家长期的粮食安全战略布局。

（二）基于局部均衡模型的模拟分析

上一小节基于价格弹性的模拟分析，是基于国际原油市场和国内粮食价格间的历史价格弹性数据进行的分析，虽然能够在一定程度上反映过往市场关联特征与价格传导规律，但有可能会扩大数据和时间错配条件下的估计偏差。同时，在粮食贸易量、产量以及价格等因素变化的作用下，市场间的价格弹性往往难以保持稳定，也即当市场结构因重大突发事件、政策变革或长期趋势性因素发生显著变化时就难以精准捕捉市场间的动态关联与价格传导效应，导致模拟结果与实际情况产生较大偏离，无法为当下及未来市场决策提供可靠依据，使得基于历史数据的价格弹性分析在复杂多变的现实市场环境中的应用价值大打折扣。因此，为了能够更全面且精准地剖析国际能源市场波动对国内粮食市场的复杂影响机制，突破单纯基于历史价格弹性分析所存在的局限性，本部分内容在参考苏小松等（2021）研究过程的基础上，将国际能源市场、国际粮食市场以及国内粮食生产成本等相关价格影响因素纳入分析框架，从而构建起粮食局部均衡模型进行模拟分析。

1. 局部均衡模型说明

局部均衡模型在数据估计的时效性方面具有一定优势，该模型聚焦于特定市场的关键变量与相互关系，模型中特定变量的反应机制也相对较为直接和明确，能够通过对国际能源市场、国际粮食市场以及国内粮食生产成本等核心要素的精准刻画，深入剖析各因素间的内在逻辑与动态传导路径，能够依据当前市场数据快速调整参数与变量设置，及时反映市场变化趋势。因此，相较上一小节直接使用第七章回归结果的弹性系数值，本部分内容将通过在局部均衡模型中引入最新的市场数据信息，模拟不同情景下各变量的变动情况，评估国际能源市场波动对国内粮食市场在不同时期、不同条件下的影响程度及变化趋势，从而为制定更具前瞻性与针对性的粮食市场调控政策提供更为可靠和及时的依据，有效增强国内粮食市场应对复杂外部环境变化的能力与适应性。图8-2展示了国际原油市场价格上涨情形下的粮食局部均衡模型示意图。

在图8-2中，作为外生变量的国际原油市场价格对国内粮食市场存在单向影响，这与前文分析结论基本保持了一致。对于国内粮食价格和粮食产量的

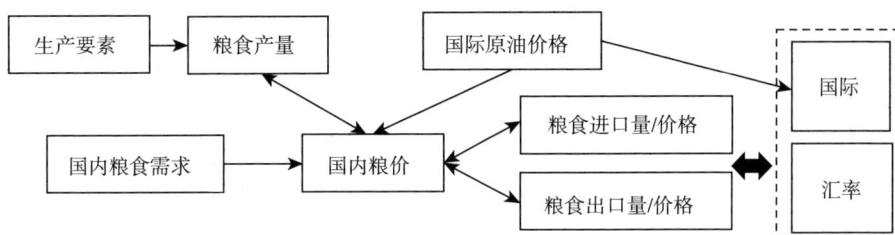

图 8-2　粮食局部均衡模型示意图

关系，粮价与粮食产量间存在双向影响；对于国内粮食价格和能源市场价格的关系，粮价受能源市场价格的单向性影响；对于国内粮食市场价格与对外粮食贸易的关系，两者也存在双向影响的路径，即对外粮食贸易量的变化对国内粮食市场价格存在影响，而国内粮食市场价格水平的变化也会影响到粮食的对外贸易量规模。我国较大的对外粮食贸易规模，使得国际能源市场价格信息能通过国际粮食市场这一中介市场传导至国内粮食市场。同时，由于国际粮食市场在贸易格局上与全球众多国家紧密相连，粮食的进出口规模庞大且交易频繁，同时在资源配置方面受国际供需关系、地缘政治以及气候变化等多种因素共同作用，价格形成机制复杂且波动频繁，所以国际能源市场得以在多维度与国内粮食市场产生价格渠道关联性。可见，在构建粮食局部均衡模型时，需要考虑到原油市场价格、粮食供给量、粮食需求量、国内外粮食市场价格、粮食进出口贸易量、粮食进出口价格、汇率以及粮食生产能源消耗等因素。

　　本部分内容构建的粮食局部均衡模型通过联立方程组实现，从粮食供需角度，具体包含了粮食生产函数、国内粮价函数、粮食进出口函数以及粮食进出口价格函数，最终通过市场供需方程（出清方程）求得市场均衡。为了方便模型分析且不影响研究结论，本书对复杂的粮食市场现实供需情况进行了简化。具体而言，一是假设国内粮食生产供给量和对外进口量之和与市场消费刚好相等，即总供给和总需求相等，并无剩余库存；二是假设国内外粮食市场间的进出口通道较为顺畅，不存在粮食市场相互间的贸易壁垒；三是假设不同来源的粮食呈同质化现象。在上述假设前提下，本部分内容涉及的市场出清方程表达式如下所示。

　　粮食生产函数：

$$GP_t = C_{10} + C_{11}Q_{fert,t} + C_{12}P_{pia} + C_{13}GP_{t-1} + C_{14}P_{d,t-1} + C_{15}DA_{ratio,t}$$

$$(8.1)$$

　　在粮食生产函数中，被解释变量为某一时期的国内粮食产量；解释变量分别为当期的化肥施用量、当期的农业生产资料价格指数、当期的粮食播种受灾面积比重、滞后一期的国内粮食产量和国内粮价。

粮食价格函数：

$$P_{d,t} = C_{20} + C_{21}GP_t + C_{22}PGD_t + C_{23}P_{pia,t} + C_{24}\sigma_{oil,t} \quad (8.2)$$

在上述粮食价格函数中，被解释变量为国内粮价；解释变量为当期粮食产量、当期国内人均粮食需求量、当期农业生产资料价格指数以及当期国际原油市场价格波动强度。

粮食进口价格函数：

$$P_{imp,t} = C_{30} + C_{31}GP_t + C_{32}P_{d,t} + C_{33}ER_t + C_{34}\sigma_{oil,t} \quad (8.3)$$

在上述粮食进口价格函数中，被解释变量为粮食进口价格；解释变量分别为当期国内粮食产量、当期国内粮食价格、当期人民币兑美元汇率以及当期的国际原油市场价格波动强度。

粮食进口量函数：

$$Q_{imp,t} = C_{40} + C_{41}PGD_t + C_{42}GP_t + C_{43}P_{d,t} + C_{44}P_{imp,t} \quad (8.4)$$

在上述粮食进口量函数中，被解释变量为粮食进口量；解释变量分别为当期国内人均粮食需求量、当期国内粮食产量、当期国内粮价以及当期进口粮价。

粮食出口价格函数：

$$P_{exp,t} = C_{50} + C_{51}GP_t + C_{52}P_{d,t} + C_{53}PGD_t + C_{54}\sigma_{oil,t} + C_{55}ER_t$$
$$(8.5)$$

在上述粮食出口价格函数中，被解释变量为粮食出口价格；解释变量分别为当期国内粮食产量、当期国内粮价、当期国内人均粮食需求量、当期人民币兑美元汇率以及当期的国际原油价格波动强度。

粮食出口量函数：

$$Q_{exp,t} = C_{60} + C_{61}PGD_t + C_{62}GP_t + C_{63}P_{d,t} + C_{64}P_{exp,t} \quad (8.6)$$

在上述粮食出口量函数中，被解释变量为粮食出口量；解释变量分别为当期的国内人均粮食需求量、国内粮食产量、国内粮价以及出口价格。

粮食市场出清恒等式：

$$GP_t + Q_{imp,t} - Q_{exp,t} = PGD_t \times POP_t \quad (8.7)$$

在上述粮食局部均衡模型中，国内粮食产量、国内粮价、粮食进出口价格以及粮食进出口量均为内生变量，国际原油价格和其余变量为外生变量。根据第四章和第五章的分析结论，国际原油市场和国内粮食市场之间总体上存在前者对后者的单向价格溢出关系，同时考虑到本部分内容考察的是国际原油市场非常态下的价格波动情景，本小节将国际原油价格作为外生变量的设定较为合理。与基于弹性系数的模拟分析类似，本部分内容设定不同程度的国际原油市场价格波动强度，将其作为外生变量放入粮食局部均衡模型中。通过反事实模拟分析，对比粮食市场模拟价格和实际价格之间的差值，考察原油市场价格非正常波动对国内粮食市场的价格冲击影响。

2. 变量及数据说明

根据前文所述，本部分内容构建的粮食局部均衡模型涉及国内粮价、粮食进口价格、粮食进出口量、农业生产资料价格指数以及化肥用量等指标。鉴于数据的可获得性，同时也为了保障分析结果的客观性，本部分内容将观察时间范围扩大到了1980—2020年。相关变量说明及数据来源见表8-4。

表8-4　相关变量说明

变量	符号	说明	单位	来源
国际原油价格	P_{oil}	布伦特DTD、迪拜以及WTI的原油现货价均值	美元/桶	Wind数据库
国际原油价格波动强度	σ_{Poil}	布伦特DTD、迪拜以及WTI的原油现货价均值价格收益率标准差	/	
粮食产量	GP	国内粮食年产量	万吨	国家统计局
国内粮价	P_d	稻谷、玉米及小麦三大粮食品种价格均价	元/公斤	《全国农产品成本收益资料汇编》
粮食进口价格	P_{imp}	粮食进口均价	元/公斤	中国海关总署、联合国商品贸易统计数据库
粮食出口价格	P_{exp}	粮食出口均价	元/公斤	
粮食进口量	Q_{imp}	粮食进口总量	万吨	
粮食出口量	Q_{exp}	粮食出口总量	万吨	
农业生产资料价格指数	P_{pia}	以1978年为基准	/	国家统计局
成灾面积比例	DA_{ratio}	成灾面积占农作物总播种面积比重	/	国家统计局
化肥总用量	Q_{fert}	化肥总使用量	万吨	《中国统计年鉴》
汇率	ER	人民币兑美元汇率	/	国家外汇管理局
人均粮食需求量	PGD	$(GP+Q_{imp}-Q_{exp})/POP$	公斤/人	/
人口数	POP	期末人口数量	万人	国家统计局

注：国际原油价格波动率以每年12个月为一个周期进行测算而得；粮食进（出）口价格数据通过进（出）口总额除以进（出）口量，进而乘以当期汇率获得。

相关变量的描述性统计结果见表8-5。

表 8-5　相关变量描述性统计结果

变量	均值	最大值	最小值	标准差
P_{Oil}	57.910 3	136.259 2	9.874 4	27.981 7
GP	49 124.375 8	66 379.000 0	32 054.450 0	9 846.100 8
P_d	1.142 8	2.498 3	0.360 7	0.710 0
P_{imp}	1.384 2	3.311 2	0.280 5	0.722 8
P_{exp}	1.758 8	5.129 3	0.438 4	1.356 7
Q_{imp}	992.720 4	3 462.500 0	153.500 0	693.321 3
Q_{exp}	604.622 7	2 184.500 0	43.500 0	531.773 0
P_{pia}	353.136 1	684.600 0	102.500 0	185.759 3
DA_{ratio}	0.134 8	0.218 7	0.069 3	0.039 4
Q_{fert}	3 780.008 3	6 021.590 0	1 231.050 00	1 579.656 2
ER	6.076 1	8.620 3	1.488 3	2.544 4
PGD	384.389 6	476.400 3	316.863 7	38.272 2
POP	127 265.120 0	141 010.000 0	98 684.000 0	12 723.450 9

根据表 8-5 并结合相关变量的历史数据可以发现，观测期内的国内粮食产量、粮食进口量、化肥施用量以及农业生产资料价格指数均呈现了快速上涨的势头；虽然人口数量在不断增长，但人均粮食需求量却并未呈相同水平的增长趋势；全国粮食成灾面积比例总体上呈下降趋势。

3. 粮食局部均衡模型估计结果及说明

上述公式 8-1 至公式 8-7 共同构建起了粮食的局部均衡模型，对粮食供需、粮食贸易以及经济环境等因素进行了较好地控制。根据相关的粮食局部均衡函数表达式和变量数据，本书运用三阶段最小二乘法对模型进行了估计。估计结果见表 8-6。

表 8-6　粮食局部均衡模型估计结果

函数/方程	解释变量	系数估计值	标准差	T 值	R^2
粮食生产函数	常数项 C	16 028.287 7***	3 200.273 6	4.713 3	0.915 8
	$Q_{fert,t}$	0.988 6	0.878 3	1.015 0	
	P_{pia}	−4.919 7	11.286 1	−0.335 8	
	$\sigma_{poil,t}$	−803.893 3*	574.256 7	−1.840 2	
	$P_{d,t-1}$	835.754 7	1 830.125 8	0.523 3	
	$DA_{ratio,t}$	−29 730.100 0***	9 349.813 8	−3.776 9	

（续）

函数/方程	解释变量	系数估计值	标准差	T 值	R^2
粮食价格函数	常数项 C	$0.602\,2^*$	$0.326\,9$	$1.763\,4$	
	GP_t	$-0.000\,0^{**}$	$0.000\,0$	$-2.444\,8$	
	PGD_t	$0.003\,9^{**}$	$0.001\,4$	$2.583\,9$	$0.931\,7$
	$P_{pia,t}$	$0.003\,3^{***}$	$0.000\,5$	$7.836\,2$	
	$\sigma_{poil,t}$	$0.065\,8^{**}$	$0.008\,4$	$2.545\,2$	
粮食进口价格函数	常数项 C	$0.244\,1$	$0.873\,2$	$0.303\,4$	
	GP_t	$-0.000\,2^*$	$0.000\,0$	$-1.840\,0$	
	$P_{d,t}$	$0.545\,7$	$0.338\,9$	$1.403\,9$	$0.787\,3$
	ER_t	$-0.101\,3^{**}$	$0.033\,8$	$-2.487\,7$	
	$\sigma_{poil,t}$	$0.087\,9^*$	$0.001\,1$	$1.937\,2$	
粮食进口量函数	常数项 C	$-3\,018.791\,0$	$1\,676.226\,4$	$-1.492\,7$	
	PGD_t	$23.856\,9^{***}$	$5.103\,6$	$4.627\,9$	
	GP_t	$-0.180\,5^{***}$	$0.047\,5$	$-3.204\,8$	$0.678\,4$
	$P_{d,t}$	$658.307\,8^*$	$481.940\,8$	$1.847\,9$	
	$P_{imp,t}$	$-584.546\,0^{**}$	$212.127\,8$	$-2.702\,2$	
粮食出口价格函数	常数项 C	$-5.371\,9^{***}$	$1.889\,6$	$-3.486\,9$	
	GP_t	$-0.000\,2^{**}$	$0.000\,2$	$-2.436\,0$	
	$P_{d,t}$	$1.621\,8^{***}$	$0.410\,0$	$4.549\,3$	$0.886\,6$
	PGD_t	$0.020\,0^{**}$	$0.008\,2$	$2.563\,0$	
	$\sigma_{poil,t}$	$0.000\,8$	$0.000\,7$	$0.911\,3$	
	ER_t	$0.029\,5$	$0.071\,2$	$0.421\,3$	
粮食出口量函数	常数项 C	$2\,677.651\,7^{***}$	$1\,223.144\,2$	$3.773\,2$	
	PGD_t	$-24.280\,6^{***}$	$4.591\,9$	$-5.216\,1$	
	GP_t	$0.227\,6^{***}$	$0.037\,3$	$4.884\,6$	$0.811\,9$
	$P_{d,t}$	$-744.334\,0^*$	$366.828\,1$	$-1.932\,9$	
	$P_{exp,t}$	$-94.438\,8$	$141.094\,8$	$-1.454\,4$	

注：表格中 *、**、***分别代表10%、5%以及1%水平的显著性水平。

根据表8-6粮食局部均衡模型估计结果，六个方程的拟合度系数分别为0.915 8、0.931 7、0.787 3、0.678 4、0.886 6和0.811 9，拟合度水平整体较高，说明该粮食局部均衡模型对实际数据的拟合效果较好，能够较为准确地反映出所选取的各个变量之间的内在关系以及整个系统的运行规律。

粮食生产函数的拟合优度达到了 0.915 8，说明在这个粮食生产函数模型中，所选取的解释变量（当期的化肥施用量、当期的农业生产资料价格指数、当期的粮食播种受灾面积比重、滞后一期的国内粮食产量和国内粮价）能够很好地解释被解释变量（某一时期的国内粮食产量）的变化情况。成灾面积比例和国际原油市场价格波动分别在 1%和 10%水平上对国内粮食产量产生显著的负向影响。其中，国际原油价格波动强度每提升 1 个标准差，就会影响国内粮食市场 803.893 3 万吨产量。常数项 C 对粮食产量存在显著性影响，这说明时间趋势、政策稳定性以及生产技术等因素对粮食产量的影响较为明显。

粮食价格函数的拟合优度达到了 0.931 7，说明该模型对国内粮价的解释能力较强。意味着在这个粮食价格函数中，所选取的解释变量（当期粮食产量、当期国内人均粮食需求量、当期农业生产资料价格指数以及当期国际原油市场价格波动强度）能够很好地解释国内粮价的变化。其中，国内粮食产量对粮食价格的影响通过了 5%水平的显著性检验，产量每提高（减少）1 亿吨，国内粮价就会相应降低（提高）0.33 元/公斤；国内人均粮食需求的提升，将直接增加粮食市场的消费压力，打破原有的供需平衡关系，在短期市场供给不变的情况下刺激粮价上行，人均需求量每提升 100 公斤将引起粮价 0.406 元/公斤水平的上涨；农业生产资料价格指数对国内粮价存在 1%水平上的正向促进作用，指数虽然只是反映农业生产资料价格综合变动情况的一个相对抽象的数据指标，但它却能反映出价格指数所代表的土地成本、人工成本以及通胀等因素对国内粮食市场价格的多维影响；国际原油价格波动标准差每上升 1 个点，就会刺激国内粮价 0.065 8 元/公斤水平上涨。原油市场价格的不稳定性会通过多种途径影响粮食产业链，从粮食生产环节来看，原油价格波动会使得以其为原料的农业生产资料，如化肥、农药等的生产成本随之变动，这些生产资料的生产加工、运输配送等过程都离不开原油的支撑，其价格不稳定会导致生产资料价格起伏不定，进而增加粮食生产成本；在粮食运输环节，原油价格的不稳定会造成运输费用的波动，像粮食从产地运往加工企业、从产区运往销售市场等的过程中，运输成本的变化会影响粮食的最终价格；部分粮食作物可用于生物能源生产，原油市场价格不稳定会改变粮食在食用和能源用途之间的分配比例，影响粮食的供需关系，间接作用于粮价。国际原油市场价格波动率的上升在总体上表现出了对粮价向上的刺激作用（尹靖华，2016）。

粮食进口价格函数的拟合优度为 0.787 3，拟合效果总体较好，能反映出国内粮食产量、国内粮价、国内人均粮食需求量、人民币兑美元汇率以及国际原油价格波动强度对粮食进口价格的影响程度和方向。其中，国内粮食产量、人民币兑美元汇率以及国际原油价格波动存在对粮食进口价格的显著影响。其中，国内粮食产量越高，意味着国内粮食市场的供给就越充足，在满足国内自身消费需求的基础上，能够有更多的余量参与到国际贸易当中，增强在国际粮食市场上的话语权和议价能力，使粮食进口贸易也能获得好价格，进口粮价更低；人民币贬值有助于国内市场出口贸易，然而对于粮食进口而言，在国际粮食市场上，以人民币计价的进口粮食成本会相应增加，从而推高粮食进口价格水平；相较国内粮食市场，国际原油价格的不稳定对于国际粮食市场的影响更大，国际原油价格波动每扩大 1 个方差，就会引起进口价格 0.087 9 元/公斤的上涨幅度。

粮食进口量函数的拟合优度为 0.678 4，国内人均需求量、粮食产量、国内粮食价格以及进口价格均能显著影响我国的对外粮食进口量。其中，国内人均需求量越大、国内粮食价格越高，国内市场进口粮食需求就越旺盛，粮食进口量就越大；国内粮食产量及进口粮食价格越高，国内市场对外依存度就越低，对进口粮食的需求就越弱。

粮食出口价格函数的拟合优度也达到了 0.886 6，除了汇率和原油市场价格波动强度，其余解释变量均能较好地对被解释变量进行解释。其中，更高的国内产量，意味着国内粮食市场的供应更为充裕，充足的产量也使得国内粮食行业为了提高粮食出口量维持较低的粮食出口价格水平；国内人均需求量越高，国内粮价的上涨也越会引起出口价格的上行。

粮食出口量函数的拟合优度为 0.811 9，拟合效果总体较好，能反映出国内人均粮食需求量、国内粮食产量以及国内粮食价格对粮食进口价格的影响程度和方向。其中，国内粮食产量增加 1 万吨时，出口粮食数量将提升 0.002 3 万吨；国内人均粮食需求量越高，国内粮食需求越得不到满足，国内粮食价格较高时，将显著抑制国内的粮食出口。

（三）模拟情景分析

原油价格非正常波动冲击下的模拟分析

这表明模型中所选取的各个变量之间的内在逻辑关系被较为精准地刻画了出来，能够较为真实且有效地反映出国际能源市场、国际粮食市场以及国内粮食生产等诸多相关因素与国内粮食价格、产量等关键指标之间的相互作用机制。意味着可以依据该模型较为可靠地对不同情景下粮食市场的变化趋势进行预测，比如在国际原油价格波动、国内农业生产条件改变等各类情况发生时，能提前预估粮食产量会如何变动、粮价又将呈现怎样的走势，进而为相关决策部门制定科学合理的粮食生产、贸易以及价格调控等政策提供有力的数据支撑和理论依据，助力保障国内粮食市场的稳定运行以及国家粮食安全战略的稳步实施。

根据图 8-3 和图 8-4 的实际值与模拟值对比图，受国际原油价格变动影响的国内粮食价格和粮食进口价格的实际值与拟合值均较为接近，说明模型能很好地反映国际原油价格波动对国内粮价以及相关变量的影响程度和方向。

元/公斤

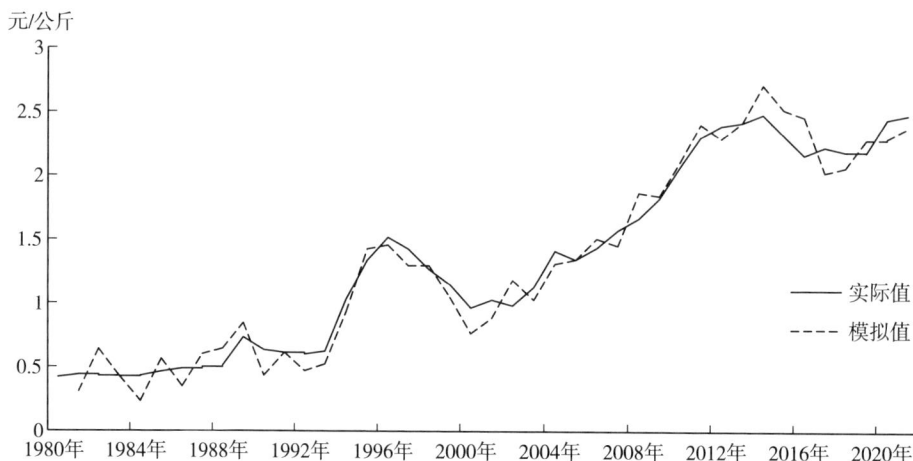

图 8-3　国内粮价实际值和模拟值走势

元/公斤

图 8-4　粮食进口价实际值和模拟值走势

参照前文对于国际原油市场价格设定思路，本部分内容分别模拟设定了国际原油价格波动率 25%（低等程度）、50%（中等程度）以及 100%（高等程度）三种增幅情景。通过静态求解的方法获取了相应的模拟值，通过对比模拟值和实际值，观察不同国际油价强波动情景下国内粮食价格、进口粮食价格以及粮食产量变动的响应程度，评估国内粮食市场风险。

（1）粮食价格和产量的模拟走势

对比布伦特DTD、迪拜以及WTI原油月度价格变化，波动率普遍在10％以内，为了考察原油市场强波动情景下国内的粮食市场风险，分别模拟设定了国际原油价格波动率25％（低等程度）、50％（中等程度）以及100％（高等程度）三种增幅情景。通过静态求解的方法获取了相应的模拟值，通过对比模拟值和实际值，观察不同国际油价强波动情景下国内粮食价格和产量变动的响应程度。粮食价格和产量的实际值及模拟值走势见图8-5和图8-6。

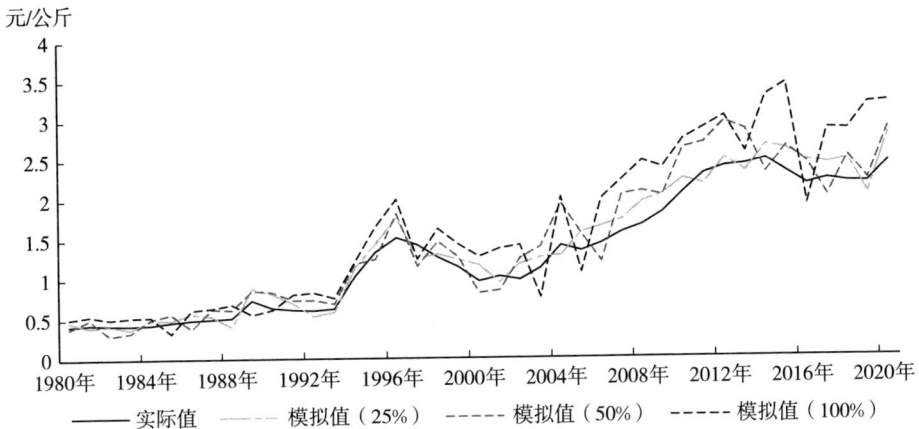

图8-5 国内粮价实际值和模拟值走势情况

总体上，原油市场价格的不稳定会普遍造成粮价的上涨行情，原油市场价格波动性越强，粮价上涨的幅度和可能性也就越大。其中，国际原油价格波动率25％增幅情景下粮价的上涨幅度普遍介于3％～13％之间，国际原油价格波动率50％增幅情景下粮价的上涨幅度普遍介于8％～23％之间，国际原油价格波动率100％增幅情景下粮价的上涨幅度普遍介于14％～31％之间。原油市场价格的不稳定性之所以能引发粮价的上涨效应，一方面是因为原油作为重要的生产要素，其价格波动会直接传导至粮食生产成本。在农业生产过程中，化肥、农药的生产需要消耗大量能源，而这些能源大多来自原油及其衍生品。当原油市场价格不稳定且呈上涨趋势时，化肥和农药的生产成本会随之增加，导致其价格上升。同时，农业机械的运作也离不开燃油，原油价格的波动会使得农业机械的使用成本发生变化。这些增加的成本最终会被分摊到粮食价格上，推动粮价上涨。另一方面则是由于原油价格的不稳定会影响粮食市场的供需结构。部分粮食作物可以用于生产生物燃料，当原油价格上涨时，生物燃料的生产变得更具经济吸引力。这会使得一部分原本用于食品用途的粮食转而用于生物燃料生产，从而减少了粮食市场的供应。在需求相对稳定的情况下，供应的减少必然会导致粮价上涨。原油价格的不稳定还会影响粮食的运输成本，因为粮食运输依赖于以原油为动力的运输工具，运输成本的增加也会在一定程度上推动粮价上升。此外，能源市场价格波动越强，波动时间越持久，对粮食生产、运输以及供需关系等环节的干扰就越强，极不利于粮食市场的稳定供给（图8-6）。

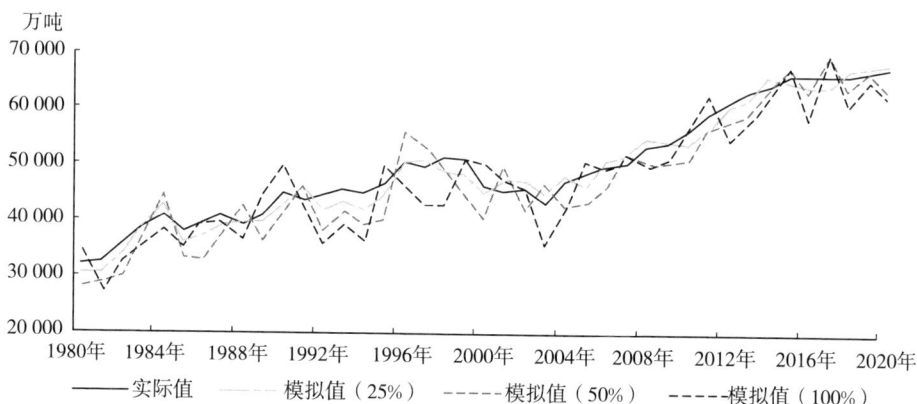

图8-6　国内粮食产量实际值和模拟值走势情况

　　原油市场价格的强波动会引起粮食生产、运输以及加工等一系列环节成本的不稳定，进而影响到粮食的市场供给，其关系在图8-6中已在一定程度上得到了证实。在影响程度方面，原油市场价格波动率100%、50%以及25%三种增幅情景引发的粮食市场减产效应程度依次递减，即原油市场价格波动性越强，粮食减产效应就越大。在影响趋势方面，减产效应随着原油市场价格波动增强呈倒U形走势。其中，减产效应在1990—2005年相对较大，1980—1990年和2005—2022年的影响则相对偏弱。原油市场价格波动本身及其引起的粮食供给成本的上升，也是造成粮食产量下降的重要因素。

　　（2）反事实情景模拟分析

　　根据国内1980—2022年的粮食产量走势情况，总体可以分为三个阶段：第一阶段为1980—1993年，这一阶段的国内粮食产量呈逐年快速上涨势头，年产量由32 055.5万吨上涨到了45 648.8万吨；第二阶段为1994—2003年，这一阶段国内粮食生产出现了徘徊期，年产量多处于45 000万吨至51 000万吨附近；第三阶段为2004—2022年，这一阶段国内粮食生产再次进入了连续增长期，年产量由46 946.95万吨上涨到了68 653万吨。对此，为了避免因具体时间点观测数据误差引起结论的偏差性，本书以上述三个时间段的平均值作为观测数据。相应的模拟结果见表8-7。

表8-7　反事实情景模拟结果

变量	模拟情景一			模拟情景二			模拟情景三		
	阶段1	阶段2	阶段3	阶段1	阶段2	阶段3	阶段1	阶段2	阶段3
原油价格波动涨幅情景设定	方案三			方案二			方案一		
国内粮价模拟均值（元/公斤）	0.532	1.131	2.234	0.537	1.185	2.323	0.550	1.276	2.638
相对实际均值变化程度（％）	5.32	4.65	8.65	5.84	10.20	12.29	12.51	18.11	27.16
风险等级	中	低	中	中	中	中	中	高	高
国内粮食产量模拟均值（百万吨）	416.04	458.85	589.37	413.16	454.87	584.53	572.99	568.68	569.15
相对实际值变化程度（％）	−1.38	−1.77	−1.42	−2.09	−2.66	−2.26	−4.32	−5.11	−5.04
进口粮价模拟均值（元/公斤）	0.711	1.466	2.233	0.759	1.436	2.239	0.827	1.621	2.474
相对实际均值变化程度（％）	18.18	3.68	6.47	26.64	−0.33	12.53	38.81	17.24	19.12
风险等级	高	低	低	高	低	中	高	高	高

注：由于国内粮食市场的稳定与否，主要受国内粮价和进口粮价波动的影响，这也成为了本书考察国内粮食市场风险的主要指标；参考Dahl（2019）对于粮价波动风险等级的划分，本书分别将15％以上、5％～15％以及5％以下的粮价波动程度对应高、中、低三个档次。

根据对表8-7三种模拟情景下粮食价格和粮食产量波动响应度的比对，国际油价的不稳定性对国内粮价和进口粮价普遍存在上行刺激作用，同时也存在明显的减产效应。其中，相较国内市场，国际原油市场向国际粮食市场传导价格信息更为畅通，国际粮食市场价格由此受影响程度也就越大，国际原油价格呈不同程度波动时呈现出了更大的涨跌幅度。

基于反事实情景模拟结果，在粮食价格方面：随着国际油价波动的增强，模拟情景下国内粮价均值呈现出了明显的上升势头；同一模拟情景下国内粮价也普遍随着时间推移呈上升趋势；三种模拟情景下阶段3的国内粮价模拟均值较实际均值分别上涨了8.65％、12.29％以及27.16％；进口粮价受国际原油价格波动影响程度普遍较国内粮价更高，不仅价格波动敏感性更强，且价格涨幅也更大；进口粮价模拟均值较实际均值上涨幅度多在 15％以上，多处于高风险等级，而国内粮价波动则多处于中等风险等级。国际原油市场价格强波动情景下国内粮价和进口粮价表现出不同程度的响应度，从侧面印证了相较国内粮食市场，国际原油价格波动信息更能畅通地传导至国际粮食市场。在粮食产量方面：三种国际原油市场价格强波动模拟情景下，国内粮食减产程度分别介于 1％～2％、2～3％以及 4％～5.5％之间；受国际原油价格强波动的影响，国内粮食减产影响总体上呈倒 U 形走势，阶段 2 的减产效应最强，阶段 1 和阶段 3 相对偏弱。其中，阶段 1 的低减产效应，可能是由于当时的农业生产活动对能源依赖度较低，致使能源市场价格信息难以有效传导至粮食市场；阶段 3 同样呈现出了相对偏弱的减产效应，可能是农业税取消、最低收购制度实施以及临储政策出台等一系列惠农政策及措施的实施在较大程度上缓冲了这一阶段由能源价格波动引起的减产效应，同时也表明了国家粮食安全战略实施的有效性；在阶段 2，粮食生产经营机械化程度的普及，农机、化肥、农药、农膜等生产资料的持续投入，使得种粮成本中的能源消耗占比得以持续提升，进而对粮食产量产生了较大的负面冲击。一个国家的粮食产量所代表的是该国农业体系的粮食生产能力及风险抵御能力，年产量一旦达到 5 亿吨，粮食市场的风险承受能力就会显著增强（苏小松和徐磊，2021），这也是致使国内粮食市场由阶段 2 的强"减产效应"转向阶段 3 的弱"减产效应"的重要原因之一，这在本书的反事实模拟分析结果中也得到了证实。

随着粮食能源化趋势的更加显化，国内粮食价格和粮食产量受能源市场价格波动的影响越发显著。而自中国加入 WTO 以及国内外油价接轨以来，除了对粮食供给成本的影响，国际能源市场价格波动信息还能通过粮食贸易渠道和生物质能源市场传导至国内市场，由此更加畅通了国际能源市场和国内粮食市场间的价格信息传导。反事实情景模拟结果显示，国际原油市场价格强波动情景引起的粮食"涨价效应"和"减产效应"均较为显著，这与现实数据表现和理论分析结果均表现出了总体上的一致性。当然，要说明的是模拟数值并不能精确预测国际原油价格强波动情景真实出现时的粮价上涨和粮食减产幅度，但通过与实际值的比较以及不同阶段数值间的比对，能够在一定程度上反映出国际原油价格强波动情景下国内粮价、进口粮价以及国内粮食产量的大致响应趋势，这就能为进一步完善中国的粮食安全战略提供些许有价值的参考依据。

当国内粮价出现持续性上涨势头时，在增加居民生活成本的同时也将破坏国内粮食市场的稳定。此时，政府对市场粮价进行严格管控，一方面会降低农户种粮收益，削弱种粮积极性，另一方面则有可能催生粮食黑市，进而对国内正常的粮食贸易市场产生冲击。同时，进口粮价的大幅上涨，还会极大削弱我国的外汇储备资源，进而使得国内市场存在引发系统性市场风险的可能。可见，国际原油市场价格的非正常波动，将会对国内的农业市场和经济市场产生双重冲击。

（3）其他因素影响下的模拟分析

在均衡模型中，任意相关变量的变动都将对其余变量的走势产生影响。对此，除了直接探讨国际原油市场价格的外生冲击，也要关注由产量、进口量、进口价等变量发生非正常变动时对国际原油市场和国内粮食市场间价格弹性的影响。基于相关性变量的考虑，本部分内容将进一步假定粮食产量、粮食进口量、粮食进口价格、国内受灾面积以及汇率这几个变量发生不同程度的非正常波动情景，通过考察估计原油市场和国内粮食市场间的价格弹性的变化，明晰其他因素变化下国际原油市场对国内粮食市场价格冲击影响的变化情况。

由于本部分内容考察的是非正常状态，对此参考前文分析过程，设置25％和50％两档波动幅度，以此观察在局部均衡模型下对能源市场和粮食市场价格弹性的影响。相应的分析结果见表8-8。

表8-8　其他因素影响下国际原油和国内粮食价格弹性变化情况

影响因素	波动幅度	价格弹性影响程度	波动幅度	价格弹性影响程度
粮食产量	↑25％	11.227％	↓25％	7.351％
	↑50％	13.025％	↓50％	11.504％
粮食进口量	↑25％	13.227％	↓25％	10.655％
	↑50％	19.025％	↓50％	15.404％
粮食进口价	↑25％	10.904％	↓25％	12.351％
	↑50％	8.336％	↓50％	18.691％
国内受灾面积	↑25％	9.858％	↓25％	5.335％
	↑50％	20.348％	↓50％	9.526％
汇率	↑25％	3.246％	↓25％	3.036％
	↑50％	6.811％	↓50％	6.575％

根据表8-8，总体上粮食产量、进口量以及进口价等其他因素对国际原油和国内粮食价格弹性的影响程度差异性较大，同时也存在方向性。其中，相较粮食产量的下降，粮食产量实现大幅上涨对国际原油和国内粮食价格弹性的影响更为显著。粮食产量分别上涨25％和50％时，将会分别引起国际原油和国内粮食价格弹性11.227％和13.025％的变化。如果大面积受灾或受到全球系统性风险冲击，粮食产量存在大幅下降的可能，相比之下，粮食产量在现有

产业结构和技术水平下实现大幅增长的可能性较小。对此，本部分内容所指的粮食产量包含了海外粮食产业链的供给能力，这使得分析更为合理；粮食进口量的增加会将更多外部市场价格变化信息传导至国内粮食市场，粮食进口量分别增加 25％和 50％时，将会引起国际原油和国内粮食价格弹性 13.227％和 19.025％的变化。相比粮食进口量的上升，粮食进口量下降引起的市场间价格弹性的变化相对较弱；粮食市场价格的提升，一方面会通过粮食市场贸易渠道将外部价格上涨信息传导至国内市场，另一方面却会引起价格优势弱化下的进口量下降，这两方面的影响在一定程度上实现了相互"抵消"。因此，进口粮价上升对市场间价格弹性的影响相较粮食进口量的提升偏弱；粮食供给的根源在于耕种面积和单产水平，受灾面积大幅提升势必将极大地削弱粮食的产量，这就需要通过大规模进口粮食来满足国内粮食需求。可见，受灾面积的大幅提升将显著影响到国际原油和国内粮食价格相关性，这在第七章的估计结果中也得到了验证。粮食进口，要么源于国际市场价格的竞争优势，要么源于国内部分行业的刚性需求。因此，由受灾面积下降引起的粮食产量的提升并未能如受灾面积上升时引起显著影响。相较受灾面积上升，25％和 50％受灾面积下降引起的市场间的价格弹性变化分别为 4.523％和 10.822％；由于本部分内容分析的国内粮价并未包含进口量最大的大豆品种，因此，汇率出现 25％的上涨和下降幅度引起的国际原油和国内粮食价格弹性变化仅分别为 3.246％和 3.036％，汇率出现 50％的上涨和下降幅度引起的市场间价格弹性变化也分别仅为 6.811％和 6.575％。

根据上述分析可知，除了国际原油市场价格本身的非正常波动，其他诸如粮食产量、粮食进口量以及粮食进口价等其他因素的非正常波动将对国际原油市场和国内粮食市场间的价格弹性产生显著的影响，进而与国际原油市场价格的波动一起形成"叠加式"或"抵消式"的价格冲击。至于最后对于国内粮食市场究竟是形成"叠加式"的价格冲击影响还是"抵消式"的价格冲击影响，则与其他因素的变动幅度和方向有关。由于受灾面积的大幅上升将会直接影响到国内粮食供给能力，将不得不寻求国际粮食的进口，此时国际粮食市场价格的涨跌对于进口量的弹性影响将会显著下降。因此，受灾面积的非正常上升成为了影响程度最显著的一个因素。

第九章

重大风险事件冲击下粮食和能源的跨市场风险传导效应

　　随着实体经济金融化的不断推进，实际流通的货币和由此产生的金融流动性显著超过了实体经济发展所需要的正常流动性规模，使得要素价格的影响因素从产品供需基本面转向了金融因素，由此也就引起了所谓的"粮食金融化"和"能源金融化"。在粮食金融化和能源金融趋势下，粮食市场和能源市场间的价格关联性势必受到金融市场行为的影响。从具体的市场来看，国内粮食市场和能源市场长期存在较高的对外依存度，两个市场均存在受外部市场价格冲击的风险。同时，随着金融市场的飞速发展，粮食市场和能源市场与作为实体经济血脉管道的金融市场间的关联日益密切，使得国内粮食市场和能源市场的安全除了受传统供需因素的影响之外，还受到资本市场的影响。

　　2019 年底全球疫情的暴发及蔓延，对全球供应链、产业链、价值链产生了严重冲击，对全球经济的影响非常深远。从粮食市场和能源市场的角度，疫情冲击使得全球粮食市场出现生产受限、运输受阻、劳动力短缺等诸多问题，对全球粮食供应链造成了严重冲击，市场供需平衡遭受冲击使得粮价出现剧烈波动，由此也威胁到了全球的粮食市场安全；疫情冲击导致全球经济活动减弱，进而影响到能源的需求，同样对全球能源供应链造成了严重冲击，能源市场价格也由此出现剧烈波动，威胁到了全球能源市场安全。总体上看，疫情对全球粮食和能源生产格局的影响是复杂而深远的，它既暴露出全球粮食和能源供应链的脆弱，也使得市场价格出现更加剧烈的波动，以及由此引致市场间更加不稳定的价格关联性，这在第五章、第六章以及第七章的实证分析结果中均已得到了一定的验证。对此，要更为全面且深入的探讨中国粮食市场和国际能源市场间的价格关联机制，不仅需要考虑金融市场因素，还需要探讨诸如疫情事件这类重大外生冲击变量对两个市场间价格风险传导存在着怎样的影响。

　　前面几章内容是基于国际原油市场、国际生物质能源市场、国际粮食市场以及国内粮食市场这几个市场间的价格传导效应的估计，探讨了国际能源市场价格波动对国内粮食市场价格的冲击影响。在金融全球化的时代，粮食市场和能源市场与金融市场关系越发密切的背景下，探讨中国粮食市场和国际能源市场价格关联机制时，仅考虑国际能源市场和国际市场这两大价格波动因素很可能是不够的，较多学者的研究认为能源市场和农产品市场间的价格传导离不开金融系统，因此极为有必要将金融纳入到分析框架，从而进一步完善本书的分析框架。

一、研究的边际贡献介绍及跨市场风险来源说明

（一）研究的边际贡献介绍

目前，已经有部分学者就粮食、能源及金融三部门间的价格关联性做了较多的研究，具体涉及到国内外能源市场、国内外粮食市场以及国内外金融市场。例如，从能源市场和金融市场的风险传导方面：Mensi 等（2017）运用变化模式分解（VMD）方法与多种 Coupla 函数分析了全球发达国家的原油市场和股票市场风险溢出效应，分析结果显示标普 500 指数和 WTI 原油期货市场之间存在显著的正向风险溢出，且这种双向正向风险溢出效应在全球金融危机之后呈明显增强趋势，同时原油与股票市场之间还存在价格上涨和下跌的不对称溢出效应；陈卫东等（2020）通过梳理石油美元建立的背景及背后的经济学逻辑，发现石油美元出现了逐渐"东"流的趋势，即全球石油贸易流动裹挟着资本的力量正在不断向中国、俄罗斯、非洲等新兴经济体的金融市场渗透；刘文革和吕冰（2023）基于能源全球价值链（GVC）视角，运用双重差分法和多国同频股市数据对能源全球价值链与金融市场不对称表现进行了实证分析，研究发现外部重大危机事件引起的国际能源供给紧缩，会通过增加各国相关部门的生产成本和引发各国投资者对未来经济增长的悲观预期，进而给各国金融市场带来负面影响，确定了两个市场存在明显的风险传导效应。从粮食市场和金融市场的风险传导方面：Ogundari（2014）以非洲地区为例探讨了金融市场对农业生产效率的影响，研究认为信贷扩张能有效提升农业生产规模和效率，得出了金融市场发展能显著推动地区农业发展的结论；谢家智等（2018）认为在粮食金融化趋势下，粮食市场价格波动的集簇性和非对称性特征越来越明显，金融市场对粮食市场价格波动存在一定的放大效应；王东和王远卓（2021）认为在理论层面，存在货币超发—粮食金融化—进口国粮食安全风险的传导路径，同时也存在粮食安全风险向经济层面传导，引发输入型通货膨胀，抬高整个社会经济运行成本和居民生活消费品价格，进而向金融市场传导风险的路径。从粮食市场和能源市场的风险传导方面，前文已经对相关文献作

了全面梳理，此处不再作多余赘述。

截至目前，已经有较多国内外学者对粮食—能源—金融市场关系作了较多的研究和分析，但通过对现有文献进行梳理，发现尚存在一些不足之处：第一，目前多是研究粮食市场、能源市场以及金融市场两两之间的风险传导，缺乏对三个市场系统性分析框架的构建，以及对相应风险溢出效应的估计；第二，学者们多是基于历史数据对市场间的价格传导进行静态分析，而基于市场变化背景下从动态视角开展的研究较为匮乏；第三，现有研究多是考虑市场或部门之间的风险溢出效应，而对于外部风险冲击的考虑不足，对粮食—能源—金融多市场整体性的风险防范机制的研究也较为鲜见。对此，基于上述不足，本部分内容首先在前几章分析框架基础上，放大研究视角，从更为宏观的角度构建起粮食—能源—金融三部门风险传导分析框架；其次，除了分析市场或部门间的价格风险传导，还以重大公共卫生事件为例，探讨了系统外部的风险冲击带来的影响；最后，通过理论分析和实证检验，梳理风险来源并估计风险冲击的方向和力度，考察在面临外部重大风险事件冲击时，我国粮食市场和能源市场遭受的风险程度以及由此对国内粮食市场安全产生的影响。

第五章的断点效应显示，能源市场和粮食市场在 2020 年初存在断点效应，第六章以及第七章分阶段价格波动溢出效应结果同样显示疫情事件引起了国际能源市场和国内粮食市场价格波动溢出效应的显著变化。因此，本部分内容以疫情事件作为重大外生冲击事件探讨国内粮食市场和国际能源市场间的价格波动风险传导是合理的。

（二）跨市场风险来源说明

随着全球金融市场的快速发展，粮食市场和能源市场的金融化趋势越发明显，这就使得粮食市场和能源市场与金融市场的关系日益紧密。三个市场存在相互间的风险传导，其中，国内农产品市场受到其他市场的风险传导路径表现在以下三方面。

一是通过国际农产品期货市场实现的风险传导。一方面，国际农产品期货市场的价格波动会直接影响国内农产品市场的价格。当国际农产品期货价格上涨时，国内农产品进口成本增加，进而推高国内市场价格；反之，当国际农产品期货价格下跌时，国内农产品出口竞争力增强，可能导致国内市场价格下跌。这种价格波动风险会给国内农产品生产者和消费者带来相应的损失。另一方面，国际农产品期货交易通常以美元计价，因此汇率波动也会对国内农产品市场产生影响。当人民币贬值时，进口农产品成本增加，可能导致国内市场价格上涨；反之，当人民币升值时，出口农产品收入减少，可能对国内市场价格造成压力。此外，国际农产品期货市场的价格波动还可能引发国内农产品市场供需失衡的风险。在国际农产品期货价格上涨时，通过资本流动引导国内农产品期货价格的上涨，进而抬高农产品现货市场的生产成本，会造成市场供给的增加和需求的减少，产生供需不平衡的风险，引发市场不稳定。

二是通过国内外原油期货市场实现的风险传导。原油期货市场具有价格发现功能，通过市场交易，期货价格成为未来现货价格的参考，在较大程度上能够影响现货市场价格的形成。因此，原油期货市场不仅存在国内外市场间的价格信息传导，同时还存在期货市场对现货市场价格波动的风险传导。此外，原油期货市场与金融市场密切相关，原油期货市场价格的波动很可能引发金融市场的连锁反应，一方面金融市场的波动会进一步传导至农产品市场，进而影响农产品的价格和交易量，另一方面则会反向影响国内外的原油和农产品期货市场的交易价格和交易量，产生双向的风险溢出效应。对此，王耀中等（2018）、彭新宇和樊海利（2019）等学者发现国际农产品市场价格能够通过期货市场将价格波动信息传导至国内农产品市场，国内外能源市场价格和国内外农产品市场之间存在长期协整关系。研究结果还显示，国际原油期货和国际农产品期货市场间的相关系数在 2008 年前后发生了较大变化，由此导致国际能源市场价格波动对国内农产品市场价格冲击也存在着相应的变化。

三是通过金融市场实现的风险传导。首先，是金融市场的流动风险传导。金融市场的投资情绪和资本流动会直接影响到原油市场和农产品市场的价格波动。例如，国际金融市场对原油需求的预期变化、地缘政治风险等因素都会反映在原油价格中，进而影响国内原油市场。同样，农产品市场的价格也受金融市场投资者的预期、政策变动等因素的影响。其次，是利率风险和汇率风险。金融市场的利率和汇率波动可能对原油和农产品市场的成本和销售产生影响。例如，利率上升可能导致市场运行成本的增加，对原油和农产品的终端市场价格产生上行压力；汇率波动可能导致出口收入减少或进口成本增加，既影响国内原油市场和农产品市场价格的稳定，又影响国内农产品市场的国际竞争力。此外，金融市场的货币政策和通货状况会影响整体物价水平，从而影响到原油市场和农产品市场。例如，美联储货币政策的调整可能会导致美元汇率波动，进而影响国际原油价格和农产品价格。最后，是金融市场波动风险。历史证明，但凡有重大事件发生，都能引起全球金融市场的剧烈波动。全球疫情事件再次引起了全球金融市场的大幅波动，股市、债市、汇市等都出现了不同程度的下跌。金融市场的这种剧烈波动，一方面会加剧市场的悲观预期，终端需求市场的萎靡会导致原油市场和农产品供给市场的不景气，出现产能过剩和市场价格无序等现象；另一方面也会导致投资者恐慌和盲目抛售，引起原油和农产品市场的价格波动，而这种恐慌可能会引发连锁反应，进一步放大市场的波动。

二、跨市场风险传导实证分析的研究设计

（一）研究思路

本部分内容将参考 Acemoglu 等（2015）、李苍舒和沈艳（2019）、宫晓莉和熊熊（2020）以及刘映琳等（2023）学者的研究思路，以网络拓扑作为研究风险传染路径的载体，同时结合 DAG 和 CoVaR 等的研究方法，对疫情冲击前后国内的粮食市场、能源市场以及金融市场间的风险传导及三个市场受外部风险传导机制进行实证研究。从具体的研究思路来看，以疫情事件冲击时间点作为划分，基于 DAG 模型对粮食市场、能源市场和金融市场间的风险指向进行刻画。通过分别绘制疫情冲击前后的 DAG 图像，对比分析不同市场间风险指向变化趋势，以此考察疫情冲击对粮食—能源—金融系统内的风险传导效应。采用 CoVaR 模型对粮食、能源和金融三个市场的系统性风险作静态度量，同时基于信息风险溢出网络对粮食、能源和金融三个市场的系统性风险作动态性分析。以疫情暴发作为外生风险冲击事件，对粮食—能源—金融系统的外部风险传导效应进行测度，一方面考察粮食、能源和金融三个市场受外部市场的风险传导，另一方面考察疫情前后这种风险溢出效应是否存在显著性变化。为了寻找更多外部风险因素，构建度量粮食市场和能源市场间风险溢出效应的指标体系，选取合适的外部风险因素。此外，基于外部风险因素代理指标的选取，设定发生系统性金融危机的阈值，并基于 Logit 模型对三个市场遭受外部风险进行预警估计。

本部分内容的研究思路图见图 9-1。

根据上述研究思路，本部分内容的重点除了分析疫情冲击对粮食市场、能源市场以及金融市场间的风险传导带来的影响，还要探讨三个市场间的风险传导方向以及疫情事件前后的变化。可见，明确三个市场间的风险传导方向是评估风险溢出效应的基础，在做更多实证检验之前，有必要对市场间的风险传导指向性作预判。对于两个市场 A 和 B 而言，两者之间往往存在如下几对关系：（1）"A→B"表示的是仅存在 A 市场向 B 市场的风险传导，反之则不成立，即 A 市场向 B 市场的单向性风险溢出；（2）"A←B"表示的是仅存在 B 市场向 A 市场的风险传导，反之则不成立，即 B 市场向 A 市场的单向性风险溢出；（3）"A↔B"表示的是不仅存在 A 市场向 B 市场的风险传导，同时也存在 B 市场向 A 市场的风险传导，即两个市场存在双向风险溢出；（4）"A⊥B"表

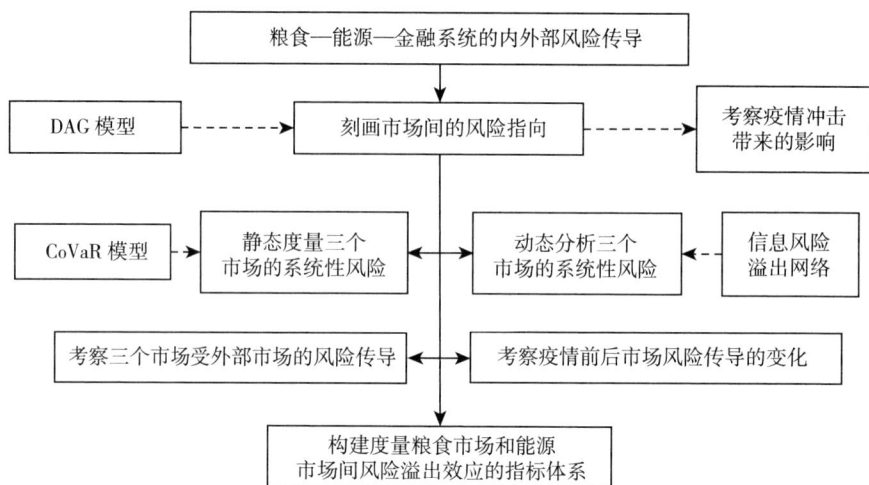

图 9-1　研究路线图

示的是既不存在 A 市场向 B 市场的风险传导，也不存在 B 市场向 A 市场的风险传导，即两个市场处于相互独立状态，且未存在风险溢出的渠道或途径；（5）"A－B"表示的是 A 市场和 B 市场之间存在相互间的因果关系，但具体的指向性尚不明确。在 DAG 具体分析过程中，需要借助 PC 算法在构建变量间无向图基础上，通过不断重复移除相关系数为 0 和计算变量间递增多阶偏相关系数的步骤，添加变量间的相关连线和去除相关性为 0 的连线，直到所有偏相关系数均不为 0 为止，以此预判变量间的风险传导指向。

（二）研究方法

　　本章内容在加入了金融市场考量后，采用网络 CoVaR 方法对市场间的风险传导作静态分析，采用网络拓扑法对三个市场进行动态风险溢出分析，在考量金融因素基础上，从多维度更加全面且准确地考察粮食市场和能源市场间的价格关联机制。

1. 基于分位数回归的网络 CoVaR 方法

　　由于 VaR 模型提供了一种统一的风险表示方式，使得不同金融工具和资产的风险可以放在同一平台上进行比较和分析，因此被学界广泛应用于对利率风险、汇率风险、股票风险等市场风险的测度。由于该模型过于依赖历史数据，前提假设也较为简单，存在较大的估计误差，VaR 方法往往能测度单个市场或资产的风险，却无法对多市场的整体性风险进行估测。对此，Adrian 和 Brunnermeier（2016）提出了条件风险价值测度法（CoVaR 方法），该方法可以测度不同市场或资产间的风险溢出效应，是度量系统性风险的有效指标之一，也为风险管理实践提供了新的思路。CoVaR 是市场 i 的 VaR 下的条件 VaR，其本质仍然是 VaR，因此分位数回归得到的系统基于市场 i 损失的条件下的预测值就是系统在 X^i 条件下的 VaR 值，相应表达式如下：

$$CoVaR_q^i = VaR_Q^{s/X^i = VaR_q^i} = \hat{\alpha}_q^i + \hat{\beta}_q^i VaR_q^i \qquad (9.1)$$

上式 9.1 中，VaR_Q^{s/X^i} 就是条件分位数，当 X^i 取 VaR_q^i 时，即可计算出市场 i 的 CoVaR 值。设定 X^i（$i=1，2，3\cdots n$）表示第 i 个市场或资产，当某一市场或资产 X^i 发生风险时，就可以使用 CoVaR 方法估计其他市场由此遭受的损失，以及系统内不同市场间的风险溢出关系。

在 CoVaR 模型构建基础上，可通过分位数回归从不同点位观察多市场的风险溢出效应。设定 $CoVaR_q^{a/b}$ 表示的是市场 a 在市场 b 处于 q 分位数的 $CoVaR_q^b$ 水平时的 VaR，相应的表达式如下：

$$p(X^a \leqslant CoVaR_q^{a/b} \mid X^b = CoVaR_q^b) = q \qquad (9.2)$$

式 9.2 既包含了单个市场或资产的无条件 VaR，也包含了多部门系统的风险溢出，其中就包含了市场 b 对市场 a 的风险溢出效应，本质上是属于条件 VaR。但从具体的溢出效应的角度，CoVaR 无法刻画 a 市场或资产对 b 市场或资产的风险贡献度，这就使得 CoVaR 模型的应用受到了限制。对此，Adrian 和 Brunnermeier（2016）又提出了 $\Delta CoVaR$ 这一系统性风险测度模型，这一模型可以就 a 市场或资产对 b 市场或资产的风险贡献度进行精确测评。a 市场或资产对 b 市场或资产的风险贡献度 $\Delta CoVaR_q^{a/b}$ 可表达为市场或资产 b 在面临风险时市场或资产 a 的条件风险值与市场或资产 b 在 $q=0.5$ 时（正常状态）市场或资产 a 的条件风险值的差，相应表达式如下所示：

$$\Delta CoVaR_q^{a/b} = CoVaR_q^{a/x^b = VaR_q^b} - CoVaR_q^{a/x^b = VaR_{0.5}^b}$$
$$= \beta(VaR_q^b - VaR_{0.5}^b) \qquad (9.3)$$

式 9.3 中，β 为风险溢出程度系数，不仅能够反映出市场 b 对市场 a 的风险边际贡献度，也能捕捉市场 b 对整个金融系统的风险溢出贡献度。当 b 为国际能源市场，a 为国内粮食市场时，$\Delta CoVaR_q^{a/b}$ 就能很好地捕捉国际能源市场给国内粮食市场带来的风险，衡量国际能源市场对国内粮食市场的风险贡献度。从估计结果的判断角度，β 的绝对值越小，表示市场间的风险程度越低。当然，式 9.3 除了能捕捉两个市场间的风险溢出效应，还能刻画某一市场对整个金融系统的风险溢出效应，反之也能刻画整个金融系统对单个市场的风险溢出效应。将粮食市场、能源市场以及金融市场带入公式后，式 9.3 不仅能捕捉三个市场间的风险溢出效应，同时也能刻画由单个市场风险引起的对整个金融系统的风险暴露效应，从中就能更好地观察国际能源市场和国内粮食市场在多市场风险溢出效应下的价格关联机制。

2. 网络拓扑法

由于静态风险法仅能基于历史数据，在固定市场环境下估计风险溢出效应，而在现实层面，市场风险因素无时无刻不在变化，市场间的风险溢出效应也就存在方向性和程度性的变化，传统的静态分析法已经无法满足条件变化下的市场风险溢出效应测度的要求。对此，Diebold 和 Yılmaz（2014）基于网络拓扑法构建起了动态信息溢出网络，并借助该网络对市场间的风险溢机制出作系统性分析。网络拓扑法是一种描述网络中节点和连接方式的抽象表示方法，它忽略了网络中节点的物理属性，只关注节点之间的连接关系。在网络拓扑图中，节点表示网络中的设备，如计算机、路由器等，而在本书中则被用于表示不同的市场，市场间的连线则表示相互之间的风险传导路线。从模型角度对网络拓扑法进行解释，假设 N 维变量 X_t 满足一个平稳 VAR（p 阶）的过程，此时就可以通过方差分解对市场（部门）间的风险溢出效应进行捕捉。相应的表达式如下所示：

$$X_t = \sum_{i=1}^{p} \Phi_i X_{t-i} + \varepsilon_t = \sum_{i=0}^{\infty} A_i \varepsilon_{t-i}, i = 1.2.3 \cdots a \cdots b \cdots n$$

$$(9.4)$$

式 9.4 中，A 为 $N \times N$ 的单位阵，且当 $i < 0$ 时 $A_i = 0$。根据方差分解，基于步长 H 的变量 X_b 对变量 X_a 预测的广义误差方差的贡献度可表达为：

$$d_{ab}^H = \frac{\sigma_{aa}^{-1} \sum_{h=0}^{H-1} (e_a^T A_h \sum e_b)^2}{\sum_{h=0}^{H-1} (e_a^T A_h \sum A_h^T e_a)^2} \qquad (9.5)$$

式 9.6 中，a 和 b 分别代表两个市场或部门，a（b）$=1, 2, 3\cdots, n$，且 $a \neq b$。σ_{aa} 表示的是方差—协方差矩阵 $\sum$ 的第 a 个对角线的元素；e_a 表示的是第 a 个元素为 1，其余元素为 0 的 N 维向量。根据 9.4 表达式所包含的内容，d_{ab}^H 本质上可以反映市场或部门 b 向市场或部门 a 的风险溢出效应，d_{ab}^H 可进一步表达为 $S_{b \to a}^H$。在系统内部，两个市场或部门之间多数存在双向且不对称的风险溢出效应，也即某一市场或部门往往占据风险溢出的主导地位，$S_{b \to a}^H \neq S_{a \to b}^H$。基于上述分析，市场或部门 b 向市场或部门 a 的风险溢出效应可表达为：$SN_{b \to a}^H = S_{b \to a}^H - S_{a \to b}^H$。进一步地，市场或部门 b 向除自身外的所有市场或部门产生的风险溢出总效应可表达为 $TS_{b \to OUT(\not\in b)}^H$，其他市场或部门向 a 市场或部门的风险溢出可表达为 $TS_{IN, a \gets}^H$，详细的表达式如下：

$$TS_{b \to OUT(\not\in b)}^H = \sum_{a=1, a \neq b}^{N} S_{b \to a}^H; TS_{IN, a \gets}^H = \sum_{b=1, a \neq b}^{N} S_{b \to a}^H \qquad (9.6)$$

基于式 9.6，可进一步推导出整个系统的总规模风险溢出效应 NTS_a^H 的表达式：

$$NTS_a^H = TS_{b \to OUT(\&b)}^H - TS_{IN,a \gets}^H \tag{9.7}$$

结合式9.6和式9.7，将两个市场风险溢出效应拓展为粮食—能源—金融三个市场时，系统性风险溢出总效应 STS_t^H 的表达式：

$$STS_t^H = \frac{1}{N} \sum_{b=1}^N TS_{b \to OUT(\&b)}^H = \frac{1}{N} \sum_{a=1}^N TS_{IN,a \gets}^H \tag{9.8}$$

式9.7和式9.8是风险溢出总效应的表达式，要想得到市场间的边际净风险溢出效应，就需要对 t 期及其上一期的市场总规模和三市场总风险溢出的差值进行估计。边际净风险溢出效应 $MNS_{t,b \to a}^H$ 的表达式如下：

$$MNS_{t,b \to a}^H = NS_{t,b \to a}^H - NS_{t-1,b \to a}^H \tag{9.9}$$

式9.9中，$NS_{t,b \to a}^H$ 表示的是 t 期市场 b 向市场 a 的风险净溢出效应，$NS_{t-1,b \to a}^H$ 则表示的是 $t-1$ 期市场 b 向市场 a 的风险净溢出效应。通过上述定义和表达式所包含的经济学意义可知，$MNS_{t,b \to a}^H$ 本质上表达的是在由 $t-1$ 期过渡到 t 期时，在新的市场风险因子作用下市场 b 向市场 a 的风险边际净溢出。从结果来看，当 $MNS_{t,b \to a}^H \geqslant 0$ 时，表示的是市场 b 和市场 a 之间增加了新的风险溢出；当 $MNS_{t,b \to a}^H < 0$ 时，表示的是市场 b 和市场 a 之间减少了新的风险溢出。由此，可进一步推导出其他市场向 a 市场的边际净溢出总效应 $TMNS_{IN,t,a}^H$ 和市场 b 向其他市场的边际净溢出总效应 $TMNS_{OUT,t,b}^H$ 的表达式分别如下：

$$TMNS_{IN,t,a}^H = MNS_{t,a \gets}^H; TMNS_{OUT,t,b}^H = MNS_{t,b \to}^H \tag{9.10}$$

式9.10中的 $TMNS_{OUT,t,b}^H$ 还可以进一步表达为 $TMNS_{OUT,t,b}^H = TMS_{OUT,t,b}^H - TMS_{IN,t,b}^H$。其中，$TMS$ 为边际风险溢出总效应，那么其他市场向 b 市场的边际溢出总效应 $TMS_{IN,t,b}^H$ 和市场 b 向其他市场的边际溢出总效应 $TMS_{OUT,t,b}^H$ 的表达式分别如下：

$$TMS_{IN,t,b}^H = \sum_{i=1,i \neq j}^N S_{t,a \to b}^H - \sum_{i=1,i \neq j}^N S_{t-1,a \to b}^H \tag{9.11}$$

$$TMS_{OUT,t,b}^H = \sum_{i=1,i \neq j}^N S_{t,a \to b}^H - \sum_{i=1,i \neq j}^N S_{t-1,a \to b}^H \tag{9.12}$$

基于上述式9.1到式9.12，不仅可以测算不同市场间的风险溢出效应，还可以估计单个市场向其余市场的风险溢出效应以及其余市场向某个市场的风险溢出效应，包括风险溢出总效应和边际溢出效应。

3. 基于 Logit 方法的风险预警模型

除了探讨粮食市场、能源市场以及金融市场相互间的风险溢出效应，对于三个市场共同面对的外部风险冲击的探究同样重要。对此，本部分内容将进一步采用递归回归、Logit 模型等方法对系统外部风险冲击进行预警。

（1）基于递归回归方法的外部风险因素确定

在第七章的回归分析中，虽然已经考虑到了国内外四大粮食品种价格、国际原油价格、国际生物质能源价格以及汇率等相关风险因素，但多局限于系统内，对于外部因素的考虑不够全面。对此，本部分内容进一步将宏微观层面的经济政策作为被考察的风险因素，进而构建起更为贴近现实的回归模型。假设 X_i（$i=1, 2, \cdots, n$）表示的是第 i 个经济政策，Y_t 则表示的是式 9.8 中的 STS_t^H，也即系统性风险溢出总效应，那么两者间就存在如下的关系：

$$Y_t = \alpha_0 + \alpha_1 X_{1,t} + \cdots + \alpha_n X_{n,t} + e_t \tag{9.13}$$

其中，$e_t \sim N(0, \sigma_e^2)$，$t$ 表示时间长度。

（2）基于 Logit 模型的系统外部风险冲击预警

在对外部风险进行可信度分析检验的基础上，采用 Logit 模型对粮食—能源—金融系统性风险进行估计。假设市场面临危机和无危机两种情景，将 Y_t 设定为二值变量，当 $Y_t=0$ 表示无危机情景，当 $Y_t=1$ 表示危机情景，X_t 表示的是外部风险因素。相应的 Logit 模型可表达为：

$$p_t = P(Y_t = 1 \mid X_t) = \frac{e^{X_t^T \beta}}{1 + e^{X_t^T \beta}} \tag{9.14}$$

$$1 - p_t = P(Y_t = 0 \mid X_t) = \frac{1}{1 + e^{X_t^T \beta}} \tag{9.15}$$

上述式子中，p_t 表示的是危机发生的概率，根据公式定义，当 $p_t=0.5$ 时，外部风险对危机发生概率的影响最大，当 p_t 趋向于 0 或 1 的极值时，外部风险对危机发生概率的影响最小。β 为回归向量系数。基于此的 Logit 模型极大似然估计方程表达式如下：

$$\frac{\partial Ln(\beta)}{\partial \beta} = \sum_{t=1}^{T} X_t \left(Y_t - \frac{e^{X_t^T \beta}}{1 + e^{X_t^T \beta}} \right) \tag{9.16}$$

第 t 期的危机发生概率 p_t 对第 b 个市场 X_b 的边际系数可以被定义为：

$$\frac{\partial p_t}{\partial X_b} = \frac{e^{X_t^T \beta}}{(1 + e^{X_t^T \beta})^2} \tag{9.17}$$

三、跨市场风险溢出实证过程及结果说明

（一）数据说明

从研究视角来看，本部分内容主要从国内外两个维度对粮食、能源（原油）以及金融这三大市场的风险溢出效应进行分析。为了检验前文实证结果的稳健性，也为了避免数据选择导致分析出现较大偏差，以期从更多方面获

得实证结果的支撑，这部分内容将主要选择期货市场数据进行市场间风险溢出关系的检验。对于三大市场数据作如下选择：对于粮食市场，国内市场选择农产品期货综合指数（EMAGR），国际市场选择国际农产品期货指数（USAG）；对于能源市场，国内市场选择上海国际能源期货交易中心原油指数（SC. INE），国际市场选择美国布伦特原油期货（BT. INE）；对于金融市场，国内市场选择沪深 300 指数（CSI. 300），国际市场选择标普 500 指数（S&P. 500）。在数据宽度方面，鉴于数据的可得性、时效性和对称性，本部分实证分析采用 2018 年 3 月 26 日至 2021 年 12 月 31 日期间的对数收益率数据①，共计 889 个样本，数据主要来源于 WIND 数据库。由于本部分内容重点考察的是外部风险事件冲击下系统内部市场间的风险溢出效应以及危机前后发生的变化，在时间选择上参考王钢和赵霞（2023）的方法，以国家卫生健康委员会将新型冠状病毒感染纳入乙类传染病的时间点（2020 年 1 月 20 日）作为事件日。通过对比疫情冲击前后系统内部风险溢出效应的变化，考察重大卫生事件对我国粮食市场、能源市场以及金融市场间的风险传导产生的影响。通过基于 2020 年 1 月 20 日对断点前后样本的归类，疫情前的样本量为 437 个，疫情后的样本量为 452 个，断点前后样本分布总体均衡。此外，为了避免异常数据带来的估计误差，通过对所有指标取对数值的方法确保数据的平稳性。

（二）跨部门价格传导的内部风险测度

1. 基于 DAG 模型的粮食—能源—金融系统内同期风险指向测度

有向无环图（Directed Acycling Graph）是一类特殊的图，它的特点是图中没有回路（环），通过方向性的指向表明不同节点之间的作用关系。对于粮食—能源—金融系统而言，有向无环图就可以表达三个市场间的风险溢出方向，示意图可见图 9－2。

根据图 9－2，对比疫情前后三市场风险传导方向发生了明显的转变，可见外部重大风险事件冲击对粮食市场、能源市场以及金融市场间的风险溢出效应产生了不可忽视的影响。具体而言，在疫情前：对于粮食市场而言，国内粮食市场和国际粮食市场均为市场风险溢出的承受者，其中国内粮食市场受国内能源市场的直接风险溢出影响，国际粮食市场受国际金融市场的风险溢出影响；对于能源市场而言，国际能源市场分别向国内外金融市场及国内原油市场进行风险溢出，国内能源市场在向国内粮食市场产生风险溢出的同时受到国际能源市场和国内金融市场的影响；对于金融市场而言，国际金融市场在向国内

---

① 采集数据之所以从 2018 年 3 月 26 日起，主要是该日期是上海原油期货的上市时间。

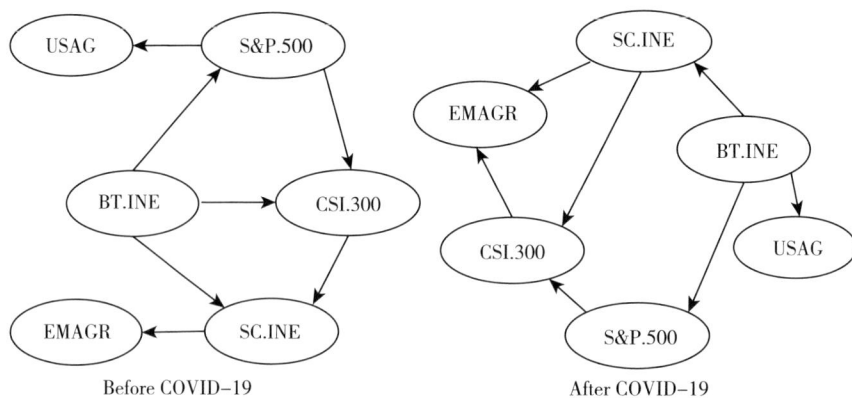

图 9-2　疫情前后三市场风险传导方向示意图

金融市场产生风险溢出的同时受到国际能源市场的影响，而国内金融市场在向国内能源市场产生风险溢出的同时受到国际金融市场的直接影响。在疫情后：对于粮食市场而言，国内外粮食市场仍然为市场风险溢出的承受者，前者同时受国内能源市场和金融市场的风险溢出，后者则受国际能源市场的风险溢出；对于能源市场而言，国际能源市场仍然是风险的溢出者，同时存在向国内能源市场、国内粮食市场以及国际金融市场的导向性；对于金融市场而言，国内金融市场受到国内能源市场和国际金融市场的风险溢出，而国际金融市场则受国际能源市场的风险溢出。

　　通过对比疫情前后的系统风险传导关系图可以发现，从国内外市场观察，国际市场对国内市场的影响强于后者对前者的影响，国内市场承受着更多的外部市场风险；从不同市场角度的观察，国内能源市场长期以"外循环"为主，受国际能源市场价格影响显著，粮食市场长期以来以"内循环"为主，同时受能源市场和金融市场的导向作用。疫情的冲击虽然对市场间的风险溢出关系产生了一定的影响，但难以改变国内粮食市场同时承受能源市场和金融市场风险溢出的境遇，这一方面需要引起相关部门的高度重视，分阶段采取不同措施改变这一局面，另一方面也在客观上加快了中国双循环格局的形成。进一步地，从粮食市场安全的角度观察，在疫情前，金融市场往往通过能源市这一中介市场对粮食市场产生风险溢出，而在疫情后，金融市场对于粮食市场的影响变得更为直接，在利用能源市场作为风险传导媒介的同时，对于粮食市场更是产生了直接的风险溢出关系，由此形成了我国粮食—能源—金融三个市场间的内循环。可见，在疫情风险冲击下，国内粮食市场和能源市场的风险来源由外循环转变为了"内＋外"的双循环双轮驱动。由于有向无环图只能展示风险传导方向，无法实现量化，也就无法客观衡量导向性风险程度。对此，就需要采用CoVaR 进行量化。

2. 基于 CoVaR 的静态风险度量

为了能进一步量化粮食市场、能源市场及金融市场间风险的传导方向和程度，就需要估计式 9.3 中的 β 值，以此来探讨不同市场间的风险溢出效应。相应的估计结果见表 9-1。

根据表 9-1，β 估计值多数为正值，表明粮食市场、能源市场及金融市场间风险传导方向的一致性，某一市场产生的价格不稳定将会正向带动其余市场的价格波动，也即存在市场的风险共振现象。这种风险共振现象的风险点在于，对于整个系统而言，单市场风险在共振作用下会加剧整个系统的风险，放大的市场风险又会反向为单个市场带来更大的风险溢出效应；对于粮食市场而言，能源市场和金融市场价格不稳定风险会叠加到粮食市场，由此会对粮食市场产生高于市场本身的风险冲击。通过对比疫情前后风险的传导性和程度，疫情确实对市场间的风险传导产生了不可忽视的影响。从外循环的角度：疫情前国际能源市场对国内粮食市场的风险传导系数为 0.092 3，疫情后上升到了1.326 1，风险传导系数上升了约 14 倍；国际金融市场对国内粮食市场的风险传导系数由疫情前的 0.016 4 上升到了疫情后的 0.758 1，国际粮食市场对国内粮食市场的风险传导系数也相应地由 0.065 9 上升到了 0.234 1，均存在显著提升的现象。从内循环的角度：疫情前国内能源市场对国内粮食市场的风险传导系数为 $-0.018\,0$，疫情后上升到了 1.032 2，不仅传导系数显著上升，传导方向也出现了反向变化；国内金融市场对国内粮食市场的风险传导系数由疫情前的 0.149 3 上升到了疫情后的 0.537 1，风险传导系数上升了约 3.6 倍。

从总体上看，疫情冲击更加紧密了三个市场的关联性，同时也加剧了内外循环的风险传导，表现在风险传导系数 β 值普遍在疫情后出现了显著上升。上述分析虽然明确了风险传导的方向和程度，但却仍然无法精准定位关键的风险源头，这就需要进一步分析市场风险的贡献度。从粮食安全和能源安全的角度，本书基于 $\Delta CoVaR$ 对市场风险溢出贡献度进行了测度，以此考察其余市场风险对粮食市场和能源市场的风险贡献度，为采取措施进一步控制市场风险传导提供科学依据。相应的结果见表 9-2。

根据表 9-2 的估计结果，无论是在疫情前还是在疫情后，国内粮食市场和能源市场受国际能源市场和国际金融市场的风险冲击影响最为显著。疫情前的风险传导：国际能源市场和国际金融市场对国内粮食市场的风险传导系数分别为 4.283 7 和 2.359 2，均高于国内能源市场和国内金融市场对国内粮食市场的风险传导系数；国际能源市场和国际金融市场对国内能源市场的风险传导

表 9-1 疫情前后风险传导系数 β 值

	疫情前风险传导系数 β 值						疫情后风险传导系数 β 值					
	BT.INE	USAG	S&P.500	SC.INE	EMAGR	CSI.300	BT.INE	USAG	S&P.500	SC.INE	EMAGR	CSI.300
BT.INE	1.000 0	0.462 5	0.701 2	0.650 8	0.092 3	0.849 3	1.000 0	0.892 6	0.776 3	0.554 5	1.326 1	1.072 5
USAG	0.058 2	1.000 0	0.076 9	0.096 7	0.065 9	0.208 0	0.067 8	1.000 0	0.083 1	0.113 8	0.234 1	0.148 2
S&P.500	0.334 5	0.274 2	1.000 0	0.246 3	0.016 4	0.409 4	0.372 1	0.408 9	1.000 0	0.323 1	0.758 1	0.878 9
SC.INE	0.168 3	0.383 9	0.283 0	1.000 0	−0.018 0	0.458 2	0.171 4	0.121 5	0.213 0	1.000 0	1.032 2	0.714 6
EMAGR	0.002 2	0.005 1	0.009 4	0.012 4	1.000 0	0.002 2	0.038 2	−0.006 3	0.073 1	0.193 4	1.000 0	0.253 1
CSI.300	0.125 8	0.234 2	0.222 6	0.221 8	0.149 3	1.000 0	0.100 5	0.165 2	0.161 1	0.244 1	0.537 1	1.000 0

表 9-2 疫情前后风险溢出量 $\Delta CoVaR$ 矩阵

	疫情前风险传导系数 β 值						疫情后风险传导系数 β 值					
	BT.INE	USAG	S&P.500	SC.INE	EMAGR	CSI.300	BT.INE	USAG	S&P.500	SC.INE	EMAGR	CSI.300
BT.INE	−0.020 0	4.951 2	5.288 3	6.723 9	4.283 7	5.810 9	−0.020 0	6.312 7	6.229 3	7.308 3	7.412 9	7.335 6
USAG	1.952 7	−0.090 2	1.883 9	2.158 7	1.820 2	2.160 2	2.223 7	−0.090 2	2.261 8	2.529 3	2.334 8	2.358 5
S&P.500	3.300 6	2.682 2	−0.053 9	3.283 7	2.359 2	3.100 5	3.861 8	3.557 7	−0.053 9	4.144 4	3.870 3	5.027 1
SC.INE	4.473 8	4.501 8	4.288 3	−0.032 1	3.711 8	4.345 1	5.249 3	4.683 9	5.177 3	−0.032 1	5.617 7	5.701 1
EMAGR	1.639 1	1.682 3	1.645 1	1.674 9	−0.083 9	1.618 8	1.812 5	1.612 3	1.774 8	2.345 3	−0.083 9	2.087 9
CSI.300	2.541 8	2.422 8	2.540 9	2.753 7	2.351 8	−0.023 3	2.603 7	2.613 2	2.788 3	3.148 7	2.838 9	−0.023 3

注：表中列指标代表风险溢出方，行指标代表风险承受方；q 的取值为 5%。

系数分别为 6.723 9 和 3.283 7，同样均高于国内能源市场和国内金融市场对国内能源市场的风险传导系数。疫情后的风险传导：国际能源市场和国际金融市场对国内粮食市场的风险传导系数分别上升到了 7.412 9 和 3.870 3，数值较疫情前的上涨幅度分别达到了 73.05% 和 64.05%；国际能源市场和国际金融市场对国内能源市场的风险传导系数分别上升到 7.308 3 和 4.144 4，数值较疫情前同样有了显著的提升。可见，疫情事件的冲击进一步强化了国际能源市场和国际金融市场对国内粮食市场和国内能源市场的风险冲击程度。值得关注的是，除了国际能源市场，国际金融市场同样是引起国内粮食市场和国内能源市场价格不稳定的一大重要风险源头，风险溢出贡献度仅次于国际能源市场。

对比表 9-1 和表 9-2 不难发现：相比国际能源市场和国际金融市场，国内粮食市场和国内能源市场更多地扮演着"风险承受者"角色，后者容易受前者的市场风险传导；疫情前后，国际能源市场和国际金融市场对国内市场的风险溢出程度明显增强，这说明疫情冲击使得全球的粮食体系和能源体系面临着更高的风险。我国作为全球粮食市场的重要组成部分，全球市场不稳定性风险的提升，也极大地提升了保障国内粮食市场安全的难度。此外，本书还通过将 q 值分别设定为 1% 和 10% 来考察估计结果的稳健性，检验结果并未发生显著变化，说明了结果的可靠性。

CoVaR 虽然能从统计学层面测度出市场风险溢出贡献度，以此考察其余市场风险对粮食市场和能源市场的风险贡献度，但由于存在多个风险节点，仍然无法定位到中心风险源。对此，需要采用网络关联分析法深度剖析粮食—能源—金融的系统性风险关联程度以及风险的传播者和接受者。

3. 基于信息风险溢出网络的动态风险分析

根据式 9.5 可知，当预测天数超过 5 天时方差分解的结果会趋于一致，对此，本书将预测期设定为 10 天，从静态和动态两个维度递进式考察粮食市场和能源市场的风险关联性以及风险的溢出方向。相应的估计结果见表 9-3。

表 9-3　粮食—能源—金融系统的静态风险溢出结果

		国际市场			国内市场		
		粮食	原油	金融	粮食	原油	金融
疫情前	风险净溢出	8.175	72.147	10.240	−8.360	−48.043	−12.094
	风险输入	1.031	1.221	17.665	9.916	55.341	14.410
	风险输出	9.206	73.368	7.425	1.556	7.298	2.316
	总效应	10.237	74.589	25.09	11.472	62.639	16.726

（续）

		国际市场			国内市场		
		粮食	原油	金融	粮食	原油	金融
疫情后	风险净溢出	18.164	55.555	−11.893	−24.859	−19.066	−17.91
	风险输入	3.395	3.642	22.626	31.512	30.734	18.538
	风险输出	21.559	59.197	10.733	6.653	11.668	0.628
	总效应	24.954	62.839	33.359	38.165	42.402	19.166
全样本	风险净溢出	12.219	58.390	−12.122	−21.309	−25.761	−12.313
	风险输入	2.143	1.456	20.393	23.165	34.869	13.322
	风险输出	14.362	59.846	8.271	1.856	9.108	1.009
	总效应	16.505	61.302	28.664	25.021	43.977	14.331

根据表 9-3，相较而言，国际粮食市场和国际能源市场以及国际金融市场的风险输出值均普遍高于国内市场，这表明国际市场更多扮演的是风险溢出者角色，而国内市场更多扮演的是风险接受者角色，即国内的粮食市场和能源市场价格风险很大概率来源于国际市场。

从外循环的视角：对国际粮食市场而言，国际粮食市场的风险净溢出由疫情前的 8.175% 上升到了疫情后的 18.164%，这表明疫情事件增强了国际粮食市场的对外风险输出性；对于国际能源市场而言，国际能源市场的风险净溢出由疫情前的 72.147% 下降到了疫情后的 55.555%，虽然疫情后国际能源市场向其他市场的风险溢出能力呈明显的减弱趋势，但仍然是粮食—能源—金融系统内的主要风险溢出源；对于国际金融市场而言，国际金融市场的风险净溢出由疫情前的 10.240% 下降到了 −11.893%，可见疫情事件导致国际金融市场的风险传导方向发生了明显的转变，由风险净输出者的角色转变为了风险净输入者角色。

从内循环的视角：对国内粮食市场而言，国内粮食市场的风险净溢出由疫情前的 −8.360% 上升到了疫情后的 −24.859%，风险净输入值上涨了约 3 倍，这表明疫情事件增强了国内粮食市场的外部风险输入；对于国内能源市场而言，国内能源市场的风险净溢出由疫情前的 −48.043% 下降到了疫情后的 −19.066%，疫情后国内能源市场受外部市场冲击风险已经低于国内粮食市场；对于国内金融市场而言，国内金融市场的风险净溢出由疫情前的 −12.094% 上升到了 −17.91%，受外部风险溢出程度也呈现了上升的势头。对比内外循环市场的风险传导程度和方向，国内粮食市场和国内能源市场的风险输入程度和方向均发生了较为显著的变化，国内粮食市场的风险输入性大幅上升，而国内能源市场的风险输入性下降较为明显。但需要注意的是，虽然国内能源市场的风险输入性下降较为明显，但其仍然是国内市场风险输入性最强的市场，由此为国内粮食市场带来的风险性仍然不容小觑。

相比以上的静态风险分析，采用"滚动估计法"对市场间风险传导方向和程度进行估计将更能体现风险传导方向变化的演变过程。对此，本书将预测期设定为 10 日，滚动窗口期设定为 124 日，从动态视角考察粮食—能源—金融系统的风险溢出轨迹。根据估计结果，疫情暴发初期引起了粮食市场、能源市场以及金融市场整体性的价格强波动症状，短频且持续的市场价格波动引起了显著的风险溢出效应，致使粮食市场和能源市场均承受着较高的价格不稳定风险，给国内的粮食市场安全和能源市场安全均带来了极高的风险。

在样本滚动期内，通过估计结果和观测期内将粮食市场、能源市场以及金融市场的表现进行匹配，发现系统总共出现了三次较大程度的外部冲击。第一次外部冲击出现在 2020 年 2 月，疫情的冲击使得国内深沪股市发生了大面积的股票跌停现象，相应的粮食和能源期货市场也出现了同样剧烈的波动现象。随着疫情在全球范围的不断蔓延，3 月初出现了第二次较大的外部冲击，美股和国际原油市场价格出现了暴跌的现象，美国三大指数暴跌超 7%，触动了熔断机制，国内上证指数受此影响也出现了持续性的下跌。随后在 3 月 10 日，国际原油价格随着全球经济预期的下降出现了暴跌，跌幅一度超 30%，由此对粮食市场和金融市场产生了较大的风险冲击，粮食—能源—金融整个体系的风险指数也达到了峰值。可见，疫情事件通过直接和间接渠道对全球的粮食市场、能源市场以及金融市场产生了显著的风险冲击，进而增加了系统内外双循环的风险传导效应。

结合上述分析，基于疫情事件前后不同市场间的风险净溢出效应，本书对此制作了相应的边际溢出效应网络分析图，具体见图 9-3。

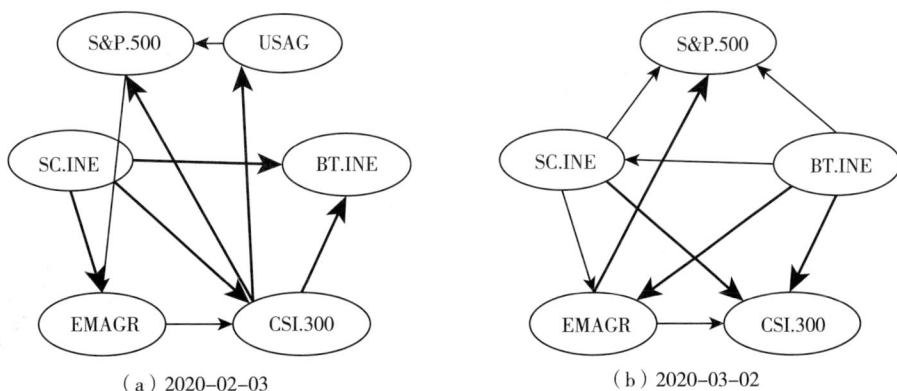

（a）2020-02-03   （b）2020-03-02

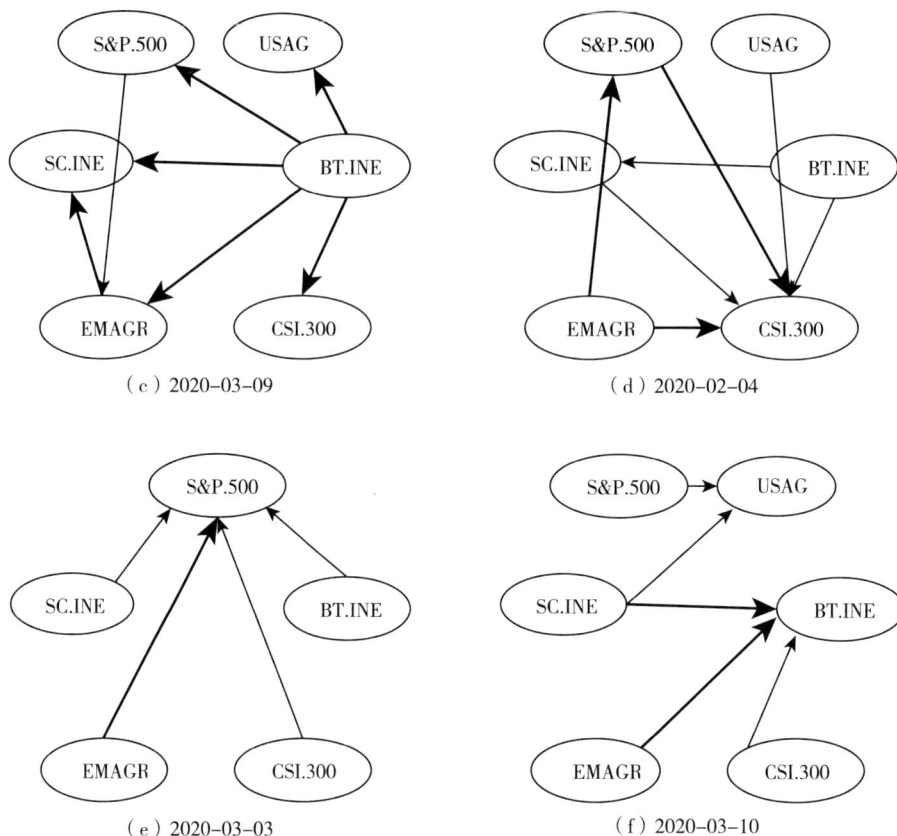

（c）2020-03-09 　　　　　　　　（d）2020-02-04

（e）2020-03-03 　　　　　　　　（f）2020-03-10

图 9-3　三次风险事件下的边际溢出效应网络分析图

2020 年初，全球疫情的暴发和蔓延给国内市场和国际市场带来了极大的风险冲击，国内外市场间由此很有可能存在着双向的风险溢出效应，相互之间的风险传导也存在多重叠加的可能。根据图 9-3 中的（a）和（d），2020 年 2 月初的全球疫情事件引起了国际金融市场和国际能源市场的剧烈震荡，由此对国内的金融市场进行了风险输出；同时，国内股市受到期货市场影响，同样出现了非正常波动现象，对国际金融市场和国际能源市场也存在相应的反向风险溢出效应。根据图 9-3 中的（b）和（e），受疫情事件的冲击，国际原油价格暴跌，出现了对中国粮食市场和能源市场较为显著的风险溢出效应，对国际金融市场的风险冲击力相对偏弱；在这个过程中，国际粮食市场的风险溢出效应相对不显著。根据图 9-3 中的（c）和（f），市场间的边际风险净溢出效应图显示国际能源市场价格的不稳定是粮食—能源—金融整个系统不稳定的核心风险源，即国际能源市场的不稳定主导了此次系统性风险的发生和传播。从具体的传播路径看，除了通过贸易渠道向国内能源市场进行风险传播，主要是经由国际金融市场间接传导至国内的粮食市场、能源市场和金融市场，具体表现在当日期货市场价格的波动程度和时间持续性。

本部分内容从静态和动态两个维度考察了国内外的粮食市场、能源市场以及金融市场间的风险溢出效应程度和方向，不仅明确了市场间风险传导方向，测度了某一市场对其余市场的风险溢出贡献度，更是通过采用"滚动估计法"明晰了市场间风险传导方向变化的演变过程，由此使得对系统内的风险溢出效应的捕捉更为全面和立体。

（三）跨部门价格传导的外部风险测度

2020 年全球疫情事件的冲击引起了国内外粮食市场、能源市场以及金融市场的剧烈波动，也加剧了粮食—能源—金融系统内部的风险溢出效应。可见，粮食市场、能源市场以及金融市场之间除了存在系统内部的风险传导之外，还需要面对来自市场外部的风险冲击。对此，本部分内容将借助疫情事件，从风险敏感性的角度考察国内粮食市场和能源市场对外部风险的敏感度，以此从外部风险性视角探讨国内的粮食市场安全和能源市场安全。

在疫情期间，未有能客观衡量疫情冲击强度的权威性指标，对此，本书借鉴刘映琳等（2023）的研究思路，采用 2020 年 2 月 2 日至 2021 年 9 月 30 日由约翰斯·霍普金斯大学公布的全球疫情累计确诊人数作为疫情强度指数，进一步地采用每日新增确诊人数的对数增长率作为疫情冲击程度，通过测算国内外粮食市场、能源市场以及金融市场受疫情强度和冲击程度影响排序情况考察国内的粮食市场和能源市场在危机来临时的安全程度。相应的估计结果见表 9 - 4。

表 9 - 4　疫情冲击对三个市场的风险溢出效应

	β	$VaR_q^{i|j}$	$CoVaR_q^{i|j}$	$\Delta CoVaR_q^{i|j}$
EMAGR	1.721 6	1.682 3	15.338 1	21.388 5
SC. INE	0.242 2	4.566 3	12.853 0	17.860 0
CSI. 300	0.137 4	2.231 1	12.360 9	17.030 9
BT. INE	−0.210 7	4.482 6	10.834 4	15.516 7
USAG	−0.788 7	1.952 0	10.199 8	15.223 7
S&P. 500	−0.542 6	2.536 1	9.554 6	14.361 8

注：市场按照降序排列；q 取值 5%；j 为疫情确诊人数的增长率。

根据表 9 - 4，按照受疫情影响的排序来看，国内粮食市场的 $\Delta CoVaR_q^{i|j}$

值为 21.388 5，受疫情冲击影响最大；国内能源市场的 $\Delta CoVaR_q^{i|j}$ 值为 17.860 0，受影响程度排名第二；国内金融市场的 $\Delta CoVaR_q^{i|j}$ 值为 17.030 9，受影响程度排名第三；国际能源市场、国际粮食市场以及国际金融市场分别排名第四、第五及第六。可见，相比国际市场，国内市场受疫情冲击影响相对较大。从市场的横向比较来看，在内循环系统，国内金融市场受疫情影响程度排名第三位；在外循环系统，国际金融市场受疫情影响程度同样排名最后。相比之下，金融市场受疫情冲击影响相对偏弱，而粮食市场和能源市场受疫情影响相对较强，在面对外部风险冲击时显得更为脆弱。从粮食安全的角度，国内粮食市场在受到能源市场和金融市场的风险溢出的同时，对于外部风险冲击存在相对较高的敏感性，而且作出的风险反馈周期也相对更久，多元化的风险传导路径对进一步提高国家的粮食安全保障度提出了更高的要求。

　　表 9-4 中报告的 $\Delta CoVaR$ 数值虽然显示国内市场受疫情影响普遍较国际市场更为强烈，但需要注意的是表中报告的 $\Delta CoVaR$ 数值为平均值，即存在正负数相互抵消的现象。当存在正负数相互抵消的情况时，就会导致估计值并不能很好地反映不同市场受疫情冲击的影响。为了能更好地观察疫情冲击对国内外市场风险贡献的过程性变化，有必要从过程性角度对比不同市场遭受疫情冲击风险程度的变化情况。对此，根据测算的时点 $\Delta CoVaR$ 值，制作了如图 9-4 和 9-5 的疫情后国内外市场的动态 $\Delta CoVaR$ 时序图，用于深一步考察疫情风险对国内粮食市场和能源市场安全的影响。

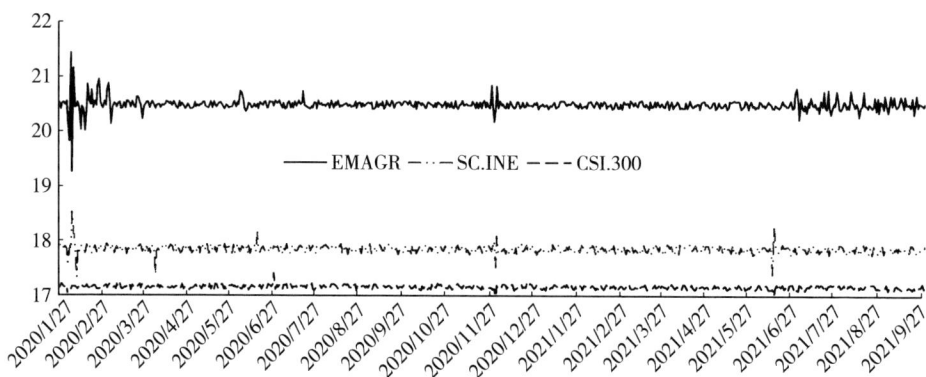

图 9-4　疫情后国内市场的动态 $\Delta CoVaR$ 时序图

　　通过对比图 9-4 和图 9-5，结合表 9-4 的参数估计结果，国内的粮食市场、能源市场以及金融市场虽然 $\Delta CoVaR$ 均值普遍高于国际市场，但从全过程视角来看，国内市场在整个观测期间的市场稳定性较国际市场更强。从时间维度观察：疫情在短期内对国内市场的影响较为显著，对于国内市场的长期风

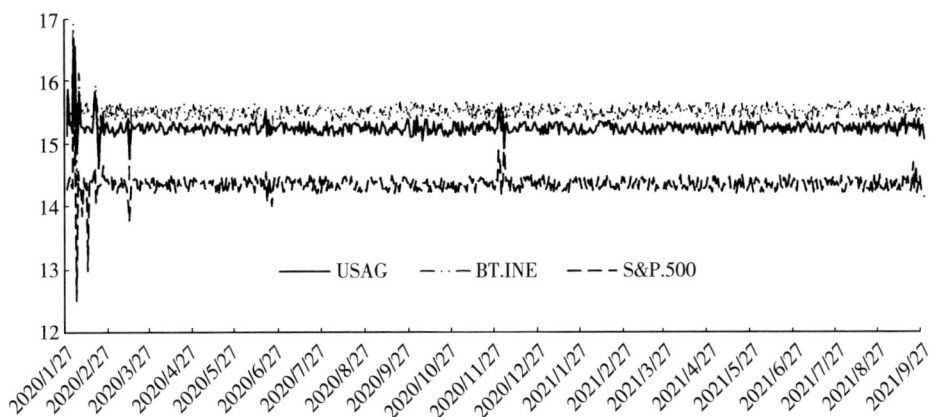

图 9-5　疫情后国际市场的动态 $\Delta CoVaR$ 时序图

险溢出效应较为有限，这也说明了国内粮食市场和能源市场已经具备了一定水平的抗风险能力；疫情对于国际市场的影响在短期和长期均体现得较为明显，无论是波动性还是集簇性均显著高于国内市场。

对于国内粮食市场而言，市场风险情绪的爆发主要集中于疫情冲击的前三个月。鉴于疫情的传播速度快、潜伏期长、没有特效药且具有一定的致死率等特性，致使国内市场在疫情的前三个月出现了集体的恐慌情绪，导致部分地区出现了粮食抢购囤积现象，并由此造成了极短时间内局部地区粮食供不应求现象的出现，而这又进一步加剧了市场的恐慌情绪，引致又一轮更大范围的抢购囤积行为，进而引起市场价格的剧烈波动。当然，在国家主流媒体和以国家粮食和物资储备局为代表的职能部门的舆论引导下，市场的恐慌情绪得以快速缓解，保障了国内粮食市场的平稳运行。鉴于疫情暴发带来的不确定性预期，在第一波疫情冲击影响后，俄罗斯、越南、柬埔寨以及泰国等国家纷纷宣布限制或禁止粮食出口以确保本国的粮食安全，国内粮食市场再次受到了疫情冲击带来的二次短期风险影响，这种风险影响同样在短期内被市场所消化。总体上，疫情事件对国内粮食市场的影响趋于短期影响，得益于国内相对完善的粮食安全保障体系，从长期角度来看，这种冲击影响相对平稳，未能给国内粮食市场安全带来严重威胁。与国内粮食市场类似，国内能源市场和国内金融市场受疫情冲击影响同样在短期内较为明显，但从长期角度看，这种风险冲击影响均能够被系统和市场自身所消化。

对于国际市场而言，虽然受外部风险冲击影响水平较国内市场相对更低，但从波动性和集簇性的角度来看，国际市场的风险性明显大于国内市场。在波动幅度方面，对比图 9-4 和图 9-5，相对国内市场，国际粮食市场、国际能源市场以及国际金融市场的波动幅度普遍偏大，在疫情冲击的几个时间点这种波动性尤为剧烈，这表明国际市场并未采取有效措施缓解市场风险因子；在波动频率方面，国际市场的波动具有更强的集簇性，即大的波动之后往往伴随一系列小的波动，这就导致外部风险冲击下国际市场表现出了较国内市场更快的波动频率。受外部风险冲击影响，国际市场价格表现出了相对更大的市场波动幅度和更快的波动频率，这表明国内针对粮食市场、能源市场以及金融市场的政策措施是有效的，市场保障体系具备了一定的抗风险能力。当然，需要引起关注的是，虽然在多维度政策加持下国内市场表现出了较强的抗风险能力，但在国内外市场联系日益紧密的趋势下，国际市场风险势必会借助不同的交流通道传导至国内市场，进而为国内市场带来更多未知的风险。对此，要想在现有粮食安全和能源安全保障基础上更进一步，就需要跳出"粮食"看"粮食"，跳出"能源"看"能源"，即要开始从系统性和全局性角度看待国内的粮食安全和能源安全问题。

四、粮食—能源—金融系统跨部门风险传导对国内粮食安全的影响

（一）受系统外风险冲击的影响

2020 年的全球疫情事件从粮食生产、市场供需、市场价格以及农户收入等方面对国内的粮食安全造成了全方位的风险冲击。在粮食生产方面：疫情的高传染性和致病率使得农业领域在危机期间出现了短期的劳动力短缺现象，农业劳动力的短缺会直接影响到粮食的生产活动，种子、化肥、农药等生产资料的运输和分发也受到疫情管控措施的影响，生产资料流通受阻也会导致粮食生产活动的不畅。在粮食供应方面：防疫措施在缓解疫情传播的同时也对物流运输产生了一定的限制，使得农用物资运输遇到了一些障碍，也增加了粮食从产地到消费地的运输成本；从供应链的角度，疫情事件引起的全球局部地区粮食运输系统的短期瘫痪也对国内外的粮食贸易产生了直接影响，进而导致粮食进口数量和价格出现非正常波动。在粮食需求方面：外部风险冲击引起了一定程度的市场恐慌，使得部分地区居民出现了抢购囤积的现象，这为短时间内的粮食稳定供应带来了较大的压力；对危机期间的餐饮业而言，疫情暴发初期对人员流动和物资流动的管控极大削弱了粮食市场需求，给粮食的供需平衡造成了不可忽视的冲击。外部风险事件冲击引起粮食市场供需的变化，势必会引起市场价格的波动，进而影响到市场整体的稳定性。

除了疫情事件冲击，近年来地缘政治冲突、自然灾害等事件不断，都为在

危机情形下如何更好地保障国内粮食市场安全和能源市场安全敲响了警钟。无论是疫情事件还是地缘政治冲突，亦或是自然灾害，对粮食—能源—金融系统而言均为外生风险冲击，在破坏系统稳定性的同时会叠加不同市场的风险溢出效应，进而加剧风险的扩散。对此，需要从宏观视角采用系统性思维，尽可能将外生风险因素纳入到系统保障体系中，通过提升整个系统的抗风险性来增强粮食市场和能源市场的安全保障程度。

（二）受系统外循环的风险冲击影响

随着国内市场对外开放程度的提升，国内对外粮食贸易量和能源贸易量呈不断攀升态势，国际市场已然成为国内粮食供给和能源供给的重要组成部分。庞大的粮食进口和能源进口规模虽然保障了国内市场的充足供应，但同时也造成了相对较高的对外依存度，尤其是对国际原油进口依存度超过了 70%，这为国际市场的风险传导创造了条件。一方面，受外部风险冲击时，国际粮食市场的价格不稳定性风险因素会通过贸易渠道直接传导至国内粮食市场；另一方面，国际能源市场在遭受外部风险冲击时会加剧市场的波动性，这种不稳定性风险会通过贸易渠道传导至国内能源市场，对国内粮食市场的稳定性产生间接性影响，通过国际粮食市场将价格风险传导至国内市场，因而提升了国内粮食市场价格的不稳定性风险。

根据本章的实证检验结果，国际粮食市场、国际能源市场以及国际金融市场对国内粮食市场的影响普遍强于国内市场。疫情前后风险溢出量 $\Delta CoVaR$ 矩阵的估计结果显示，疫情前后，国内粮食市场和能源市场受国际能源市场和国际金融市场的风险冲击影响最为显著。在疫情前，国际能源市场和国际金融市场对国内粮食市场的风险传导系数分别为 4.283 7 和 2.359 2，均高于国内能源市场和国内金融市场对国内粮食市场的风险传导系数；疫情后，国际能源市场和国际金融市场对国内粮食市场的风险传导系数分别上升到了 7.412 9 和 3.870 3，仍然高于内循环的风险传导系数。可见，疫情事件的冲击进一步强化了国际能源市场和国际金融市场对国内粮食市场和国内能源市场的风险冲击程度。值得关注的是，除了国际能源市场，国际金融市场同样是引起国内粮食市场和国内能源市场价格不稳定的一大重要风险源头，风险溢出贡献度仅次于国际能源市场。

相比国际能源市场和国际金融市场，国内粮食市场和国内能源市场更多地扮演着"风险承受者"角色，后者容易受前者的市场风险传导。疫情前后，国际能源市场和国际金融市场对国内市场的风险溢出程度明显增强，这说明疫情冲击使得全球的粮食体系和能源体系面临着更高的风险。作为全球粮食市场的重要组成部分，全球市场不稳定性风险的提升，也极大地提升了保障国内粮食市场安全的难度。

（三）受系统内循环的风险冲击影响

粮食市场、能源市场和金融市场之间既相互依存又相互影响，尤其是在粮食的能源化趋势和金融化趋势下，能源市场和金融市场对粮食市场的影响越发显现。从国内能源市场对粮食市场的影响角度，能源市场的价格波动对粮食市场的生产成本产生直接影响。粮食生产、加工和运输都需要大量的能源供给，能源市场价格的波动会直接影响到粮食的生产成本。特别是当能源价格上涨时，农业生产和物流运输的成本也会上升，进而推高粮食价格。这会给粮食生产者带来压力，也会对消费者造成影响。外部风险事件的冲击，很可能会给国内的能源供应带来障碍。当能源供应受到影响时，物流运输和粮食加工环节都会受到影响，从而导致粮食市场供应紧张和价格波动。在疫情期间，防疫措施对能源的运输产生了一定的限制，由此在一定程度上影响到了粮食的生产活动。最后，能源市场的金融化也会对粮食市场产生风险溢出。近年来，能源市场逐渐进入金融化阶段，即能源作为金融资产进行交易和投机。在金融化过程中，能源市场容易受到金融市场投机和价格波动的影响。这种金融化特征使能源市场存在更大的风险，金融市场的变动会对能源市场产生影响，进而对粮食市场产生溢出风险。

随着粮食能源化、粮食金融化以及能源金融化趋势的不断加剧，粮食—能源—金融这一内循环系统的融合度得以日益提升。在此背景下，当内循环系统在面对诸如疫情这类外部风险事件的冲击时，系统内任意单一市场风险将会快速地传导至其余市场，尤其是当外部风险事件冲击引起的能源市场和金融市场风险很可能会呈叠加态势溢出到国内粮食市场，从而对国内粮食市场产生跨市场的风险冲击，威胁到国家的粮食安全。对此，相关部门在制定政策时，需要充分考虑到内循环系统的市场关联性以及外部风险冲击的可能性因素，以此更好地筑牢国家粮食安全屏障。

第十章

结论、建议与贡献

一、主要研究结论总结

本书从能源这一新的视角，深入剖析了中国粮食市场与国际能源市场之间复杂的价格关联与作用机制，从实证层面采用平滑转移多元 GARCH 类模型、BEKK－GARCH（1，1）模型、TVP－VAR 模型以及局部均衡模型实证检验了国内粮食市场和国际能源市场的价格溢出效应。在价格传导关系分析的基础上，本书还考虑到了外部重大风险事件的冲击影响，通过设定模拟情景详细探究了在极端情况下两大市场价格波动的变化趋势、相互影响的动态路径以及可能引发的连锁反应，为深入理解两大市场的互动关系以及应对潜在风险提供了全面且系统的理论依据与实践参考，有助于相关政策制定者和市场参与者提前布局，有效防范因市场联动带来的不确定性风险，保障国内粮食市场的稳定供应与价格合理波动，同时也为进一步优化资源配置、促进两大市场协同发展提供了富有价值的决策支撑。

在内容安排上：首先，本书从理论层面剖析了国际能源市场和国内粮食市场间的价格传导机制和路径，通过 Pearson 和 Spearman 检验法检验了市场间价格的相关性，并采用平滑转移多元 GARCH 类模型和惩罚对照函数检验了两个市场价格相关的稳定性变化趋势；其次，围绕能源市场、生物质燃料市场以及粮食市场，进行了多元市场间的价格溢出效应 BEKK－GARCH（1，1）模型估计，以此检验市场间价格波动信息传导的方向和程度；再次，就国际原油市场价格波动对国内粮食市场的具体影响程度和影响方向进行了回归分析和基于 TVP－VAR 模型的动态脉冲响应分析，以此检验国内粮食市场价格受国际能源市场价格波动的具体影响；最后，考虑到外部重大风险事件的影响，基于局部均衡模型分析了国际原油市场非正常价格波动对国内粮食市场的冲击影响，以 2020 年全球疫情暴发作为外部重大风险冲击事件，考察不稳定市场环境下国内粮食市场受国际能源市场价格波动的影响。

本书的具体结论如下。

一是国内粮食市场和国际原油市场间存在显著的价格相关性。在理论分析层面：粮食能源化趋势下，国际原油市场价格波动不仅会对国内粮食市场成本产生直接的影响，而且会通过国际粮食市场和生物质能源市场将价格信息传导至国内粮食市场；随着国内外市场融合度的不断提升，大规模的粮食进口和能源进口也强化了内外部市场的价格关联性。在数据观察层面：中国粮食进口量由 2001 年的 1 986 万吨上升到了 2023 年的 16 196 万吨，粮食进口量的大幅攀升提高了国内粮食市场的对外依存度；中国对外原油进口量年均增长率超过了12%，极大地提高了中国能源的对外依存度，更加畅通了外部能源价格的"输入"；根据 Person 和 Spearman 相关性检验结果，两者之间存在显著的价格相关性。

二是国际原油市场和国内粮食市场间的价格相关性存在显著的区制转移变化特征。根据平滑转移条件相关多元 GARCH 模型检验结果显示："国内玉米—国际原油"和"国内大豆—国际原油"的价格相关性受时间趋势和国际原油价格变动的显著影响，价格相关性呈现出了明显的结构性特征；"国内小麦—国际原油"的价格相关性仅受国际原油市场价格变动的影响，区制转移变化特征相对偏弱；"国内大米—国际原油"价格相关性的区制转移变化特征并不显著。通过对检验结果的进一步对比，相较国际原油价格变动，时间趋势对于国内粮食价格和国际原油价格间的相关性影响更大。这一方面说明了我国粮食市场调控措施的有效性，另一方面也从侧面显示出了国内粮食市场和国际原油市场间的相关性更多的是受国内市场对外持续开放的影响。

根据惩罚对照函数的断点效应检验结果，国际原油市场和国内粮食市场普遍存在多时间点的断点效应。通过与平滑转移条件相关多元 GARCH 模型检验结果的比对，验证了玉米、大豆和小麦与国际原油市场的相关性存在区制转移变化特征结论的稳健性。

三是国际能源市场和中国粮食市场间的价格溢出效应存在非对称性。根据BEKK-GARCH（1，1）模型对粮食市场和能源市场进行的多元市场间价格溢出效应分析结果：在均值溢出效应方面，误差修正系数在国际原油市场向国内粮食市场短期冲击中存在显著的偏差调整作用，国际原油市场价格的短期波动会引发国内粮食市场价格产生偏离均衡的变化，且这种偏离会在误差修正机制的作用下逐步回归合理水平，意味着两者之间存在着一种动态的短期价格关联反馈机制；在波动溢出效应方面，国际原油市场存在向国内粮食市场的单向价格溢出效应，即原油价格的变动能够显著影响国内粮食市场价格的波动轨迹，且这种影响随着时间推移普遍呈增强趋势，尤其是在时间或价格临界点后变得更为显著；在生物燃料市场和国内粮食市场间的价格关系方面，存在燃料乙醇市场向玉米市场的单向价格波动溢出效应，以及大豆市场向生物柴油市场的单向价格波动溢出效应，反映出生物燃料产业与粮食产业之间的紧密关联和特定的传导路径；在国际原油市场和国际粮食市场的价格关系方面，国际原油市场和国际玉米市场及国际大豆市场均存在显著的双向价格溢出效应，国际市场间的价格信息能够相互传递且产生显著影响。此外，多元随机波动模型估计结果还显示国际原油市场价格在高波动阶段的价格溢出效应较低波动阶段更为显著。

四是国际原油价格水平上涨对国内粮食市场价格存在显著的正向促进作用。根据回归分析和基于 TVP‐VAR 模型的动态脉冲响应分析结果：国内粮食价格与相关因素变量之间存在长期均衡关系，国际原油价格每上涨 1% 就能实现国内大米、玉米、小麦及大豆市场价格 0.014 1%、0.714 3%、0.235 2% 及 0.537 6% 的上升。相比之下，国际原油市场价格波动对国内玉米、小麦及大豆价格兼具显著的经济学意义和统计学意义。敏感性检验结果总体上与月度数据回归结果保持了一致，当国际原油市场价格上涨 1% 时，国内的玉米、小麦及大豆价格将分别上升 0.267 9%、0.068 7% 及 0.196 9%。燃料乙醇对国内玉米和小麦市场价格变化的影响，生物柴油市场价格波动对国内大豆市场价格变化的影响，均不具备统计学意义的显著性和经济学意义的显著性。

进一步地，根据 TVP‐VAR 模型动态脉冲响应分析结果，在不同时间点和不同时间间隔方面，国际原油市场价格波动对国内四大粮食品种普遍具备正向的市场冲击。相比大米和小麦，国际原油市场价格波动对国内的玉米和大豆市场冲击影响相对更为强烈，且普遍在第 2 期达到最高峰。

五是国际原油价格波动对国内外粮食市场价格的影响存在显著差异。本书第六章中基于价格弹性的模拟分析结果显示：当国际原油价格处于上涨周期时，将推动国内粮食市场价格的普遍上行；国际原油和国内粮食两个市场价格的上涨幅度总体上保持了一致，两个市场的联动性较强。局部均衡模型的模拟分析结果显示：国际原油价格上涨比例与国内粮食价格和进口粮食价格上涨幅度之间存在同向性关系；在模拟分析过程中，当国际原油价格波动率分别上升 25%、50% 以及 100% 幅度时，能普遍引起国内粮价和进口价的上涨，相比国内粮价，进口粮价波动范围处于中高风险等级比例更大；根据对三个时间段模拟价格均值和实际价格均值的对比，国际原油市场价格波动性越强，越能刺激粮价的上行。反事实情景模拟分析结果显示，国内粮食市场越发受外部多元化市场的影响，特别是外部能源市场对粮食市场的影响已越发显现。

基于理论和实证分析，国内粮食市场价格是否能保持稳定，不仅受国内粮食供求关系的直接制约，在全球经济一体化与能源市场紧密交织的背景下，国际能源市场价格波动、生物燃料产业发展对粮食原料的需求变动以及国际贸易政策与汇率波动等外部因素的冲击也不容小觑，国内粮食市场价格受影响因素正呈多元化趋势（朱晶，2018）。对此，要想保障国家粮食的"长治久安"，就要从粮食供给、贸易合作、价格控制、粮油储备以及消费节制等多方面入手，构建起能够有效缓冲来自外部能源市场风险的粮食市场安全"防护层"。

二、增强中国粮食市场对外风险防范能力的对策建议

在当前全球经济一体化程度不断加深、国际能源市场局势复杂多变且波动频繁的背景下，要想切实增强中国粮食市场对外的风险防范能力，唯有着眼于国家粮食安全战略的前瞻性，加强国内粮食生产的稳定性和可持续性、完善粮食市场的调节机制、提升粮食储备的科学性和有效性、增强粮食产业链的韧性和协同性；多元化对外贸易关系，降低粮食和能源的进口集中度，构建起"国内为主、国际为辅"的粮食安全双循环格局，方能更好地预防来自外部能源市场的价格波动冲击，构筑起坚实的粮食安全防线，进一步完善国家的粮食安全战略，保障国家粮食的"长治久安"。

（一）多维度增强国内粮食供给能力

保障国家粮食安全的根本在于不断强化国内的粮食供给能力，粮食供给能力的增强能有效降低对外的进口依存度，从而阻滞外部能源市场价格波动信息的传导，保障国内粮食市场的稳定。国内粮食市场供给能力的提升，一方面在于增强粮食市场的供给，另一方面则在于尽可能降低市场的不合理需求。

在增强国内粮食市场供给方面，首先是要保障粮食种植面积，这是确保粮食产量稳定的基础。要严格落实耕地保护制度，加强对耕地的监管，通过合理规划土地利用，确保有足够的优质耕地用于粮食种植。同时，积极推进土地整治和高标准农田建设，改善农田基础设施条件，提高耕地质量和产出能力，并创新土地互换、转让及租赁等多种形式的流转模式，将土地资本引导向粮食生产效率更高的经营主体。其次是要多渠道提升粮食生产效率，在种粮面积相对稳定的情况下产出更多粮食。具体而言，要加大对农业科研的投入，研发高产、优质、抗逆性强的粮食新品种，尤其是要利用生物技术、基因编辑等先进技术，培育出适应不同环境条件的优良品种，提高粮食单产；要加快农业机械化进程，提高农业生产的机械化水平，推广使用如联合收割机、播种机、拖拉机等先进的农业机械设备，减轻农民劳动强度，提高生产效率。建立健全科学

合理的粮食储备制度，积极支持民营企业进入粮食流通领域，激发市场活力，确保国家粮食储备的安全和充足。此外，随着国民生活水平的不断提升，要持续深化粮食深加工能力，丰富粮食加工品的供给以及提升粮食产品产出效率。

在降低市场的不合理需求方面，首先是要强化全社会的节粮宣传。多种形式开展"爱粮节粮宣传活动"，利用电视、广播、报纸、网络等多种媒体广泛宣传粮食节约的重要性和紧迫性。定期在学校、社区、企业等场所开展粮食节约主题教育活动，通过举办讲座、知识竞赛、征文比赛等，引导人们养成节约粮食的良好习惯。在节粮宣传的同时，要进一步落实《中华人民共和国宪法》第 1 章第 14 条第 2 款有关"国家厉行节约，反对浪费"的规定，同时要全面贯彻实施《中华人民共和国反食品浪费法》，为全社会确立餐饮消费、日常食物消费的基本行为准则。其次，要在粮食流通领域推广智能仓储管理系统、绿色储粮技术以及新型运输装备等节粮科技的创新应用，以此减少储存、运输等环节中的粮食损耗。最后，要推进畜牧业节粮工程，积极开发利用非常规饲料资源，推进林业剩余物饲料化，加大对糟渣类饲料的利用，并且优化饲料配方，从而降低饲料生产对主粮的依赖。国内粮食综合供给能力的强化，不仅能降低对进口的依赖，同时也更有能力通过调节市场供需来缓冲外部能源市场价格波动的影响。

针对与国际能源市场价格关联性较为密切的玉米市场和大豆市场，需要采取针对性措施弱化来自外部能源市场的价格冲击。对于国内玉米市场：要因地制宜扩大种植面积与优化种植布局，夯实玉米增产基础；创新科技驱动玉米产能提升，研发适应不同环境的高产、优质、抗逆性强的玉米品种，提高玉米的单位面积产量和品质；鼓励企业发展玉米深加工产业，提高玉米的附加值，除了传统的饲料加工和玉米淀粉生产外，进一步拓展到生物能源、化工等领域；密切关注美国、阿根廷以及巴西等主要玉米出口国的出口情况，及时分析非正常贸易数据，采取针对性措施。对于国内大豆市场：要强化政策的扶持与引导，通过补贴、保险等方式保障农民的收益，提高农民种植大豆的积极性；要加快现代粮食市场体系建设，增加期货市场大豆衍生品品种，以集团化模式探索在中东、南美等地投资中转（交割）仓库和运输码头等物流设施，同时通过合约外挂、引进境外投资者等方式提升中国衍生品市场的国际影响力；积极引进国外先进的大豆种植和加工技术，加强与国际农业科研机构的合作与交流，共同开展大豆科研项目，提高我国大豆产业的技术水平和竞争力；推动大豆产业升级，发展大豆精深加工，提高大豆加工的深度和广度，同时建立健全大豆产业的生产、加工、销售一体化体系。多维度增强国内粮食供给，提升粮食自给率，在降低对外粮食贸易依赖的同时削弱通过贸易途径对国内粮食市场价格的负面冲击影响。

（二）对外开展多元化贸易合作关系

鉴于全球粮食生产和消费格局，我国粮食进口来源相对集中，主要体现在来源渠道的单一和来源时间的过度集中。在粮食进口来源方面，我国大豆进口的三分之二来源于南美，三分之一来源于北美，货物运输链也均被美国ADM、美国邦吉、美国嘉吉、法国路易达孚这四大国际粮商所掌控，这就使得国内粮食市场进口量和进口价格极易受外部市场的影响。在粮食进口时间方面，鉴于南北半球种植地区各异的气候特点以及进口国的地理位置，我国四大主粮的进口主要集中于每年的 5—6 月和 11—12 月。据海关总署提供的数据，大豆和玉米在这两个时间段的进口量分别超过了全年进口总量的 73% 和 52%，粮食进口时间聚集性特征明显。对此，要对外开展多元化贸易合作关系，构建起"以内为主、以外为辅"的粮食安全"双循环"发展格局，以此降低进口来源集中带来的不利影响。

"一带一路"贯穿亚欧非大陆，连接了众多的粮食生产国和消费国，为拓展我国粮食进口渠道、实现粮食贸易多元化创造了有利条件。"一带一路"共建国家拥有丰富的农业资源和巨大的粮食生产潜力。许多国家拥有广阔的耕地面积、适宜的气候条件以及丰富的水资源，具备发展粮食生产的良好基础。例如，中亚地区的哈萨克斯坦、乌兹别克斯坦等国，土地肥沃，适宜种植小麦、棉花等农作物；东南亚的泰国、越南等国是重要的水稻生产和出口国。通过加强与这些国家的农业合作，我国可以增加粮食进口的来源地，降低对传统粮食进口大国的依赖。

具体来说，可以通过以下几种方式开展合作。首先，加大农业投资力度。我国企业可以在"一带一路"共建国家投资建设农业基础设施、开垦荒地、推广先进的农业技术和管理经验，提高当地粮食生产能力。通过投资合作，确保我国在当地粮食生产中的参与度和影响力，为稳定的粮食进口奠定基础。例如，在哈萨克斯坦投资建设农业产业园，引进我国的灌溉技术和优良品种，提高当地小麦产量，并将部分产品返销国内。其次，开展农业技术交流与合作。我国在农业科技、种业研发、农田水利建设等方面具有一定的优势，可以与"一带一路"共建国家分享这些技术和经验。通过技术输出，帮助当地提高粮食单产和质量，促进农业可持续发展。也可以学习和引进当地的特色农业技术和品种，丰富我国的农业资源。比如，与以色列合作引进先进的节水灌溉技术，与泰国交流水稻种植和加工技术。最后，推动与沿线国家的贸易便利化和互联互通建设，为粮食贸易提供更加便捷高效的通道。随着"一带一路"共建国家之间的交通基础设施不断完善，如港口、铁路、公路等的建设和升级，粮食运输成本和时间将大大降低。

随着"一带一路"倡议的推进，中国已经主导参与了中国—东盟自由贸易区、欧亚经济联盟以及区域全面经济伙伴关系组织（RCEP）等多个自贸区，同时还在与挪威、新西兰、毛里求斯以及柬埔寨等国签署自贸协定，中国与"一带一路"共建国家间的高标准自贸区网络格局正在越发清晰。我国应以现有贸易合作框架为基础，在稳定与"一带一路"共建国家和非洲地区国家间的贸易合作关系的同时，进一步多元化对外贸易合作关系。通过多元化粮食贸易合作关系，一方面能够降低进口单一化带来的贸易风险；另一方面，通过多方面调节粮食供给，有助于应对粮食贸易带来的能源市场价格波动的风险。

（三）设定粮食生产领域的能源消耗成本阈值

随着粮食能源化趋势的越发明显，国家粮食安全问题已经不仅仅是"粮食问题"，涉及面延伸到了粮食市场、能源市场以及金融市场等，这就要求涉粮政策的出台或相关措施的实施不能仅局限于粮食市场本身，在紧盯国内粮食市场价格和供给稳定的同时，也要时刻关注外部能源和金融市场的动态。鉴于能源市场对粮食市场渗透性的不断加强，要想缓冲国际能源市场价格波动对国内粮食市场的价格冲击，就需要设定粮食生产领域的能源消耗成本阈值。类似于国内成品油的定价机制，在农业生产领域要根据市场行情对能源价格设定上限阈值，或是根据不同的周期设定能源价格涨跌幅度，当农业生产过程中所投入能源市场价格超出上限阈值时，就要以政府补贴的形式为农户的种粮行为托底成本，以此降低能源市场价格非正常上涨给粮食市场带来的不利影响。

明确能源消耗成本阈值的设定标准至关重要。这需要综合考虑多个因素，包括粮食生产成本的构成、能源在粮食生产中的重要性、不同地区的农业生产特点以及国际能源市场的长期趋势等。通过深入的市场调研和数据分析，可以确定一个较为合理的成本阈值范围，既能够在一定程度上保障农户的利益，又不会给财政带来过大的压力。例如，可以根据不同粮食作物生产过程中的能源投入比例，结合历史能源价格波动数据和粮食价格敏感度分析，确定各类粮食作物对应的能源消耗成本阈值。而建立有效的监测机制是确保成本阈值发挥作用的关键。当然，对于粮食产业链能源消耗成本阈值的设定并非一成不变，政府部门和相关机构应密切关注农业生产中的能源使用情况，通过定期统计和分析，了解不同地区、不同生产环节的能源消耗情况，以便及时调整成本阈值和补贴政策。

此外，在推进粮食生产机械化的同时，也要强化对先进科学技术的使用，以此进一步提升粮食生产的规模化和生产效率，在降低能源消耗的同时提高能源的投入产出效率。

（四）科学构建粮食和能源市场的安全预警机制

鉴于国际能源市场对国内粮食市场显著的价格溢出效应，有必要通过构建粮食和能源市场的安全预警机制，对市场的非正常价格波动作出及时的应对。

首先是要确定粮食市场和能源市场的预警指标体系。对于粮食市场：在粮食产量指标方面，要监测粮食主产区的种植面积、气候条件、病虫害情况等影响因素，以此来预测粮食产量的变化；在粮食库存指标方面，要实时关注包括国家粮食储备库、商业库存和农户库存等不同层面的库存数据；在粮食价格指标方面，要选择粮食批发市场、零售市场和期货市场等能反映市场供求关系的敏感指标；在粮食进出口量指标方面，要通过监测粮食的进口量和出口量变化，了解国内粮食市场与国际粮食市场的联系程度以及国内粮食市场的供需状况。对于国际能源市场：在能源产量指标方面，要对国内外石油、天然气、煤炭等主要能源的产量进行监测，分析产能变化、开采难度、资源储量等因素对产量的影响；在能源库存指标方面，对于石油储备、天然气储气库等能源库存设施的库存水平进行监测，当库存低于安全警戒线时，需要发出预警，提醒相关部门及时补充库存，以应对可能出现的能源供应短缺；在能源价格指标方面，监测国际和国内能源市场的价格变化，分析价格波动的原因和趋势，当能源价格出现大幅上涨或下跌时，会对粮食市场产生连锁反应，需要发出预警，以便政府部门和相关企业采取应对措施。此外，也要关注能源供需平衡指标，综合考虑能源的生产、消费、进出口等因素，计算能源的供需平衡状况。当能源供需出现较大缺口或过剩时，可能会影响到经济的稳定运行和粮食市场的发展，需要发出预警，以便政府部门制定相应的能源政策和发展规划，保障能源市场的稳定供应。尤其要重点监控原油市场、燃料乙醇和生物柴油等与粮食市场密切相关的能源市场的价格波动情况。

从操作层面，要联合农业部门、粮食企业、能源企业、市场监管部门、统计部门等多部门建立紧密的合作机制，获取准确、及时的粮食和能源市场数据。同时，利用现代信息技术，建立粮食和能源市场的信息化监测平台，实现数据的实时采集、传输、存储和分析。通过大数据、人工智能等技术手段，对海量的数据进行挖掘和分析，提取有价值的信息，为预警决策提供支持。在此基础上，还要组建由粮食、能源、经济、统计等领域的专家组成的分析团队，对采集到的数据进行深入分析和研判，根据粮食和能源市场的风险程度，设定不同的预警级别，如轻度预警、中度预警、重度预警等。不同的预警级别对应着不同的应对措施和决策流程，以便在出现风险时能够快速、有效地做出反应。除了市场本身，还需要实时关注贸易摩擦、政治冲突、军事对抗及自然灾害等非粮食市场因素对粮食价格波动的影响。针对国内外粮食市场和能源市场可能出现的非正常价格波动现象，要制定相应的应急预案，明确在不同预警级别下的应急响应措施和决策流程。应急预案要具有可操作性和针对性，包括储备粮投放、能源调配、价格调控、市场监管等方面的具体措施，以及各部门之间的协调配合机制。一旦发现国际粮食市场或者国际能源市场价格偏离正常波动范围，要立即向相关部门进行反应，及时启动预案加以应对，以最快的速度将外部市场价格波动产生的负面影响降到最低。

（五）持续完善国家的原油和粮食储备体系

较高的原油对外依存度，使得国内原油市场极易受外部市场价格波动影响，进而间接影响到国内粮食市场价格的稳定性。对此，要想弱化外部能源市场价格波动对国内市场的冲击，就要完善目前国家的原油储备和粮食储备体系。目前，国家的原油储备任务主要由中石油、中石化、中海油三大国有石油公司承担，原油储备量介于 20～30 天之间。对此，在原油储备体系方面：一是要增加原油储备规模，在国际原油供应中断或价格大幅上涨时，保障国内的能源供应，维持经济的正常运转；二是要优化储备布局，目前我国的原油储备基地主要集中在东部沿海地区，这种布局虽然便于原油的进口和运输，但在应对自然灾害、战争等突发事件时，存在一定的风险，需要在中西部地区、内陆地区以及战略要地建设更多的原油储备设施，提高原油储备的安全性和抗风险能力；三是要加强储备管理，利用现代信息技术，建立完善的原油储备信息管理系统，对储备原油的数量、质量、储存时间、运输情况等进行实时监控和管理。通过大数据、人工智能等技术，对原油储备的需求、供应、价格等进行预测和分析，为决策提供科学依据。在储备主体方面，应适当向符合要求的社会民营资本放开原油储备业务，扩充原油储备市场主体范围，并允许其一定比例的市场贸易行为，这不仅有助于增强全社会的原油储备力量，而且也有助于平抑市场油价。此外，在立足国内的前提下，我们也要着眼国内国际的双循环，在能源生产、消费领域加强国际合作，增强开放条件下的保障能力，确保"买得到""运得回"。

在粮食储备体系方面，目前，我国已经建立起中央、省、县（市）三级储备体系，该体系运转高效、管理规范，对于稳定市场价格起到了极其重要的作用。然而，当粮食市场在受外部冲击时，例如 2020 年疫情的暴发就引发了市场的恐慌情绪和抢粮、囤粮行为，当官方粮食储备未能及时平抑市场波动时，就会进一步加剧这一情绪和行为。对此，一是要持续提升储备能力，确保在战争、病害和虫灾等紧急情况下能够满足人民群众的基本生活需求；二是要优化储备结构，在粮食储备中，需要根据不同地区的消费习惯和市场需求，优化储备粮食的品种结构，例如在南方地区需要增加大米的储备量，在北方地区则需要增加小麦和玉米的储备量；三是要强化储备监管，建立健全粮食储备的管理制度和法律法规，明确储备粮的收购、储存、轮换、销售等各个环节的责任和义务，加强对储备粮的监管，同时也要加强对粮食储备企业的监督检查，建立监督检查的长效机制，定期对储备粮的数量、质量、储存条件等进行检查，发现问题及时整改。进一步地，在现有三级储备体系的基础上，要引导重点粮食消费单位和城乡居民养成储粮习惯，进而构建起政府储备、商业储备以及居民储备多种储备相结合的储备机制。通过构建全社会的粮食储备共担机制，强化粮食储备体系的蓄水池功能，能有效降低由外部系统性风险或能源市场价格冲击带来的负面影响，进而保障国内粮食市场安全。

（六）优化粮食产业链的能源消耗规划

除了要增加粮食和能源的供给，同时也要加大对粮食产业链能源消耗的调控力度。一是通过技术研发，积极探索安全、可持续的新型能源，实现长期政策支持下对粮食供应链中的化石燃料的逐步替换。具体而言，要积极研发诸如纤维素类非粮型生物能源，减轻粮食市场的供给压力，增加粮食供应链能源消耗品种的多元化；要加大对诸如脱碳氨这类新型燃料的开发和使用力度，不仅能有效减少粮食生产过程中二氧化碳的排放，更是能降低粮食供应链体系对于传统油气能源消耗的依赖；从粮食生产的副产品中提取生物质能也是一个重要方向，例如农作物秸秆、稻壳等可以通过气化、发酵等技术转化为生物燃气或生物燃料，这些生物质能源可以用于粮食烘干、加工等环节，替代部分化石燃料。同时，生物质能的利用还可以减少农作物废弃物的焚烧，降低环境污染。

二是要严控供需紧张型谷物作为生物质燃料的原料。为了在促进生物质能源行业发展的同时保障国内的粮食供给安全，就要严控谷物尤其是供需压力型粮食作物作为生物质燃料的原料。政府和企业应加大对非粮生物质燃料产业的支持力度，包括政策扶持、资金投入等。通过建立完善的产业体系，鼓励企业积极采用非粮生物质原料生产生物质燃料，推动生物质燃料产业的可持续发展，同时保护粮食安全。

三是要强化针对传统能源消耗的长期政策支持。政府可以为从事新型能源技术研发的企业和科研机构提供财政补贴，这将鼓励更多的创新主体投入到粮食供应链新型能源技术的研发中。例如，对成功开发出高效太阳能灌溉系统或生物质能转化技术的企业给予一定比例的研发费用补贴，降低研发成本，加快技术推广速度。为鼓励企业投资新型能源设备和基础设施，政府可以提供投资税收抵免政策。粮食加工企业和仓储企业在安装太阳能发电设备、风力发电机或生物质能转化设施时，可以享受一定比例的税收抵免，提高企业投资新型能源的积极性。政府也要制定粮食生产过程中的能效标准，通过制定粮食产业链中各个环节的能源效率标准，强制要求企业采用节能技术和设备。例如，规定粮食烘干机的能效标准，促使企业升级设备，提高能源利用效率，减少对化石燃料的依赖。

在过去较长时期内，为了尽快满足国内居民的粮食需求，农户在生产过程中过于依赖农药、化肥以及农膜等生产要素，不仅会造成农业生产对能源市场的高依赖性，还会造成粮食生产能力的弱化、环境污染以及资源浪费等一系列问题。对此，从国家粮食安全的长远战略角度，必须从根本上转变国内粮食市场"高能耗投入—低效率产出"的生产经营模式，要加大科技创新力度，推广绿色高效农业技术，实现向绿色农业生产方式转变，从而降低对化肥、农药等高能耗生产要素的依赖性。

（七）提升重大风险事件冲击下的粮食应急管理能力

在当前复杂多变的国际环境下，国内粮食市场面临着诸如军事对抗、疫情冲击等外部重大风险事件的挑战，这些风险事件不仅可能直接影响粮食的生产、运输和供应，还可能通过国际贸易、资本流动等渠道间接影响国内粮食市场的稳定。因此，提升国内粮食市场的应急管理能力，有效防范外部重大风险事件的冲击，对于保障国家粮食安全和稳定具有重要意义。

为了更好地应对外部风险事件冲击，首要的是建立起高质量的粮食应急保障体系。高质量的粮食应急保障体系能及时有效地应对突发风险事件，保障粮食市场供应充足和价格稳定，是国家应急管理体系的重要组成部分。因此，在国家层面要设立负责统筹协调全国范围内的粮食应急管理工作的应急管理协调机构，明确各级政府和相关部门在粮食应急管理中的职责和权限。应急管理协调机构要根据国内外粮食市场的实际情况和潜在风险，制定详细的粮食应急预案，明确应急响应的程序、措施和保障手段。同时，根据国内外经济、政治形势的发展变化，定期评估和修订粮食应急预案，在面临外部重大风险事件时能够快速执行。应急预案的执行需要以充沛的粮食应急物资储备为基础。对此，要建立健全粮食应急物资储备体系，确保在紧急情况下能够及时、有效地调运和分配储备物资。应急储备物资包括粮食、食用油、面粉等基本生活物资的储备，以及应急加工、配送等设备和设施的储备。此外，还要加强粮食应急管理的信息化建设。利用现代信息技术手段，建立粮食应急管理信息系统，实现粮食市场信息的实时收集、分析和共享。通过信息化手段，提高粮食应急管理的效率和准确性，为决策提供科学依据。当然，还需要加强对从业人员的粮食应急管理培训和演练。通过定期培训和演练，提高粮食应急管理人员的应急响应能力和协调配合能力，确保在紧急情况下能够迅速、有效地应对各种风险挑战。

通过建立健全粮食应急管理体系、制定和完善粮食应急预案、加强粮食应急物资储备、推进粮食应急管理的信息化建设并强化粮食应急管理的培训和演练，有助于确保在面临外部重大风险事件时，国内粮食市场能够迅速响应、有效应对，及时稳定市场粮价，平稳维持粮食市场秩序。

三、研究的主要贡献和创新点

围绕"粮食价格""国内外粮价联动""能源市场和粮食市场价格关联性"等主题，国内外学者已经从多个角度开展了较为丰富的研究，取得了丰富的研究成果。对此，本书在前人研究基础上，进一步地从研究视角、研究对象、研究方法和研究内容四个方面拓展了相关研究。

(一) 研究视角的拓展

目前的研究多是基于农产品市场的视角，部分研究聚焦于垂直农产品市场间的价格传导，部分研究聚焦于横向农产品市场间的价格传导，其中尤以国际粮食市场和国内粮食市场间的价格波动影响研究较为典型。随着能源市场和粮食市场融合度加深，虽然也有部分学者开始关注能源市场和粮食市场的价格传导机制，但研究不够深入和全面。对此，在现代农业生产能源化趋势的大背景下，本书从能源视角考察了能源市场和粮食市场的价格关联机制。

从跨领域融合的角度，本研究打破了传统学科界限，突破了以往对单一市场的孤立研究，将粮食市场与能源市场有机结合起来，构建起一个更全面、系统的分析框架。以往的研究往往侧重于单一市场的纵向和横向研究，而本书基于全球化和经济复杂性日益增强的背景，通过跨市场价格传导机制的剖析揭示了能源市场和粮食市场存在的紧密联系。这种跨领域的视角为理解复杂的经济现象提供了新的思路，有助于揭示出两者之间潜在的关联和互动模式。

从动态演化的角度，细致考察了价格关联机制随时间和油价涨跌的变化和动态演化过程。通过对不同历史阶段的数据进行分析，揭示出价格相关稳定性在不同时期的特点和变化趋势是否随着时间的推移存在显著变化。同时，根据国际原油价格涨跌趋势考察国际能源市场和国内粮食市场的价格相关稳定性，以此检验原油价格涨跌是否是影响两个市场价格相关稳定性的关键因素。这一创新视角帮助我们更好地理解经济发展过程中市场关系的演变规律，预测未来可能出现的变化和挑战。例如，随着时间推移，在能源市场和粮食市场融合度不断加深的趋势下，或是在能源市场价格处于上升或下降周期时，能源市场与粮食市场的价格关联可能会发生新的变化，本研究的动态视角有助于提前洞察这些变化趋势，为相关部门采取防范措施提供科学依据。

（二）研究对象的细化

现有关于"粮食市场和能源市场价格关联机制"方面的研究，多以国内四大主粮价格和原油市场价格为分析对象，未能考虑到全球生物质能源行业快速发展的现实情况，也未将金融市场价格纳入到研究框架，导致研究对象不够全面。对此，本书细化并丰富了研究对象，将粮食市场分为了国内粮食市场和国际粮食市场，同时也将能源市场细分为了原油市场和生物质能源市场，更为全面和深入地考察了国际能源市场和国内粮食市场的价格关联性。

本书将中国粮食市场置于全球经济和国际能源市场的大背景下进行深入分析。传统的粮食市场研究，往往局限于国内市场的供需关系和国内外粮食市场价格传导等方面。本研究突破了这一局限，通过对中国粮食市场与国际能源市场的关联机制进行探讨，揭示了全球经济格局对中国粮食市场的潜在影响。这一创新使我们能够更全面、系统地理解中国粮食市场的运行规律和发展趋势，为保障国家粮食安全提供了新的视角和思路。例如，国际能源价格波动可能通过成本传导、贸易渠道等途径影响中国粮食生产的投入成本和农产品进出口，进而影响国内粮食市场的价格和供求关系。

此外，本书将国内外粮食市场、国际原油市场和生物质能源市场以及金融市场纳入到了同一分析框架。其中，生物质能源行业的快速发展，不仅增加了对于玉米、大豆以及小麦等粮食品种的市场需求，也对这部分粮食品种的市场价格产生了不可忽视的影响，如未将生物质能源市场价格纳入分析框架很可能导致研究结论产生较大误差。而金融市场在能源市场和粮食市场价格关联中扮演着复杂而关键的角色，通过多种途径影响着两者的价格动态和相互关系。一方面，金融市场交易活动反映了市场参与者对未来能源和粮食价格的预期，为能源市场和粮食市场的价格走势提供了重要参考，促进了两者价格关联的动态调整；另一方面，投机者在金融市场上的买卖操作可能会在短期内使能源和粮食价格脱离基本面，导致价格的大幅波动，这种波动会在两个市场间传导和放大。因此，本书将生物质能源市场和金融市场纳入现有能源市场和粮食市场价格关联机制分析框架，使能源市场和粮食市场的价格关联机制的研究更为全面，也更为契合实际情况。

（三）研究方法的创新

针对粮食市场间的价格溢出效应，目前较多学者运用的是静态的 VAR - GARCH - BEKK 模型或 VECM - GARCH - BEKK 模型分析法。但面对中国市场对外开放程度不断提升的实际情况，国内粮食市场和外部市场间的价格关联性很有可能存在结构性变化和非线性关系，从而导致目前有关粮价波动的研究不够全面。进一步地，目前多数研究聚焦于市场间价格水平关联性层面的研究，有关外部市场价格波动对国内粮食市场产生的"价格效应"和"时间效应"影响方面的研究成果也不够丰富。对此，本书系统性地使用了相关研究方法，更为全面且深入地考察能源市场和粮食市场的价格关联机制。本书所使用研究方法的创新性说明如下：

一是采用了单平滑转移 STCC - MGARCH 模型和双平滑转移 DSTCC - MGARCH 模型检验国际能源市场价格和国内粮食市场价格的相关稳定性，并考察了两个市场价格相关稳定性是否受时间因素和国际原油价格水平因素的影响。为了保证检验结果的稳健性，专著进一步对国际原油价格时间序列数据和国内粮食价格时间序列数据做了进一步的惩罚对照函数断点效应检验。通过多种方法检验市场间的价格相关性是否稳定，且是否存在区制转移变化特征，能够为进一步的分阶段、分市场的回归分析提供科学依据。

二是对 BEKK - GARCH（1，1）模型进行了拓展。一方面，将传统双市场价格波动溢出 BEKK - GARCH（1，1）模型拓展为了三元市场的 VEC - BEKK - GARCH（1，1）模型，以此考察国内粮食市场和国际原油市场、国际生物质能源市场的多元市场价格波动溢出效应；另一方面，在 BEKK - GARCH 模型从总体上估计两个市场间的价格溢出效应的基础上，研究采用了 DGC - MSV 模型对市场间的价格溢出效应进行分位点估计，以此更好地呈现溢出效应的动态变化。此外，研究还根据市场间价格相关稳定性的区制转移变化情况，对研究样本进行了分阶段的回归分析，通过基于 TVP - VAR 模型的动态脉冲响应分析，明确了国际能源市场价格波动为国内粮食市场价格变动带来的时变性冲击、滞后性冲击、持续性冲击和连锁反应。

三是模拟市场价格波动极端环境，构建局部均衡模型。目前关于国内外粮食价格传导效应的研究多应用的是 BEKK - GARCH 模型，仅能从价格水平层面分析市场间的价格波动影响。对此，本研究将国际能源市场、国际粮食市场以及国内粮食生产成本等相关价格影响因素纳入分析框架，从而构建起粮食局部均衡模型进行模拟分析。通过构建局部均衡模型，模拟国际原油市场价格不同程度的涨跌幅度，以此评估国际原油市场价格不同强波动情景下的国内粮食市场风险。

四是在加入了金融市场考量后，采用网络 CoVaR 方法对市场间的风险传导作静态分析，采用网络拓扑法对三个市场进行动态风险溢出分析，在考量金融因素基础上，从多维度更加全面且准确地考察粮食市场和能源市场间的价格关联机制。首先，以疫情事件冲击时间点为划分，基于 DAG 模型对粮食市场、能源市场和金融市场间的风险指向性进行刻画。通过分别绘制疫情冲击前后的 DAG 图像，对比分析不同市场间风险指向性变化趋势，以此考察疫情冲击对粮食—能源—金融系统内的风险传导效应。其次，采用 CoVaR 模型对粮食、能源和金融三个市场的系统性风险作静态度量，同时基于信息风险溢出网络对粮食、能源和金融三个市场的系统性风险作动态性分析。以疫情暴发作为外生风险冲击事件，对粮食—能源—金融系统的外部风险传导效应进行测度，考察粮食、能源和金融三个市场受外部市场的风险传导，也考察疫情前后这种风险溢出效应是否存在显著性变化。最后，为了寻找更多外部风险因素，构建度量粮食市场和能源市场间风险溢出效应的指标体系，选取合适的外部风险因素。

（四）研究框架的延伸

国内外学者多是针对"国内粮食市场—国际粮食市场"和"国内粮食市场—国际原油市场"的双元市场开展的研究，而未能将粮食市场、能源市场和金融市场纳入到同一框架中进行分析，未能给予多元市场价格关联机制足够的重视，导致研究结论存在偏差，研究成果也不够丰富。对多元市场价格联动机制剖析深度的不足，会导致多元市场间价格信息传导路径不够明晰，模型估计的检验结果存在是否有效的问题；还会导致理论分析结果和实证检验结果之间无法相互印证，基于此的对策建议也就很有可能存在"脱靶"现象。对此，本研究将能源市场细分为了原油市场和生物质能源市场，将粮食市场细分为了国内市场和国际市场，同时将金融市场纳入到了分析框架，通过多元市场的价格波动溢出分析丰富了研究内容。在分析国际原油市场、国际生物质能源市场以及国内外粮食市场的价格波动溢出效应基础上，进一步从动态演变视角探讨了国内粮食市场对国际原油市场价格波动的响应分析，通过脉冲响应明晰观测期内国内粮食市场受国际原油市场价格波动的冲击。

研究内容的丰富还体现在研究背景的拓展方面。一方面，本研究考虑到了原油市场极端变化的情况，根据国际市场的预判设定国际原油市场价格的不同波动情景，通过构建粮食局部均衡模型，模拟国际原油市场非正常波动情景下国内粮食市场价格受到的冲击影响。另一方面，现有研究多是考虑市场或部门之间的风险溢出效应，而对外部风险冲击考虑不足，对于粮食—能源—金融多市场整体性的风险防范机制的研究也较为鲜见。对此，本研究从更为宏观的角度构建起粮食—能源—金融三部门风险传导分析框架，除了分析市场或部门间的价格风险传导，还以重大公共卫生冲击事件为例，探讨了系统外部的风险冲击带来的影响。通过理论分析和实证检验，梳理风险来源并估计风险冲击的方向和力度，以此考察在面临外部重大风险事件冲击时，我国粮食市场和能源市场遭受的风险程度以及由此对国内粮食市场安全产生的影响。

REFERENCES 参考文献

陈宇峰，薛萧繁，徐振宇，2012. 国际油价波动对国内农产品价格的冲击传导机制：基于 LSTAR 模型 [J]. 中国农村经济（9）：74 - 87.

陈诗波，余志刚，2019. 粮食安全与宏观调控 [M]. 科学技术文献出版社：97 - 104.

陈卫东，边卫红，郝毅，等，2020. 石油美元环流演变、新能源金融发展与人民币国际化研究 [J]. 国际金融研究（12）：3 - 12.

曹宝明，2014. 中国粮食安全的现状、挑战与对策 [M]. 北京：中国农业出版社：45 - 53.

崔静波，杨云兰，孙永平，2020. 中国燃料乙醇政策的经济福利及其减排效应 [J]. 经济学（季刊），19（2）：757 - 776.

杜颖，2019. 我国粮食价格波动的能源因素研究：基于 ARDL - ECM 模型的实证分析 [J]. 价格理论与实践（9）：67 - 70，166.

杜蓉，乔均，2023. 数字金融对粮食产业高质量发展的影响 [J]. 江淮论坛（3）：76 - 83，193.

董秀良，帅雯君，赵智丽，2014. 石油价格变动对我国粮食价格影响的实证研究 [J]. 中国软科学（10）：129 - 143.

邓俊锋，郑钊，石建，花俊国，2022. 美国贸易政策不确定性对粮食价格的时变冲击效应与政策启示 [J]. 农业经济与管理（1）：79 - 92.

丁存振，徐宣国，2022. 粮价波动跨国溢出、网络结构及其影响因素研究 [J]. 现代经济探讨，489（9）：72 - 84.

公茂刚，王学真，2016. 国际粮价波动规律及对我国粮食安全的影响与对策 [J]. 经济纵横（3）：111 - 118.

高云，孙一铮，郭新宇，矫健，2018. 国内外小麦联动价格关系研究 [J]. 价格理论与实践（10）：464 - 467.

高洁，2014. 论粮食安全与粮食贸易的关系 [J]. 农业经济（6）：114 - 115.

高群，曾明，2018. 全球化与能源化双重视角下的国内粮食安全研究 [J]. 江西社会科学，38（11）：68 - 77.

高鸣，赵雪，2023. 农业强国视域下的粮食安全：现实基础、问题挑战与推进策略 [J]. 农业现代化研究，44（2）：185 - 195.

公茂刚，王学真，2016. 国际粮价波动规律及对我国粮食安全的影响与对策 [J]. 经济纵横（3）：111 - 118.

顾国达，方晨靓，2011. 农产品价格波动的国内传导路径及其非对称性研究 [J]. 农业技术经济（3）：12 - 20.

顾海兵，王树娟，2017. 国际粮价与国内粮价年度相关关系研究及十三五预测性建议 [J].
　　山东社会科学（1）：122－128.

胡冰川，2019. 全球化背景下应对粮食安全的国际经验 [J]. 人民论坛，650（32）：40－43.

韩啸，齐皓天，王兴华，2017. 中国粮食价格波动溢出性和动态相关性研究 [J]. 统计与
　　决策（20）：129－132.

何诚颖，刘林，徐向阳，王占海，2013. 外汇市场干预、汇率变动与股票价格波动：基于
　　投资者异质性的理论模型与实证研究 [J]. 经济研究，48（10）：29－42，97.

何启志，张晶，范从来，2015. 国内外石油价格波动性溢出效应研究 [J]. 金融研究（8）：
　　79－94.

黄毅，2015. 世界能源价格与粮价关系的实证研究：基于时间序列与面板数据的双重检验
　　[J]. 软科学，29（3）：59－63.

黄季焜，2021. 对近期与中长期中国粮食安全的再认识 [J]. 农业经济问题，493（1）：19－26.

黄季焜，杨军，仇焕广，2012. 新时期国家粮食安全战略和政策的思考 [J]. 农业经济问
　　题，33（3）：4－8.

黄青青，2019. 中国粮食收购价格支持政策对粮食安全的影响研究 [D]. 南昌：江西财经
　　大学.

花俊国，郑钊，张俊华，2020. 国际因素对国内粮食价格的冲击效应 [J]. 世界农业（9）：
　　81－93.

宫晓莉，熊熊，张维，2020. 我国金融机构系统性风险度量与外溢效应研究 [J]. 管理世
　　界，36（8）：65－83.

刘桂才，2000. 我国近年粮价下跌成因及趋势分析 [J]. 中国农村经济（4）：44－48.

刘丽，孙炜琳，王国刚，2022. 高水平开放下国际粮食价格波动对中国农产品市场的影响
　　[J]. 农业技术经济，329（9）：20－32.

刘鹏凌，2016. 我国主要粮食补贴政策效应及调整完善研究：基于黄箱补贴视角 [D]. 合
　　肥：安徽农业大学.

刘映琳，方艳，杨金强，2023. 我国粮食能源的跨市场风险传染与外部冲击 [J]. 中国管
　　理科学（5）：1－16.

刘同山，2022. 新时代保障国家粮食安全的内涵、挑战与建议 [J]. 中州学刊，302（2）：
　　20－27.

刘欣晨，2022. 粮价波动、政策补贴对农民种粮积极性的影响 [D]. 武汉：长江大学.

刘文革，吕冰，2023. 局部地区危机、能源全球价值链与金融市场不对称表现：来自36国
　　股票市场的证据 [J]. 国际经贸探索，39（8）：90－105.

刘洋，颜华，2022. 县域金融集聚、要素配置结构与粮食生产供给：来自中国县域的经验
　　证据 [J]. 财贸研究，33（9）：44－56.

罗光强，王焕，2022. 数字普惠金融对中国粮食主产区农业高质量发展的影响 [J]. 经济
　　纵横（7）：107－117.

吕开宇，俞冰心，邢鹏，2013. 新阶段的粮农生产决策行为分析：粮价上涨对非贫困和贫

困种植户的影响 [J]. 中国农村经济 (9)：31 - 43.

李邦熹，王雅鹏，2016. 小麦最低收购价政策对农户福利效应的影响研究 [J]. 华中农业大学学报 (社会科学版)，124 (4)：47 - 52，129.

李苍舒，沈艳，2019. 数字经济时代下新金融业态风险的识别、测度及防控 [J]. 管理世界，35 (12)：53 - 69.

李煜，王小华，2018. 四万亿投资与中国粮食价格波动 [J]. 华南农业大学学报 (社会科学版)，17 (5)：82 - 93.

李靓，穆月英，赵亮，2017. 国际原油价格、货币政策与农产品价格 [J]. 国际金融研究 (3)：34 - 41.

李光泗，王莉，谢菁菁，钟钰，2018. 进口快速增长背景下国内外粮食价格波动传递效应实证研究 [J]. 农业经济问题 (2)：94 - 103.

李光泗，韩冬，2020. 竞争结构、市场势力与国际粮食市场定价权：基于国际大豆市场的分析 [J]. 国际贸易问题 (9)：33 - 49.

李俊杰，李建平，袁月，张晓，李文娟，2021. 新冠疫情冲击下中国稻谷价格上涨情势、影响因素及调控措施 [J]. 农业经济问题，497 (5)：90 - 98.

李修彪，2011. 粮食价格形成机制与粮价调控政策研究 [D]. 郑州：河南工业大学.

吕靖烨，李娜，2022. 国际能源价格与中国粮食价格的联动效应评价 [J]. 价格月刊，546 (11)：19 - 27.

孟召娣，李国祥. 我国粮食需求趋势波动及结构变化的实证分析 [J]. 统计与决策，2021，37 (15)：69 - 72.

彭彩珍，高轫，2014. 粮价波动与居民消费价格关系研究 [J]. 广东农业科学，41 (11)：227 - 232.

彭新宇，樊海利，2019. 国际原油价格对中国大宗农产品价格的影响研究 [J]. 宏观经济研究 (1)：99 - 109，124.

齐贵权，2020. 粮食价格走势与稳定粮价 [J]. 中国金融，930 (12)：80 - 81.

仇焕广，雷馨圆，冷淦潇，等，2022. 新时期中国粮食安全的理论辨析 [J]. 中国农村经济，451 (7)：2 - 17.

钱燕，万解秋，2014. 货币供应、通货膨胀与经济增长的互动关系研究：基于时变参数 VAR 模型的实证检验 [J]. 西安财经学院学报，27 (1)：5 - 10.

任劼，孔荣，2015. 国际原油价格变动对我国农产品价格波动的影响 [J]. 西北农林科技大学学报 (社会科学版)，15 (1)：107 - 113.

树成军，2015. 国际粮食价格波动影响因素的实证研究 [D]. 南京：南京财经大学.

苏小松，徐磊，2021. 中国粮食市场的巨灾效应及风险评估：基于局部均衡模型的模拟分析 [J]. 农业技术经济 (6)：18 - 32.

孙致陆，2022. 贸易开放改善了粮食安全状况吗？来自跨国面板数据的经验证据 [J]. 中国流通经济，36 (3)：80 - 92.

田甜，李隆玲，武拉平，2015. 经济新常态下利用国际市场保障粮食安全的可行性分析

［J］. 管理现代化（6）：112 - 124.

田甜，顾蕊，李隆玲，武拉平，2016. 国际粮价波动溢出效应研究［J］. 价格理论与实践
（8）：109 - 112.

田甜，2017. 国际粮食市场波动及利用研究［D］. 北京：中国农业大学.

童万民，潘焕学，2015. 我国粮食价格与化肥价格动态关系研究：基于协整和 VEC 模型的
实证检验［J］. 价格理论与实践，369（3）：81 - 83.

王东，王远卓，2021. 货币超发、粮食金融化与粮食进口国粮食安全风险［J］. 保险研究
（7）：3 - 22.

王学真，公茂刚，吴石磊，2015. 国际粮食价格波动影响因素分析［J］. 中国农村经济
（11）：12 - 23.

王一飞，2016. 我国粮食价格的影响因素分析［J］. 经济经纬，33（6）：54 - 59.

王国敏，周庆元，2013. 中国粮价与 CPI 波动的关系：基于 VAR 模型的实证研究［J］. 内
蒙古社会科学（汉文版），34（4）：106 - 110.

王钢，石奇，钱龙，2019. 最低收购和价格补贴政策能提升农户福利效应吗？基于小麦主
产区 5 省份 1996—2016 年面板数据的测算［J］. 农业经济问题（10）：63 - 73.

王钢，赵霞，2020. 中国粮食贸易变化的新特征、新挑战与新思维：兼论"一带一路"的
粮食贸易战略［J］. 湖南农业大学学报（社会科学版），21（1）：62 - 68.

王钢，赵霞，2020. 市场持续开放背景下中国粮食贸易自主权面临的风险及应对之策［J］.
新疆社会科学（1）：33 - 42，151.

王钢，赵霞，2023. 数字化能否提升危机期间农林企业的韧性？来自 174 家上市公司数据
的证据［J］. 林业经济，45（8）：72 - 96.

王钢，钱龙，2019. 新中国成立 70 年来的粮食安全战略：演变路径和内在逻辑［J］. 中国
农村经济（9）：15 - 29.

王颖，肖国安，龚波，2018. 国际粮价波动与我国粮食供给的动态关系研究：基于面板
VAR 的实证分析［J］. 湖南科技大学学报（社会科学版），21（5）：64 - 69.

王耀中，贺辉，陈思聪，2018. 国际大宗农产品定价机制影响中国农产品价格的传导机理
研究［J］. 财经理论与实践，39（2）：41 - 50.

吴海霞，2014. 能源市场与玉米市场价格波动及其效应研究［D］. 陕西杨凌：西北农林科
技大学.

吴海霞，霍学喜，2014. 宏观政策对粮食市场价格波动影响的实证分析［J］. 系统工程，
32（4）：61 - 69.

吴海霞，葛岩，霍学喜，李鹏，2016. 国际能源价格对我国玉米价格波动的影响研究［J］.
中国农业大学学报，21（6）：164 - 172.

吴海霞，葛岩，史恒通，韩树蓉，2017. 农产品金融化对玉米价格波动的传导效应研究
［J］. 厦门大学学报（哲学社会科学版）（2）：138 - 148.

翁鸣，2020. 国际市场变化对我国粮食安全的影响及其思考［J］. 中州学刊，281（5）：46 - 52.

吴周恒，2020. 发展中国家油价宏观调控政策的选择［J］. 统计与决策（5）：145 - 148.

许祥云，何恋恋，高灵利，2016. 农产品政策如何影响国际市场对国内期货市场的价格传递效应：以棉花和豆类产品的收储及补贴政策为例［J］. 世界经济研究（6）：55 - 68，135.

徐媛媛，王传美，李剑，2018. 能源市场与玉米市场间价格溢出机制研究：基于三元 VEC - BEKK - GARCH（1，1）模型［J］. 中国农业大学学报，23（5）：168 - 177.

徐建玲，钱馨蕾，2015. 国际与国内粮食价格联动关系研究［J］. 价格理论与实践（12）：68 - 70.

徐媛媛，严哲人，王传美，章胜勇，2017. 原油价格与粮食价格的传导效应研究：基于滚动协整分析法［J］. 农业现代化研究，38（4）：605 - 613.

谢家智，叶盛，涂先进，2018. 粮食金融化对粮食价格波动的影响效应［J］. 西南大学学报（社会科学版），44（6）：19 - 25，189.

肖小勇，李崇光，2013. 我国大蒜出口的"大国效应"研究［J］. 国际贸易问题（8）：61 - 71.

肖小勇，李崇光，李剑，2014. 国际粮食价格对中国粮食价格的溢出效应分析［J］. 中国农村经济（2）：42 - 55.

肖小勇，章胜勇，2016. 原油价格与农产品价格的溢出效应研究［J］. 农业技术经济（1）：90 - 97.

尹成杰，2021. 后疫情时代粮食发展与粮食安全［J］. 农业经济问题（1）：4 - 13.

尹靖华，2016. 国际能源对粮食价格传导的生产成本渠道研究［J］. 华南农业大学学报（社会科学版），15（6）：70 - 82.

尹靖华，顾国达，2015. 国际粮价波动对粮食贸易政策的影响研究［J］. 国际经贸探索，31（2）：19 - 27.

杨志海，王雨濛，张勇民，2012. 粮食价格与石油价格的短期动态关系与长期均衡：基于 ARDL - ECM 模型的实证研究［J］. 农业技术经济（10）：31 - 39.

余志刚，罗文，2012. 宏观调控政策对我国粮食价格长期均衡的影响［J］. 江西社会科学，32（9）：57 - 60.

姚登宝，2017. 投资者情绪、市场流动性与金融市场稳定：基于时变分析视角［J］. 金融经济学研究，32（5）：94 - 106，128.

叶盛，2018. 粮食金融化与粮食价格：影响关系与传导路径［D］. 重庆：西南大学.

颜小挺，祁春节，2015. 基于不同属性的农产品长期价格形成与波动研究［J］. 农业现代化研究，36（5）：790 - 795.

朱晶，李天祥，林大燕，2018. 开放进程中的中国农产品贸易：发展历程、问题挑战与政策选择［J］. 农业经济问题（12）：19 - 32.

朱晶，张瑞华，谢超平，2022. 全球农业贸易治理与中国粮食安全［J］. 农业经济问题，515（11）：4 - 17.

朱聪，曲春红，王永春，赵伟，2022. 新一轮国际粮食价格上涨：原因及对中国市场的影响［J］. 中国农业资源与区划，43（3）：69 - 80.

张兵兵，朱晶，2016. 国际能源价格如何拨动了国内农产品价格波动的弦？基于 CF 滤波分析方法的经验分析［J］. 经济问题探索（11）：154 - 160.

张宁宁，李雪，吕新业，等，2022. 百年变局、世纪疫情背景下世界及中国粮食安全面临的风险挑战及应对策略 [J]. 农业经济问题，516（12）：136-141.

张瑞娟，李国祥，2016. 全球化视角下中国粮食贸易格局与国家粮食安全 [J]. 国际贸易，420（12）：10-15.

张志新，王迪，唐海云，2022. 中国粮食安全保障程度：基于粮食消费结构变化的分析 [J]. 消费经济，38（5）：38-49.

周金城，黄志天，2020. 国际石油、生物燃料价格波动对我国粮食价格的影响 [J]. 农业经济（2）：132-134.

赵剑峰，刘丽艳，李建华，2016. 生物能源发展及粮食安全影响：国际动态·中国实践 [M]. 化学工业出版社（5）：223-231.

郑金英，翁欣，2017. 中美粮食期货的价格关联及波动溢出效应：基于多元 T 分布下 VAR-BEKK-MGARCH 模型的实证分析 [J]. 价格理论与实践（3）：128-131.

郑燕，马骥，2018. 国际原油价格对中国粮食价格的动态冲击效应分析：基于 TVP-VAR 模型 [J]. 经济问题探索，427（2）：94-102.

曾伟，2023. 国际粮食价格波动特征、规律与应对策略：基于 6 次典型大幅上涨的分析 [J]. 经济学家，291（3）：109-119.

Abdoulkarim Esmaeili，Zainab Shokoohi，2019. Assessing the effect of oil price on world grain prices：Application of principal component analysis [J]. Energy Policy，39（2）：1022-1025.

Acemoglu D，Naidu S，Restrepo P，et al，2015. Democracy，redistribution，and inequality [M] Handbook of income distribution. Elsevier，2：1885-1966.

Achillefs Karakotsios，Constantinos Katrakilidis，Nikolaos Kroupis，2021. The dynamic linkages between grain prices and oil prices. Does asymmetry matter？[J]. The Journal of Economic Asymmetries，35（4）：203-202.

Adrian T，Brunnermeier M K，2016. CoVaR [J]. American Economic Review，106（7）：1705-1741.

Andrew Dorward，2013. Agricultural labour productivity，grain prices and sustainable development impacts and indicators [J]. Grain Policy，39（5）：40-50.

Books S P，Gelman A，1998. General methods for monitoring convergence of iterative simulations [J]. Journal of Computational and Graphical Statistics，7（4）：434-455.

Balcombe K，Rapsomanikis G，2018. Bayesian Estimation and Selection of Nonlinear Vector Error Correction Models：The Case of the Sugar-Ethanol-Oil Nexus in Brazil [J]. American Journal of Agricultural Economics，90（3）：122-134.

Benavides G，Capistrán C. A note on the volatilities of the interest rate and the exchange rate under different monetary policy instruments：Mexico 1998—2008. Working Paper Series 2009-10，Banco de Mexico Research.

BOLLERSLEV T，1990. Modelling the coherence in short-run nominal exchange rates：A multivariate generalized ARCH model [J]. Review of Economics and Statistics, 72: 498 – 505.

Ceballos F, Hernandez M A, Minot N, et al, 2017. Grain price and volatility transmission from international to domestic markets in developing countries [J]. World Development, 94: 305 – 320.

Campbell J Y, Hentschel L, 2019. No News Is Good News: An Asymmetric Model of Changing Volatility in Stock Returns. Journal of Financial Economics, 31 (3): 281 – 318.

Chi Wei Su, Xiao – Qing Wang, RanTao, Lobonț Oana – Ramona, 2019. Do oil prices drive agricultural commodity prices? Further evidence in a global bio – energy context [J]. Energy (172): 691 – 701.

Chen, P, 2015. Global oil prices, macroeconomic fundamentals and China's commodity sector comovements [J]. Energy Policy (87): 284 – 294.

Chien – Chiang Lee, Mingli Zeng, Kang Luo, 2023. Grain security and digital economy in China: A pathway towards sustainable development [J]. Economic Analysis and Policy, 78 (4): 1106 – 1125.

Dahl R E, Oglend A. , & Yahya M, 2019. Dynamics of volatility spillover in commodity markets: Linking crude oil to agriculture [J]. Journal of Commodity Markets, 19 (3): 165 – 183.

Diebold F X, Yılmaz K, 2014. On the network topology of variance decompositions: Measuring the connectedness of financial firms [J]. Journal of econometrics, 182 (1): 119 – 134.

Emrah Kocak, Faik Bilgili, Umit Bulut, 2022. Is ethanol production responsible for the increase in corn prices? [J]. Renewable Energy, 199 (6): 689 – 696.

Esmaeili A, Shokoohi Z, 2017. Assessing the effect of oil price on world grain prices: Application of principal component analysis [J]. Energy Policy, 39 (2): 1022 – 1025.

Feng H, O. Rubin, and B. Babcock. 2008. Greenhouse Gas Impacts of Ethanol from Iowa Corn: Life Cycle Analysis versus System – wide Accounting. Working paper 08 – WP 461. Center for Agricultural and Rural Development, Iowa State University.

Francisco Ceballos, Manuel A, 2017. Hernandez, Nicholas Minot. Grain Price and Volatility Transmission from International to Domestic Markets in Developing Countries [J]. World Developmen, 94 (5): 305 – 320.

Fretheim T, 2019. An empirical analysis of the correlation between large daily changes in grain and oil futures prices [J]. Journal of Commodity Markets, 14 (9): 66 – 75.

French K R, Schwert G W, Stambaugh R E, 2018. Expected Stock Returns and Volatility. Journal of Financial Economics, 19 (1): 3 – 29.

Gohin A, Chantret F, 2019. Basis volatilities of maize and soybeans in spatially separated markets: The effect of ethanol demand [R]. AAEA & ACCI Joint Annual Meeting, Milwaukee, WI.

Hassan Hamadi, Charbel Bassil, Tamara Nehme, 2017. News surprises and volatility spillover among agricultural commodities: The case of corn, wheat, soybean and soybean oil [J]. Research in International Business and Finance (41): 148 – 157.

Hasegawa T, Sands R D, Brunelle T, 2020. Grain security under high bioenergy demand toward long – term climate goals [J]. Climatic Change (4): 326 – 339.

Hubbard L J, Hubbard C, 2013. Grain security in the United Kingdom: External supply risks [J]. Grain Policy, 43: 142 – 147.

Jiawen LuoQiang Ji, 2018. High – frequency volatility connectedness between the US crude oil market and China's agricultural commodity markets [J]. Energy Economics (76): 424 – 438.

Jin Guo, Tetsuji Tanaka, 2022. Do biofuel production and financial speculation in agricultural commodities influence African food prices? New evidence from a TVP – VAR extended joint connectedness approach [J]. Energy Economics, 116 (10): 665 – 687.

Kaltalioglu M, Soytas U, 2019. Volatility Spillover from Oil to Grain and Agricultural Raw Material Markets [J]. Modern Economy (2): 71 – 76.

Lahiani A, Nguyen D K, 2014. Understanding return and volatility spillovers among major agricultural commodities [J]. Appl. Bus. Res, 29 (6): 1781 – 1790.

Landes W M, Posner R A, 1981. Market Power in Antitrust Cases [J]. Harvard Law Review, 94 (5): 937 – 996.

Liu M, Ji Q, Fan Y, 2013. How does oil market uncertainty interact with other markets? An empirical analysis of implied volatility index [J]. Energy, 55 (9): 860 – 868.

Loretta Mastroeni, Alessandro Mazzoccoli, Greta Quaresima, 2022. Wavelet analysis and energy – based measures for oil – grain price relationship as a footprint of financialisation effect [J]. Resources Policy, 77 (7): 118 – 132.

Marc Jim M, Mariano, James A, 2020. Giesecke. The macroeconomic and grain security implications of price interventions in the Philippine rice market [J]. Economic Modelling (37): 350 – 361.

Matteo Bonato, 2019. Realized correlations, betas and volatility spillover in the agricultural commodity market: What has changed? [J]. Journal of International Financial Markets, Institutions and Money (62): 184 – 202.

Manuel A, Hernandez, Raul Ibarra, Danilo R, 2021. How far do shocks move across borders? Examining volatility transmission in major agricultural futures markets. European Review of Agricultural Economics, 41 (2): 301 – 325.

Mensi W, Hammoudeh S, Shahzad S J H, et al, 2017. Modeling systemic risk and dependence structure between oil and stock markets using a variational mode decomposition – based copula method [J]. Journal of Banking & Finance (75): 258 – 279.

Michael Plante, Navi Dhaliwal, 2017. Inventory shocks and the oil – ethanol – grain price nexus [J]. Economics Letters, 33 (3): 58 – 60.

Nakajima J, 2018. Time – varying parameter VAR model with stochastic volatility: An overview of methodology and empirical applications [R]. Institute for Monetary and Economic Studies, Bank of Japan.

OliverHoltemöller, Sushanta Mallick, 2016. Global grain prices and monetary policy in an emerging market economy: The case of India [J]. Journal of Asian Economics, 46 (3): 56 – 70.

Ogundari K, 2014. The paradigm of agricultural efficiency and its implication on food security in Africa: what does meta – analysis reveal? [J]. World Development, 64: 690 – 702.

RoyEndré Dahl, Atle Oglend, Muhammad Yahya, 2019. Dynamics of volatility spillover in commodity markets: Linking crude oil to agriculture [J]. Journal of Commodity Markets (10): 484 – 498.

Rosegrant M W, 2008. Biofuels and Gtain Prices: Impacts and Policy Responses.

Silvennoinen A, Thorp S, 2015. Crude Oil and Agricultural Futures: An Analysis of Correlation Dynamics [J]. National Centre for Econometric Research (6): 158 – 183.

Pick Schen, 2020. Dynamic volatility spillover effects between oil and agricultural products [J]. International Review of Financial Analysis (6): 149 – 172.

Primiceri G E, 2005. Time varying structural vector autoregressions and monetary policy [J]. The Review of Economic Studies, 72 (3): 821 – 852.

Silvennoinen A, Terasvirta T, 2005. Multivariate autoregressive conditional heteroskedasticity with smooth transitions in conditional correlations [R]. SSE/EFI Working Paper Series in Economics and Finance.

Syed Ali Raza, Khaled Guesmi, Fateh Belaid, Nida Shah, 2023. Time – frequency causality and connectedness between oil price shocks and the world grain prices [J]. Research in International Business and Finance (62): 552 – 576.

Trostle, R, 2020. Global Agricultural Supply and Demand: Factors Contributing to the Recent Increase in Grain Commodity Prices [N]. USDA (11): 8 – 15.

Teresa Serra, José M. Gil, 2013. Price volatility in grain markets: can stock building mitigate price fluctuations? [J]. European Review of Agricultural Economics (3): 314 – 337.

Torun Fretheim, 2021. An empirical analysis of the correlation between large daily changes in grain and oil futures prices [J]. Journal of Commodity Markets (14): 66 – 75.

Valentina G. Bruno, Bahattin Buyuksahin, Michel A, 2017. Robe. The Financialization of Grain? [J]. American Journal of Agricultural Economics (1): 1332 – 1356.

Wesenbeeck, M A Keyzer, M van Veen, H Qiu, 2021. Can China's overuse of fertilizer be reduced without threatening grain security and farm incomes? [J]. Agricultural Systems, 90 (2): 223 – 247.

Yu J, Meyer R, 2020. Multivariate stochastic volatility models: Bayesian estimation and model comparison [J]. Econometric Reviews, 25 (2 – 3): 361 – 384.

Zhang, C. , Qu, X, 2015. The effect of global oil price shocks on China's agricultural commodities [J]. Energy Econ (51): 354 – 364.

图书在版编目（CIP）数据

中国粮食市场与国际能源市场的价格关联机制研究 /
王钢著. -- 北京：中国农业出版社，2025.6. -- ISBN
978-7-109-33367-3

Ⅰ. F724.721；F746.61

中国国家版本馆 CIP 数据核字第 2025BU7519 号

中国粮食市场与国际能源市场的价格关联机制研究
ZHONGGUO LIANGSHI SHICHANG YU GUOJI NENGYUAN SHICHANG DE
JIAGE GUANLIAN JIZHI YANJIU

中国农业出版社出版

地址：北京市朝阳区麦子店街 18 号楼

邮编：100125

责任编辑：姚　佳　于　博

版式设计：王　晨　　责任校对：张雯婷

印刷：北京中兴印刷有限公司

版次：2025 年 6 月第 1 版

印次：2025 年 6 月北京第 1 次印刷

发行：新华书店北京发行所

开本：720mm×960mm　1/16

印张：15

字数：277 千字

定价：78.00 元